陸資來台投資
兩岸配套法律大解析

吳學媛 編著

【推薦序】

掌握陸資來台商機與相信兩岸明天會更好

台北海洋技術學院專任教授
台灣部落格媒體文化教育協會理事長

彭思舟

　　這世界變化得太快，兩岸喊了十幾年、感覺似乎還很遙遠的大三通、大陸觀光客、陸資來台，一夕之間變得近在眼前，大三通讓台商回家更接近、讓台灣機場不再有直接到不了的地方；大陸觀光客也開始在台北街頭隨時可見，台灣民眾開始真實感受到兩岸關係的變化與衝擊，但未來真正影響台灣最深遠的，卻是「陸資來台」，尤其在金融海嘯後，各國政府莫不苦思救經濟的藥方，參考歐美日中國大陸的作法，不外乎擴大內需、提振出口與吸引外國直接投資，以拉動經濟成長。

　　由於台灣市場僅有兩千多萬人口、屬於淺碟形市場，本人以為擴大內需只能是短中期拉動經濟成長的良方；擴大出口與吸引更多外資，應該才是台灣提振經濟最重要的出路，尤其，近年來台灣對於大陸及香港的出口額占總出口的 40％，再加上隨著大陸家電下鄉、山寨文化產品火熱引起的經濟效應，讓原本苦無訂單的電子業台商，有了「急單」因應不景氣，這種種跡象顯示，兩岸三地雙邊貿易對台灣的重要性；至於吸引更多外資，台灣更是不能、也終究

在國際金融自由化的環境下，無法把陸資排除在外，畢竟，台灣歡迎全世界的外資投資，沒有理由拒絕陸資，況且兩岸經貿的合作開放，讓更多大陸民眾在台灣擁有巨大利益，絕對有助於兩岸的良性互動與雙邊政治經貿發展。

時值兩岸風雲變化之時刻，本書作者吳學媛，以其專業推出「陸資來台投資兩岸配套法律大解析」一書，剛好滿足目前兩岸各界人士，亟欲掌握陸資來台商機與趨勢的需求，尤其學媛本身為 2008 年台灣首屆考取中國大陸律師司法考試合格的第一批台灣法學菁英，同時，她也在國際著名的律師事務所、會計師事務所服務歷練多年，她此次編著之「陸資來台投資兩岸配套法律大解析」，既可滿足實務上客觀之需求，在主觀上，也能提供兩岸相關執事者，配合兩岸經貿關係發展修法之參考。

思舟憶及初識學媛時，她仍在接受已故台灣大陸勞動法權威曾文雄博士之指導，她對兩岸法律工作認真投入的程度，連素以注意實務細節、近乎執著聞名的曾博士，都稱讚不已，學媛粉碎了我對台灣年輕人素有草莓族稱號的偏見。「天下風雲出我輩、自古英雄出少年」，台灣社會中最可貴的地方，應該就是讓每一個願意努力、全心投入專業的人，都有出頭的機會，很高興看到學媛如今已能獨當一面，成為每次台灣媒體談及大陸法律問題，總是少不了諮詢意見的重要專家，學媛這本書應該只是一個起點，我們期待未來的兩岸經貿關係，有更多年輕人用智慧、熱情來參與，因此，我們相信，兩岸關係的明天會更好！

目　次

台灣法律篇

附錄篇

認識篇

「陸資」的定義與陸資來台的立法

一、陸資的定義

　　全球經濟在金融海嘯襲擊下，對於各國政府而言，萬事莫如「救經濟」急，對於台灣政府而言，對兩岸關係的政策鬆綁，讓兩岸經貿關係正常化，甚至藉由對大陸開放政策的利多，來振興台灣民眾對經濟的信心，就是最便捷有效的方式，在目前眾多的開放政策中，對未來台灣影響最深遠的，莫過於開放陸資投資台灣，但「陸資」的定義，究竟為何？如何定義？則是政策、法律應該要解決的第一個問題，因為這也牽涉到未來開放陸資的深度與效度。

　　究竟何為「陸資」？依字面定義，大陸地區之人民、法人及團體的資金，就是陸資，但如果是透過第三地，如香港成立公司投資台灣，到底應該算是陸資還是港資？此外，近期台灣政府亦鼓勵先期赴陸投資之台商回台投資，此時所謂之「台商」，又與陸資有何區別？首先，以目前實務而言，台灣經濟部投資審議委員會，有時會要求有些外資來台投資會被出具所謂「無陸資」聲明，但這種作法實際上是很難排除所謂的陸資投入，過去台灣政府對陸資企業定義，是依兩岸人民關係條例規範，將含有 20% 以上大陸資金，即稱為陸資。但依據已呈送台灣行政院審議、經濟部所擬的「大陸地區人民來台投資許可辦法」草案，陸資的認定定義為含有 50% 以上大陸資金即是，而其經營型態，可以獨資、合夥，可以直接投資台灣企業或透過第三地來台投資。

因此，所謂「陸資」的認定，若參照台北海洋技術學院彭思舟教授在復興廣播電台 2009 年 4 月 28 日兩岸櫥窗節目中說明的認定方法，有兩種說法，一為「股權過半說」、二為「實質控制說」，另外還有特殊的身份與產業限制；也就是在此波政策鬆綁後，依照台灣經濟部所提出的該許可辦法草案，若大陸企業或其經過第三地投資台灣，對第三地公司持股超過五成（對此，有不同意見指出，為避免認定過於寬鬆，應該認定陸資持股三成以上，即視為陸資），又或者是陸資對該公司具有實質影響力，包含主導人事權與財務權，都可視為陸資。

其次，先期赴陸投資之台商回台投資，這些台商資金，應該用廣義定義為持「中華民國」護照具有公民資格者之資金，其與陸資最大不同在於身分之區別。陸資強調具有中國大陸官方註記的公、私有企業資金。簡言之，台商具有「中華民國」之身分，台商在台之任何投資活動均受「國家」法律保障，同時也擔負相對的法律責任與義務，如設立公司遵守公司法及相關產業投資條例，同時也可以公民投資人身分自由進出股、匯市。相對，陸資則無台商之條件。陸資來台目前仍無特別法律規範，最多僅適用華僑及外國人投資之相關條例，如華僑及外國人投資證券管理辦法等。

二、陸資來台之立法

「陸資來台投資許可辦法」草案目前尚在審議中，但具體重點與內容，原則上參照台灣的僑外投資辦法，只是因為涉及兩岸敏感關係，所以還需相關配套措施，但根據各方資料研判，基本上陸資來台辦法將同意大陸法人團體直接投資台灣；陸資可以在台獨資、

合夥、投資台灣企業，購買台灣公司股份或設分公司均可。但事涉高科技敏感技術產業，台灣不會開放陸資投資。至於具有大陸軍方機構或國務機構等官方身分，則不得來台投資，視為台灣開放陸資的特殊身份限制；在陸資投資的產業方面，台灣經濟部傾向不開放獨占性強及高科技產業陸資來台投資，目前傾向開放的「兩岸搭橋專案項目」，主要是製造業陸資來台的基本藍圖，包括太陽光電、車載資通訊產業、航空產業、LED 照明產業、風力發電、車輛產業、食品產業、流通服務業、精密機械產業以及資訊服務業等，都是兩岸雙方未來解除陸資投資法令限制的可能項目。

　　另方面，陸資來台投資辦法草案中不會列有開放陸資來台投資的產業別，將待兩岸進行協商後，以正面表列的方式，載明陸資來台投資的產業。據了解，兩岸已經就第一波開放陸資來台項目達成初步共識，陸方對台灣愛台 12 建設項目最有興趣，台灣擬開放新市鎮開發以及污水下水道等部分項目讓陸資參與；兩岸搭橋專案相關產業則是製造業與服務業第一波開放主軸。兩岸搭橋專案產業包括太陽光電、車載資通訊產業、航空產業、LED 照明產業、風力發電、車輛產業、食品產業、流通服務業、精密機械產業以及資訊服務業等，都列在陸資開放優先清單中。不過，包括大陸抱持高度興趣的面板以及半導體等項目，由於台灣尚未開放登陸投資，確定不會在首波陸資來台清單。此外，在許可辦法中，明定大陸行政部門所屬企業如國有企業、國務機構或軍方機構等，得限制禁止投資獨占、壟斷、國防或高科技敏感技術產業。總之，配合政黨輪替後，馬政府的主觀開放意願，以及客觀的現實，台灣開放陸資來台參與愛台公共建設，未來類別可能包括如下：

(一) 鐵路、公路、大眾捷運系統等。

(二) 港埠與其設施──各專業區附加價值作業設施，含廠房、倉儲、加工、運輸等必要設施。

(三) 大型物流中心、國際展覽中心。

(四) 工業區、科學工業園區、育成中心。

(五) 新市鎮開發。

(六) 水淡化處理設施、地下水補注回用設施。

(七) 污水下水道。

綜言之，依照台灣具官方色彩之中央廣播電台 2009 年 4 月 23 日報導，台灣開放大陸地區人民、法人團體、其他機構或其餘第三地投資的公司來台投資，對於陸資來台投資業別將採「正面表列」；「正面表列」項目將由經濟部會同相關機關訂之。「大陸地區人民來台投資許可辦法」草案對陸資來台的限制，分為「敏感身分」與「敏感項目」，如國防、政治、黨政軍等特定投資人等「敏感身分」，或對經濟發展、金融穩定有影響，或獨占、壟斷、寡占等「敏感項目」，都將由主管機關限制。如電力、石油事業等獨占、壟斷事業，得禁止大陸行政部門所屬企業來台投資。不過，對於陸資來台投資辦法中，僅原則限制大陸行政部門所屬企業、軍方機構不得來台投資，或具體列出禁止項目，各部會仍有不同看法，將由行政院進一步協商。有關開放陸資來台投資的產業別、限額和投資比率，將由台灣經濟部和主管機關、相關部會共同會商後，報請行政院核定後才能確定，但目前可確認的是，只要事涉高科技敏感技術產業，及對外投資仍限制投資項目，例如電力事業、無線電視等，第一階段，台灣都不會開放。

　　台灣「陸資來台許可辦法」草案，目前主要由台灣行政院政務委員朱雲鵬審查通過台灣經濟部所擬的草案，據媒體轉述朱雲鵬表示，相關配套完備後，預定三次江陳會後 1 個月內施行。陸資來台許可辦法的重點包括，明定陸資經營型態包括獨資、合夥，與直接投資台灣企業，購買台灣公司股分或設分公司均可，或透過第三地來台投資等。為防止敏感身分會透過第三地投資，必須對第三地投資陸資認定設限，經濟部主張持股 50%，陸委會嫌太寬鬆，要求 30%，朱雲鵬將進一步與兩部會協商後確定。

　　不過，根據媒體傳出的草案內容，陸資來台參與台資經營或新創公司等，都要向台灣經濟部投審會提出申請，並且對於陸資實收資本額在新台幣 8 千萬元以上，明定應由台灣會計師簽證才可報主管機關備查。陸資來台投資單次累計超過上市櫃 10%的股權，視同直接投資，由經濟部規範，持股在 10%以下者，則由金管會規範。而且由於投資項目都經兩岸談判，對台灣一定是有利的，也是對岸願意投資的項目，有助於台灣長遠經濟發展。台灣行政院跨部會議也通過「陸資在台設置分公司與辦事處許可辦法」，原則比照外資申請審議程序，如設分公司的最低資金限制與門檻，或申請程序的廢止與改變等。

　　在開放產業別方面，由於產業別包含基礎建設、通信、製造業與金融業等，經濟部將與大陸商務部等單位進行協商，目前兩岸已積極進行技術性階層協商。由於陸資來台涉及範圍廣，擴及各個部會，包括金管會、農委會、交通部及工程會等，甚至未來開放陸資來台後，各部會如何針對不同業別進行管理等，這些均需進行跨部會協商後才能確定。同時，開放陸資後，相關大陸地區專業經理人

來台工作與居留、勞健保等問題也需研訂配套措施，相關部會也必須依據「大陸地區人民來台投資許可辦法」，鬆綁相關法令。

因此，綜合上述要點，台灣「陸資來台許可辦法」之重點，可羅列如下：

(一) 陸資的定義：持股五成或三成（將再協商）；或具備實質影響力。

(二) 投資台灣上市、上櫃公司證券或財務投資：持股超過一成，需向台灣經濟部投審會申請許可。

(三) 限制投資領域：「敏感身份」（如中共軍方）以及「敏感產業」（涉及國防、高科技）限制。

(四) 經營型態：透過第三地投資、獨資、合夥、直接投資、購買台灣公司股份。

(五) 產業別、額度、比率：台灣主管機關同相關部會另訂。

陸資投資台灣的現狀

　　現行大陸資金來台投資狀況，參考中國政府發佈之「2006年度中國對外直接投資統計公報」，至2006年底，中國對台灣直接投資金額為2千萬美元。目前已進駐101的陸企，有聯想及天獅集團，均是透過海外分支機構的名義承租。除了藉由參訪機會尋找投資台灣標的，也有很多大陸資金藉由在香港設立公司的方式迂迴進入台灣投資，或藉由其他第三地私募基金等等模式進入台灣。例如，2002年8月底，青島啤酒集團公司與台灣三洋藥品工業股份有限公司簽署協議，在台灣屏東縣建設年產10萬噸的一家啤酒廠；2004年1月，北京中藥老店同仁堂在台北市長春街設立第一家分店；2005年2月24日，上海季風書園與台灣聯經出版公司合作成立的上海書店台北市忠孝東路開張；同年5月1日，聯想集團完成對於美國IBM公司的PC部門的收購，台灣IBM的PC部門隨之成為聯想集團的子公司。8月1日，該部門與聯想集團的合併通過與台灣「經濟部商業司」的專案核准，正式掛名為「思惟個人電腦產品股份有限公司」；同年5月，接受境外風險投資的中國上海戶外液晶電視廣告公司「分眾傳媒」通過接受台灣加盟商，組建子公司「台灣分眾傳媒」。

　　相對於台商投資大陸資金，兩岸官方數據都超過數百億台幣，甚至美國國務院2006年的數據，高達280億美金，但陸資投資台灣卻只有兩千萬美金，這是值得台灣政府省思的，如果台灣害怕被淘空，更應該要勇敢開放陸資到台灣。

　　而且有鑑於開放陸資投資台灣可能衍生之疑慮，台灣也可參考國外作法，例如 2007 年 7 月 26 日，美國當時的布希總統簽署了「新外資安全法」，此法之前乃由美國國會參議院通過的，旨在改革「外國投資委員會（CFIUS）、加強外資併購安全審查的法案——《2007 年外國投資和國家安全法》（簡稱「新外資安全法」），對外資併購涉及美國的國家安全問題給予全新的詮釋：除了傳統的「國防安全」外，還包括所有「如果遭到破壞或被外國人控制會對美國國家安全造成威脅的系統和資產」，如銀行、供水、關鍵技術、基礎設施等，而威脅美國國家安全的關鍵領域的數目在不斷增加，已從 1988 年的 8 個擴大到 2003 年的 11 個，並增加了 5 類若受到攻擊可能對生命和民眾信心產生嚴重損失的「關鍵資產（包括有形和無形資產）」，尤其受外國政府控制企業的任何交易。除此之外，外資併購如果威脅到美國在關鍵技術領域的世界領先地位，或影響美國的本土就業，都將被視為威脅國家安全。

　　綜言之，兩岸經貿開放不能因噎廢食，台灣歡迎全世界的外資投資，沒有理由拒絕陸資，尤其台灣是一個以出口導向（export-led）為主，而且高度仰賴對外貿易以維持經濟成長與繁榮的小型開放經濟體（small open economy），消彌長久對立的兩岸政經情勢，加速兩岸經貿的合作，絕對有助於兩岸的良性互動與雙邊經貿發展。總之，水能載舟、同時亦能覆舟，台灣需要陸資的活水泉源，當然也要有管制的機制，將風險降到最小，尤其，近年來台灣對於大陸及香港的出口額占總出口的 40%，雙邊貿易對台灣的重要性不言可喻。台灣藉助大陸消費市場提振出口，更在近期的「急單」效應展現效果，顯示強化對中國大陸的經貿關係，確實對台灣經濟有正面

積極的效用。而台灣經濟部研擬的大陸地區人民來台投資許可辦法，即是希望透過建立合法機制，導引陸資來台，這也是一種正面積極的管制機制，期待這能為台灣創造另一波經濟景氣增添助力。

台灣對陸資的吸引力

　　未來台灣陸資來台政策開放後，大陸企業在台灣投資布局將會成為一種新的趨勢，不過，大陸企業赴台投資受到「陸資入島」的敏感性及兩岸政治複雜性的影響，預計大陸企業會在下列領域做規劃：（1）房地產領域，此領域是台灣對大陸開放的重點領域；（2）銀行及金融服務領域，為滿足兩岸貿易、投資、旅遊發展的需要，今後，台灣在開放大陸金融機構赴台設立辦事處或分支機構、從事相關金融服務方面會給予一定程度的開放，大陸企業在此領域投資的積極性也較高，可早做謀劃；（3）證券投資領域，未來，台灣對大陸居民赴台進行證券投資還會進一步放開，大陸企業在這一領域會獲得較大發展空間；（4）休閒服務領域，兩岸大三通的實現及大陸居民赴台旅遊的增加，將帶動台灣休閒服務領域的需求，台灣也在規劃擴大對此領域的開放，因此，與旅遊業及相關設施相配套的休閒服務可作為陸資赴台的重點考量。

　　但綜言之，對於大陸企業來說，到台灣投資設點，既有政策上「插旗」的考量，也有投資上認同台灣投資價值的意涵。以後者而言，陸資投資台灣最有意義、也最受關注、最能重振台灣經濟信心、陸資也最有興趣的兩個項目，莫過於不動產與股市，這比前述的金融與休閒服務領域，更能讓台灣民眾深刻感受到陸資的影響力，以下分別述之：

一、陸資投資台灣不動產的限制與展望

以不動產而言，台灣的房地產，從法律與投資獲利的角度，就對於陸資有莫大的吸引力，因為就法律而言，大陸土地私人只可以擁有土地使用權，期滿若不使用優先承購權，該土地就必須歸還政府，但台灣土地卻可以擁有所有權，只要買了，可以傳子傳孫的傳下去，再就投資獲利的角度而言，台北的地價，相對於北京上海的上漲幅度，還是落後，深具投資價值。

不過，台灣從 2002 年 8 月起正式對中資開放不動產投資，除了迂迴設立「紙上公司」，遮掩資金來源外，目前大陸地區人民、法人、團體或其他機構，或其於第三地區投資的公司，可來台取得不動產。但截至目前為止，並未獲得外資與陸資熱烈回應，原因在於，大陸地區人民依「大陸地區人民在台灣地區取得設定或移轉不動產物權許可辦法」第 18 條第 3 項規定，經許可進入台灣的停留期間，自入境翌日起不得逾十日，必要時得申請延長一次，每年總停留時間不得逾一個月，由於大陸人士可停留台灣時間較短，加上取得產權移轉及核准也頗費時，以致陸資裹足不前。

另依台灣「土地法」17 條規定，水源地等 9 款土地，外國人不得取得使用，中資比照辦理，同時依「台灣地區與大陸地區人民關係條例」（簡稱條例）第 69 條更規定，陸資非經台灣主管機關許可，不得在台灣地區取得、設定或移轉不動產物權。所以，內政部 91 年 8 月發布「大陸地區人民在台灣地區取得設定或移轉不動產物權許可辦法」（以下簡稱辦法），在「辦法」把關下，陸資來台取得、設定或移轉不動產物權，首先不得位於國家安全法及其施行細則公告

範圍、要塞保壘法公告範圍、各港口等地帶。其次，中資如果有影響國家重大投資、涉及土地壟斷投資或炒作者、影響國土整體發展，或足危害國家安全或社會安定之虞者，均不予許可。即使符合這些要件，並通過地方政府審核後，內政部也可以邀請陸委會等相關單位進一步審查，並依一定金額、面積及總量管制准駁；最後中資才能向地政機關辦理地權登記。此外，陸資來台投資開發、管理觀光旅館、工廠、住宅大樓、農牧業等，而申請取得、設定或移轉不動產物權時，「辦法」也採許可制，層層審查。如果發現未依核定期限使用，內政部將廢止其許可，並限期於兩年內出售；如發現與核准計畫用途情形不符者，內政部也可廢止許可，並限期於一年內出售。「辦法」並規定，大陸人買了台灣房子，依此理由來台停留時間不得逾十日，必要時得申請延期一次，每年總停留時間不得逾一個月。

綜觀上述規定，造成陸資投資台灣不動產裹足不前，其實陸資並非洪水猛獸，即使是，也可以管理疏導，讓洪水猛獸成為台灣屏障。以開放陸資來台購買不動產政策為例，試想如果台北市滿佈中資擁有的高樓大廈或觀光飯店，大陸飛彈瞄準的是誰的財產、誰的家園呢？如果合理的開放，台灣不是更安全嗎？

因此，以不動產投資開發為例，除必要的國安理由而限制投資地點外，政府有必要放寬限制，例如適當延長大陸人士來台置產、投資的許可停留時間，並簡化審核時間、項目及手續，同時限縮行政裁量權，例如應事先明定公告中資投資受限多少金額、面積等，並減少或刪除不確定的法律概念，例如足危害社會安定之虞者，以平衡兩岸經貿發展，振興台灣經濟。

二、陸資投資台灣股市的限制與展望

相對於大陸股市，台灣上市上櫃公司，資訊相對透明，公司治理與股權結構相對完善，實際上，從兩岸關係緩和、政策鬆綁以來，據媒體報導，從今年元月開始，外資匯入有驚人成長，元月間外資淨匯入 23.13 億美元，較去年同期的 13.97 億美元，增加 65%。同時，二月前三個交易日亦有 2.95 億美元匯入，合計農曆春節前外資淨匯入規模達 26.08 億美元，折合新台幣約 860 億元。源源不斷注入的資金，不停地流向股市及房市，其中不乏是大陸企業的資金。

不過，依據台灣行政院 2008 年七月底宣佈，開放大陸合格境內投資者（QDII）投資台灣證券及期貨市場，投資上限為基金淨值規模的 3%之政策，陸資以 QDII 進入台股，應該為未來陸資投入台股的主流趨勢，而且依行政院指出，此項投資開放後，QDII 投資台股的額度將達到 337.5 億新台幣（約折合人民幣 78.5 億元），未來台灣政府會積極與大陸洽談簽署監理合作備忘錄（MOU），若能順利簽署，QDII 可投資的比例將進一步提高，與此同時，行政院也放寬大陸企業到台灣上市的資格限制，取消上市公司持大陸企業股權不能超過 20%，以及企業投資大陸不超過其淨值 40%的兩項規定。

目前 QDII 最有興趣的台灣股市族群，就是屬於電子族群，因此，台股電子權值股為開放 QDII 來台投資之最大受惠族群；此外，就目前已經開始運作的 QDII 的投資屬性來看，投資大陸比重偏高的中大型中概收成股也可望吸引 QDII 資金青睞。此外，陸資投資台灣房地產將以投資 reits 為主。不過因目前台灣 reits 的租金收益率約 3%～4%，因此即使開放陸資透過 QDII 購買 reits，投資誘因目前略顯不足。

　　短期內由於開放陸資投資台股的金額不多，對於台股所產生的影響性有限。但就長期角度來看，依據台灣中央廣播電台的報導，行政院去年開放中國合格境內機構投資人（QDII）來台投資證券、期貨市場，但卡在訂定 QDII 投資台灣金融機構的比例遲未定案，所以 QDII 至今仍未投資台股。台灣證交所董事長薛琦今年 4 月 2 日在一場座談會致詞時向 QDII 招手，希望未來兩岸 MOU 簽訂後，將 QDII 投資台股的上限從 3% 提高至 10%，會有更多陸資流向台股。事實上，行政院已經在去年鬆綁中國 QDII 來台投資的相關政策，但細節規範卻因為 QDII 投資國內金融機構的上限未能敲定，讓 QDII 投資台股只聞樓梯響，至今仍未正式發布實施。

　　據了解，金管會考量 QDII 投資國內企業，不能擔任董監事或參與經營，因此在投資的上限多加著墨。目前規劃以 10% 為上限，也就是說，來自中國的資金，要在台股中投資台灣某家金融機構，像是銀行或是金控公司，合計取得的股數不可超過該公司股權的一成。根據金管會的規劃，如果 QDII 投資台灣金融機構的上限訂為 10%，行政院沒有意見，QDII 投資台股應該可在不久的未來鬆綁。大陸 QDII 的資金將成為外資的一部份，未來在外資結構比重中，陸資成分將會逐漸提升，影響性也將逐漸提高。

大陸法律篇

中國大陸企業境外投資法規解讀與分析

一、大陸企業到台灣投資項目需經商務部審批核准

　　中國大陸內地的企業，不論公有或私有資金，對大陸境外投資，原則上都必須要報備或經中國政府審批通過，主要法律依據就是自2009年5月1日起施行，由中國商務部發佈負責解釋之「境外投資管理辦法」，與此同時，《關於境外投資開辦企業核准事項的規定》（商務部2004年16號令）和《商務部、國務院港澳辦關於印發〈關於內地企業赴香港、澳門特別行政區投資開辦企業核准事項的規定〉的通知》（商合發[2004]452號）同時廢止。此前有關規定與本辦法不符的，以本辦法為准。

　　「境外投資管理辦法」，就是根據大陸《國務院對確需保留的行政審批專案設定行政許可的決定》制定，此法所定義之「境外投資」，是指在大陸依法設立的企業（以下簡稱企業）通過新設、併購等方式在境外設立非金融企業或取得既有非金融企業的所有權、控制權、經營管理權等權益的行為。「境外投資管理辦法」第三十八條並規定，大陸事業單位法人開展境外投資、企業在境外設立非企業法人適用本辦法。企業赴香港、澳門及台灣地區投資，都要參照本辦法執行。「境外投資管理辦法」並明訂由中國商務部負責對境外投資實施管理和監督，大陸省級之商務主管部門，負責對其行政區域內境外投資實施管理和監督。依照該辦法第六條，大陸企業要到台灣

投資，由於台灣屬於「特定國家或地區的境外投資」，因此，不論投資額大小，比照與中國未建交國家的境外投資、中方投資額 1 億美元及以上的境外投資、涉及多國（地區）利益的境外投資、設立境外特殊目的公司等四種狀況，都需要依該辦法第十三條的規定，報北京商務部核准。

兩個以上企業共同投資設立境外企業，應當由相對最大股東在徵求其他投資方書面同意後負責辦理核准手續。商務部或相對最大股東所在地省級商務主管部門應將相關核准文件，抄送其他投資方所在地省級商務主管部門。

二、大陸企業在台灣投資之項目具一定政治性，投資項目規定需符合兩岸經濟發展特點和需要

依照大陸國家發展改革委、國務院台辦 2008 年 12 月 15 日發佈的「關於大陸企業赴台灣地區投資專案管理有關規定的通知」，對於企業到台灣投資，大陸基本態度是，「為推動海峽兩岸直接雙向投資，促進兩岸經濟共同繁榮，增進兩岸同胞福祉，推進海峽兩岸關係和平發展，鼓勵大陸企業積極穩妥地赴台灣地區投資。大陸企業赴台灣地區投資，應遵循互利共贏和市場經濟原則」。

該通知並提出，「大陸企業在台灣地區投資時，應主動適應兩岸經濟發展特點和需要，結合自身優勢和企業發展戰略，精心選擇投資領域和項目；遵守當地有關規定，保障員工合法權益，注重保護生態環境，善盡必要的社會責任」。

　　大陸企業赴台投資具備一定政治性，甚至表現在該通知提出「北京國務院台辦可向國家發展改革委推薦項目，省、自治區、直轄市台辦可向同級發展改革委推薦項目。對於到台灣投資之專案，國家發展改革委和省、自治區、直轄市發展改革委在核准或審核時不再徵求同級台辦的意見，但及時通報審核結果」。

三、大陸企業到台灣投資需符合一定資格與申請程序

　　依照大陸國家發展改革委、國務院台辦之『關於大陸企業赴台灣地區投資專案管理有關規定的通知』，大陸投資主體赴台灣地區投資，應根據《中華人民共和國行政許可法》和《國務院關於投資體制改革的決定》（國發〔2004〕20號），按照《境外投資專案核准暫行管理辦法》（國家發展改革委〔2004〕21號令）向國家發展改革委提出申請，並符合以下條件：（一）是在大陸依法註冊、經營的企業法人；（二）具備投資所申報專案的資金、行業背景、技術和管理實力；（三）有利於兩岸關係和平發展，不危害國家安全、統一。

　　申請時，需先向註冊所在地的省、自治區、直轄市發展改革委提出專案申請報告，經省、自治區、直轄市發展改革委商同級台辦初審後報國家發展改革委。中央管理企業可直接向國家發展改革委提交項目申請報告。

　　國家發展改革委按照《境外投資專案核准暫行管理辦法》對申請專案進行核准和管理，國家發展改革委在審核專案前須徵求國務院台辦的意見。重大投資專案，須經國家發展改革委商國務院台辦

審核後報國務院核准。大陸企業須憑北京國家發展改革委的核准文件，向國務院台辦申請辦理該投資專案相關人員赴台審批手續。大陸國家發展改革委會同國務院台辦對大陸企業赴台灣地區投資專案落實情況進行監督檢查。

另外，依照「境外投資管理辦法」第十二條，大陸企業到台灣投資，須提交以下材料：（一）申請書，主要內容包括境外企業的名稱、註冊資本、投資金額、經營範圍、經營期限、投資資金來源情況的說明、投資的具體內容、股權結構、投資環境分析評價以及對不涉及「境外投資管理辦法」第九條所列情形的說明等；（二）企業營業執照影本；（三）境外企業章程及相關協議或者合同；（四）國家有關部門的核准或備案文件；（五）並購類境外投資須提交《境外並購事項前期報告表》；（六）主管部門要求的其他文件。

四、大陸企業到台灣投資的項目審批未過，可申請行政復議或提行政訴訟

「境外投資管理辦法」第十三條也規定，到台灣投資企業，需向商務部提出申請，商務部收到申請後，需於 5 個工作日內決定是否受理。申請材料不齊全或者不符合法定形式的，應當在 5 個工作日內一次告之申請人；受理後，應當於 15 個工作日內做出是否予以核准的決定。該法第十五條對予已核准的「境外投資管理辦法」的境外投資，商務部應當出具書面核准決定並頒發《證書》；不予核准的，應當書面通知申請企業並說明理由，告知其享有依法申請行政復議或者提起行政訴訟的權利。

五、大陸政府可隨時停止投資內地企業投資台灣項目的情況

依照大陸國家發展改革委、國務院台辦之「關於大陸企業赴台灣地區投資專案管理有關規定的通知」，大陸投資主體及其在台灣地區設立的投資專案法人或非法人機構有如下情況之一的，國家發展改革委與國務院台辦會同相關部門按規定分別予以處理：（一）從事違反法律法規的活動；（二）經核准的專案在辦理完外匯、海關、出入境和稅收等相關手續後，滿 6 個月未按國家發展改革委核准的專案申請報告內容開展相關活動；（三）經核准的專案已經終止；（四）國家發展改革委、國務院台辦認為不宜繼續在台灣地區經營的其他情況。這也呼應大陸企業到台灣投資的政治性。

六、大陸政府不予核准大陸企業投資台灣的項目

依照「境外投資管理辦法」第九條，大陸企業境外投資有以下情形之一的，商務部和省級商務主管部門不予核准：（一）危害中國國家主權、安全和社會公共利益，或違反中國法律法規；（二）損害中國與有關國家（地區）關係；（三）可能違反中國對外締結的國際條約；（四）涉及中國禁止出口的技術和貨物。但境外投資經濟技術可行性由企業自行負責。此外，該法第十八條規定，商務部門核准礦產資源勘查開發類大陸企業到台灣境外投資之項目，應當徵求大陸國內有關商會、協會的意見，以作為核准時的參考。

七、大陸企業在台灣投資項目若要轉讓或終止，需經商務部核准

依照「境外投資管理辦法」第十九規定，經核准之大陸企業赴台投資項目，若原境外投資申請事項發生變更，該大陸企業應參照「境外投資管理辦法」規定向原核准機關申請辦理變更核准手續。企業之間轉讓境外企業股份，由受讓方負責申請辦理變更手續，商務部應當把相關核准文件抄送其他股東所在地省級商務主管部門。

關於終止，是指原經核准的大陸企業赴台灣投資之項目企業不再存續，或中國大陸企業均不再擁有原經核准的境外企業的股權等任何權益。依照「境外投資管理辦法」第二十條規定，大陸企業終止經核准的境外投資，還應向原核准機關備案，交回《證書》。原核准機關出具備案函，企業據此向外匯管理等部門辦理相關手續。企業及其所屬境外企業應當按當地法律辦理註銷手續。

八、大陸企業在台灣投資項目需遵守大陸政府之境外投資行為規範

大陸企業在台灣投資項目需遵守大陸政府之境外投資行為規範，參酌「境外投資管理辦法」，需遵守之規範如下：（一）企業應當客觀評估自身條件、能力和台灣地區投資環境，積極穩妥開展境外投資。境內外法律法規和規章對資格資質有要求的，應當取得相關證明文件。（二）企業對其投資設立的境外企業冠名應當符合境內外法律法規和政策規定。未按國家有關規定獲得批准的企業，其境

外企業名稱不得冠以「中國」、「中華」、「國家」等字樣。境外企業外文名稱可在申請核准前在台灣地區進行預先註冊。（三）企業應當落實各項人員和財產安全防範措施，建立突發事件預警機制和應急預案，並接受中國大陸指定之有關主管部門在突發事件防範、人員安全保護等方面的指導。（四）在境外發生突發事件時，企業應當及時、妥善處理，並立即向中國大陸內有關主管部門報告。（五）企業應當要求投資台灣企業之中方負責人當面或以信函、傳真、電子郵件等書面方式及時向大陸指定之有關主管部門報到登記。（六）企業應向原核准機關報告台灣投資業務情況和統計資料，確保報送情況和資料真實準確。（七）企業應當在其對外簽署的與境外投資相關的合同或協議生效前，取得有關政府主管部門的核准。

九、大陸企業在台灣投資項目核准後之權利義務

　　大陸企業在台灣投資項目核准後之權利義務，參酌「境外投資管理辦法」之規定如下：（一）企業台灣投資獲得核准後，持《證書》辦理外匯、銀行、海關、外事等相關手續，並享受大陸國家有關政策支持。（二）企業自領取《證書》之日起 2 年內，未在台灣地區完成有關法律手續或未辦理本辦法第二十九條所列境內有關部門手續，原核准文件和《證書》自動失效，《證書》應交回原核准機關。如需再開展境外投資，須按「境外投資管理辦法」規定重新辦理核准。（三）核准《證書》不得偽造、塗改、出租、轉借或以任何形式轉讓。已變更、失效或註銷的《證書》應當交回發證機關。

十、大陸企業投資台灣的項目企業進行再投資需經過備案

大陸企業投資控股的台灣企業再投資，參酌「境外投資管理辦法」之規定，在完成法律手續後一個月內，應當由該企業總部通過大陸政府「系統」填報相關資訊，列印備案表並加蓋公章後向商務部備案。企業遞交備案表後即完成備案。

十一、大陸企業申請投資台灣違反法律規定之罰則

參酌「境外投資管理辦法」之規定，大陸企業申請投資台灣違反法律規定之罰則如下：（一）申請審批核准時，企業提供虛假申請材料或不如實填報申請表的，商務部不予受理或不予核准，並給予警告，且可在一年內不受理該企業任何境外投資核准申請；企業以提供虛假材料等不正當手段取得境外投資核准的，商務部應當撤銷相關文件，並可在三年內不受理該企業任何境外投資核准申請。（二）依該法第三十三條規定，違反「境外投資管理辦法」規定的企業，三年內不得享受大陸國家有關境外投資政策支持。（三）大陸商務主管部門有關工作人員不依「境外投資管理辦法」規定履行職責，或者濫用職權的，將依法被行政處分。

十二、大陸規定兩岸直航船舶需擁有「兩證」

台灣街頭越來越常出現大陸觀光客的身影，自兩岸開放觀光客以來，最大一次大陸觀光客登陸台灣，就是中國安利事業招待旗下

將近萬人的直銷商到台灣，他們就是搭乘從大陸直達台灣的觀光郵輪，未來這樣的大陸觀光客旅遊台灣的方式將越來越盛行，這也算是一種廣義的陸資登台，未來更有可能出現專門直航兩岸的郵輪，因此大陸在這方面的相關規定，值得注意。

依據中國大陸海事局發佈之「台灣海峽兩岸直航船舶監督管理暫行辦法」第四條，從事兩岸間客貨直接運輸的航運公司應持有《台灣海峽兩岸間水路運輸許可證》，直航船舶應持有《台灣海峽兩岸間船舶營運證》。此外，兩岸直航船舶應持有符合船籍港規定的有效船舶證書和文書，在申請核發《台灣海峽兩岸間水路運輸許可證》、《台灣海峽兩岸間船舶營運證》時，直航船舶的船舶證書和文書應經海事管理機構審核。

「台灣海峽兩岸直航船舶監督管理暫行辦法」所稱「直航船舶」，是指從事台灣海峽兩岸間海上直接運輸業務，使用兩岸資本並在兩岸登記的船舶。屬於兩岸資本且經許可從事兩岸間客貨直接運輸的外國籍船舶，也應持有《台灣海峽兩岸間水路運輸許可證》和《台灣海峽兩岸間船舶營運證》，進出大陸港口按照外國籍船舶實施管理。此外，屬於兩岸資本並在香港登記的經許可從事兩岸間客貨直接運輸的船舶，應持有《台灣海峽兩岸間水路運輸許可證》和《台灣海峽兩岸間船舶營運證》，進出大陸港口參照港澳航線船舶實施管理。福建沿海地區與金門、馬祖、澎湖間海上直航的船舶，按照《福建沿海地區與金門、馬祖、澎湖間海上直接通航運輸管理暫行規定》和相關規定實施監督管理。

該法並規定，直航船舶應至少滿足近海航區等級的要求。在大陸登記直航船舶應按照海事管理機構的要求進行技術條件複核。直

航船舶並應按船籍港的要求配備適任船員，直航船舶的船員所持的適任證書應滿足船籍港的規定要求。同時，直航船舶進出兩岸對方港口期間只懸掛公司旗。而直航船舶擬進入大陸港口，船方或具備相應資質的船舶代理人應在直航船舶駛離上一港口時向抵達港的口岸查驗部門提出申請，經許可後方可進港。直航船舶進出大陸港口，船方或具備相應資質的船舶代理人應向海事管理機構申請辦理進出港查驗手續。船舶在港停泊時間不足 24 小時的，經海事管理機構同意，進出港查驗手續可以同時辦理。船舶領取出港許可證後，情況發生變化或者 24 小時內未能駛離港口的，應重新辦理出港手續。

大陸海事管理機構在辦理直航船舶進出港查驗手續時，必須查驗下列證書和資料：（1）船舶登記證書；（2）船舶檢驗證書；（3）船員適任證書（包括其他特殊培訓證書）；（4）《船舶最低安全配員證書》；（5）危險貨物申報單（適用於裝載危險貨物的船舶）；（6）《台灣海峽兩岸間水路運輸許可證》和《台灣海峽兩岸間船舶營運證》；（7）安全監督管理所需要的其他證書。

對未經許可擅自從事兩岸間航運業務的船舶，海事管理機構不得為其辦理進出港手續，並通報交通主管部門。直航船舶進出港申請、許可和查驗使用專用單證格式和專用印章。直航船舶進出中國大陸港口可申請引航。但有下列情形時，應申請引航：

（一）直航船舶的船長首次到港；

（二）按內河航行規定需要引航的船舶；

（三）因安全原因海事管理機構認為需要引航的船舶。

此外，直航船舶在航行途中，因遇險、發生故障、船員或旅客患急病、避風等特殊情況，需臨時進港的或者需要進入非直航港口

臨時停泊的，應事先向海事管理機構報告，經批准後方可進入。大陸海事管理機構應對直航船舶依法實施監督檢查，直航船舶應主動接受、配合海事管理機構的監督檢查。

兩岸直航船舶有下列情形之一的，海事管理機構有權責令其整改；未按要求整改的，大陸海事管理機構有權禁止其進、離港，並將情況通報有關部門。

(一) 處於不適航狀態；

(二) 船舶證書、船舶配員及其船員適任證書不符合船籍港有關規定的；

(三) 發生水上交通或污染事故且事故手續未清的；

(四) 未繳付應承擔的款項，又未提供適當擔保者；

(五) 按照規定應禁止進、離港的情形。

十三、大陸免除台灣船公司在海峽兩岸海上直航之營業稅和企業所得稅

大陸國家稅務局為推動海峽兩岸海上直航，經大陸國務院批准，自 2008 年 12 月 15 日起，對台灣航運公司從事海峽兩岸海上直航業務在大陸取得的運輸收入，免徵營業稅。對台灣航運公司在 2008 年 12 月 15 日至文到之日已繳納應予免征的營業稅，從以後應繳的營業稅稅款中抵減，年度內抵減不完的予以退稅。而且，自 2008 年 12 月 15 日起，對台灣航運公司從事海峽兩岸海上直航業務取得的來源於大陸的所得，免徵企業所得稅。享受企業所得稅免稅政策的台灣航運公司應當按照企業所得稅法實施條例的有關規定，單獨核

算其從事上述業務在大陸取得的收入和發生的成本、費用；未單獨核算的，不得享受免徵企業所得稅政策。

但須注意的是，大陸財政部與國家稅務總局在 2009 年 1 月 19 日發佈的這項免稅通知的對象，所稱之「台灣航運公司」，是指取得大陸交通運輸部頒發的「台灣海峽兩岸間水路運輸許可證」且上述許可證上注明的公司登記地址在台灣的航運公司。

十四、組織台灣觀光團之大陸旅行社需在銀行存入品質保證金

中國大陸政府其實很在意大陸觀光客在台灣活動的形象，因此，管制大陸旅行社組織台灣觀光團其實相當嚴格，事實上，根據大陸國家旅遊局令第 30 號自 2009 年 5 月 3 日起施行之《旅行社條例實施細則》，已將大陸旅行社組織台灣觀光團納入其規範，其《條例》第二條明文規定「所稱出境旅遊業務，是指旅行社招徠、組織、接待中國內地居民出國旅遊，赴香港特別行政區、澳門特別行政區和台灣地區旅遊，以及招徠、組織、接待在中國內地的外國人、在內地的香港特別行政區、澳門特別行政區居民和在大陸的台灣地區居民出境旅遊的業務」。

為保證品質，該條例第十四條規定，「旅行社在銀行存入品質保證金的，應當設立獨立帳戶，存期由旅行社確定，但不得少於 1 年。帳戶存期屆滿，旅行社應當及時辦理續存手續」。該法十五條也規定，旅行社存入、續存、增存品質保證金後 7 個工作日內，應當向作出許可的旅遊行政管理部門提交存入、續存、增存品質保證金的

證明檔，以及旅行社與銀行達成的使用品質保證金的協議」。所謂協議應當包含下列內容：

(一) 旅行社與銀行雙方同意依照《條例》規定使用品質保證金；

(二) 旅行社與銀行雙方承諾，除依照縣級以上旅遊行政管理部門出具的劃撥品質保證金，或者省級以上旅遊行政管理部門出具的降低、退還品質保證金的檔，以及人民法院作出的認定旅行社損害旅遊者合法權益的生效法律文書外，任何單位和個人不得動用品質保證金。

此外，大陸也規範組織大陸客台灣觀光團之旅行社經營，明文規範這些旅行社及其分社、服務網點，應當將《旅行社業務經營許可證》、《旅行社分社備案登記證明》或者《旅行社服務網點備案登記證明》，與營業執照一起，懸掛在經營場所的顯要位置。且該業務經營許可證不得轉讓、出租或者出借。旅行社若有下列行為，即屬於轉讓、出租或者出借旅行社業務經營許可證的違法行為：

(一) 除招徠旅遊者和符合本實施細則第三十四條第一款規定的接待旅遊者的情形外，准許或者默許其他企業、團體或者個人，以自己的名義從事旅行社業務經營活動的；

(二) 准許其他企業、團體或者個人，以部門或者個人承包、掛靠的形式經營旅行社業務的。

此外，旅行社設立的辦事處、代表處或者聯絡處等辦事機構，不得從事旅行社業務經營活動。旅行社以網路形式經營旅行社業務的，除符合法律、法規規定外，其網站首頁應當載明旅行社的名稱、法定代表人、許可證編號和業務經營範圍，以及原許可的旅遊行政管理部門的投訴電話。

十五、組織台灣觀光團之大陸旅行社在台旅行之禁忌行程與違法行為

根據大陸國家旅遊局發佈《旅行社條例實施細則》規定，組織台灣觀光團之大陸旅行社在台旅行不能安排之四項活動行程，主要包括：

(一) 含有損害大陸國家利益和民族尊嚴內容的；

(二) 含有民族、種族、宗教歧視內容的；

(三) 含有淫穢、賭博、涉毒內容的；

(四) 其他含有違反兩岸法律、法規規定內容的。

此外，《條例》第三十四條所規定的旅行社不得要求導遊人員和領隊人員承擔接待旅遊團隊的相關費用，否則即屬於違法，這主要包括：

(一) 墊付旅遊接待費用；

(二) 為接待旅遊團隊向旅行社支付費用；

(三) 其他不合理費用。

十六、大陸旅行社選擇之台灣接待旅遊企業應具合法資格和接待服務能力

根據大陸國家旅遊局發佈《旅行社條例實施細則》規定，大陸旅行社招徠、組織的台灣接待旅遊者，其選擇的交通、住宿、餐飲、景區等企業，應當符合具有合法經營資格和接待服務能力的要求。

　　大陸旅行社需要將在旅遊目的地接待旅遊者的業務作出委託的，應當按照《旅行社條例實施細則》第三十六條的規定，委託給旅遊目的地的旅行社並簽訂委託接待契約。大陸旅行社對接待旅遊者的業務作出委託的，應當按照《條例》第三十六條的規定，將旅遊目的地接受委託的旅行社的名稱、地址、聯繫人和聯繫電話，告知旅遊者。

　　此外，大陸旅行社及其委派的當地導遊人員和領隊人員的下列行為，屬於擅自改變旅遊合同安排行程：

　　(一) 減少遊覽項目或者縮短遊覽時間的；

　　(二) 增加或者變更旅遊項目的；

　　(三) 增加購物次數或者延長購物時間的；

　　(四) 其他擅自改變旅遊合同安排的行為。

　　在旅遊行程中，當發生不可抗力、危及旅遊者人身、財產安全，或者非旅行社責任造成的意外情形，旅行社不得不調整或者變更旅遊合同約定的行程安排時，應當在事前向旅遊者作出說明；確因客觀情況無法在事前說明的，應當在事後作出說明。同時，在旅遊行程中，旅遊者有權拒絕參加旅行社在旅遊合同之外安排的購物活動或者需要旅遊者另行付費的旅遊項目。

　　大陸旅行社及其委派的導遊人員和領隊人員，也不得因旅遊者拒絕參加旅行社安排的購物活動或者需要旅遊者另行付費的旅遊項目等情形，以任何藉口、理由，拒絕繼續履行契約、提供服務，或者以拒絕繼續履行合同、提供服務相威脅。

十七、關於大陸企業赴台灣地區投資或設立非企業法人有關事項的通知

【發佈單位】商務部、國務院台灣事務辦公室
【發布文號】商合發[2009]219 號
【發布日期】2009-05-17
【實施日期】2009-05-17

　　為促進海峽兩岸雙向直接投資，實現兩岸經濟互利共贏，推動兩岸關係和平發展，現將大陸企業赴台灣地區投資或設立非企業法人有關事項通知如下：

(一) 大陸企業赴台灣地區投資或設立非企業法人應遵循互利共贏和市場經濟原則，不得危害國家安全、統一。

(二) 鼓勵和支持大陸企業結合兩岸經濟發展和產業特點赴台灣地區投資或設立非企業法人，形成互補互利的格局。

(三) 大陸企業赴台灣地區投資或設立非企業法人，應認真了解並遵守當地法律法規，尊重風俗習慣，注重環境保護，善盡必要的社會責任。

(四) 商務部按照《境外投資管理辦法》（商務部 2009 年第 5 號令）負責赴台灣地區投資或設立非企業法人的核准工作。地方企業由所在地省級商務主管部門向商務部提出申請，中央企業徑向商務部提出申請。

(五) 省級商務主管部門或中央企業向商務部提出核准申請時，商務部在徵求國務院台灣事務辦公室的意見後，按照《境外投資管理辦法》進行核准。

(六) 大陸企業赴台灣地區投資或設立非企業法人獲得核准後，商務部頒發《企業境外投資證書》或《企業境外機構證書》。大陸企業須憑《企業境外投資證書》或《企業境外機構證書》辦理人員赴台審批手續及外匯等其他相關手續。

(七) 大陸企業應嚴格按照商務部核准的經營範圍開展相關業務。在台灣地區投資設立的企業或非企業法人在當地註冊後，大陸企業須於 15 個工作日內將有關註冊文件報商務部和國務院台灣事務辦公室備案。

(八) 大陸企業在台灣地區已投資設立的企業或非企業法人如變更和終止，應按照《境外投資管理辦法》辦理相關手續。

(九) 商務部會同國務院台灣事務辦公室對大陸企業赴台灣地區投資或設立非企業法人的情況進行監督檢查。

(十) 大陸企業如違反有關規定在台灣地區投資或設立非企業法人，商務部會同國務院台灣事務辦公室按有關規定予以處罰。

中華人民共和國商務部
國務院台灣事務辦公室

台灣法律篇

台灣規範陸資配套法規之
認識、分析與建議

　　台灣規範陸資之法規，主要母法就是「台灣地區與大陸地區人民關係條例」，簡稱「兩岸人民關係條例」或「兩岸條例」，這部法律於 1992 年 7 月 31 日公布，為因應兩岸關係的變動，與政治經貿發展的需要，到 2006 年為止，共歷經十四次修正，台灣規範陸資的法規，都是以此為母法修訂。

　　以本書整理，目前兩岸關係有關陸資來台規範之配套法規而言，也都是用兩岸條例為母法所制訂，例如，根據兩岸條例第十條，台灣政府訂立了「大陸地區人民進入台灣地區許可辦法」、「大陸地區專業人士來台從事專業活動許可辦法」、「邀請大陸地區專業人士來台從事活動須知」；根據兩岸條例第十條、第十六條，台灣政府制訂「跨國企業內部調動之大陸地區人民申請來台服務許可辦法」、「大陸地區人民來台從事商務活動許可辦法」、「大陸地區人民來台從事觀光活動許可辦法」；根據兩岸條例第二十五條，制訂「各類所得扣繳率標準」；根據兩岸條例第三十條，制訂「境外航運中心設置作業辦法」；根據兩岸條例第三十四條，規範了「大陸地區物品勞務服務在台灣地區從事廣告活動管理辦法」；根據兩岸條例第三十五條，制訂「在大陸地區從事投資或技術合作許可辦法」、「在大陸地區從事投資或技術合作審查原則」、「在大陸地區重大投資案件政策面審查協調作業要點」、「台灣地區與大陸地區貿易許可辦法」、「大陸地區

產業技術引進許可辦法」、「台灣地區與大陸地區民用航空運輸業間接聯運許可辦法」；根據兩岸條例第三十六條，制訂「台灣地區與大陸地區金融業務往來許可辦法」、「台灣地區與大陸地區保險業務往來許可辦法」、「台灣地區與大陸地區證券及期貨業務往來許可辦法」；根據兩岸條例第三十七條，制訂「大陸地區出版品、電影片、錄影節目、廣播電視節目進入台灣地區，或在台灣地區發行銷售、製作、播映、展覽觀摩許可辦法」；根據兩岸條例第三十九條，制訂「大陸地區古物運入台灣地區公開陳列展覽許可辦法」；根據兩岸條例第三十八條，制訂「大陸地區發行之幣券進出入台灣地區限額規定」、「大陸地區發行之貨幣進出入台灣地區應遵行事項辦法」、「人民幣非法交易案件移交海關處理作業要點」；根據兩岸條例第六十九條，制訂「大陸地區人民在台灣地區取得設定或移轉不動產物權許可辦法」；根據兩岸條例第九十五條之一，制訂「試辦金門馬祖與大陸地區通航實施辦法」、「試辦金門馬祖與大陸地區通航人員入出境作業規定」。

由上可知，欲瞭解台灣規範陸資之完整配套法規，必須先對兩岸人民關係條例有一個基礎的基本認識，從歷史來看，兩岸條例制訂，以及到西元 2008 年政黨輪替、國民黨再度取得政權的時空背景分析，台灣政府的兩岸關係政策與當時充滿的政治氣氛，是「戒急用忍」、到「積極開放、有效管理」，重點是「有效管理」，所以，當時兩岸人民關係條例的制訂邏輯，可說主要是在「先假設敵友、再決定政策」，整部條例的立法精神是「既要考慮兩岸關係的現實需要，又要能維護台灣的安全需要」，重點是放在台灣的假設性、尚未經過合理驗證的安全需求上，雖然「安全」是台灣在兩岸關係上，

要注意的必要因素，但是一方面不能因為安全因素而阻隔兩岸民間的合理來往，同時，更應該明確的或更詳細的說明在什麼情況下是「違反國家安全」，否則很多基本上是合理來往、幫台灣發展的地方，將會被沒有標準的「國家安全」理由而遭到限制。

另一方面，兩岸條例的立法，同時也考慮到兩岸關係的變動性，所以條例中出現大量的「空白立法」，授予政府有極大的行政裁量權、以及行政立法的空間（台灣之行政立法，乃以中央立法為依歸僅限以行政立法，亦即僅容許出現「法規性命令」，所謂之行政立法，僅限於立法後，行政對立法上有明白授權事項之相關配合而制訂法規）。例如，兩岸人民關係條例第 5 條之 1 規定，（第 1 項）台灣地區各級地方政府機關（構），以任何形式協商簽署協定；台灣地區之公務人員、各級公職人員或各級地方民意代表機關，亦同。其次（第 2 項）台灣地區人民、法人、團體或其他機構，除依本條例規定，經行政院大陸委員會或各該主管機關授權，不得與大陸地區人民、法人、團體或其他機關（構）簽署涉及台灣地區公權力或政治議題之協定。

再者，兩岸人民關係條例第 95 條之 1 第 1 項規定，在主管機關實施兩岸直接通商、通航之前，得先行試辦金馬、澎湖與大陸地區之通商、通航。依同條第 2 項，試辦之相關辦法，由行政院定之；此外，在兩岸條例第 22 條、24 條也有「非經主管機關許可」的規定：第 23 條則有「在不影響國家安全及經濟發展者，經濟部得與許可」；在第 25 條有「由行政院新聞局會同有關機關擬定」等等的立法出現。

　　也是因為兩岸關係條例授予台灣政府極大的行政裁量權、以及行政立法的空間，當台灣民主政治產生政黨輪替，隨著 2008 年台灣新政府上台，兩岸關係呈現新契機，根據本文前述之兩岸條例授予政府的空間，其實台灣新政府可以做的事情相當多，並且在若干兩岸經貿交流的具體作法上，其實已經產生極大的變化，例如，陸資來台的配套法規，有一個依「兩岸條例」第三十四條第四項規定為母法，訂定之「大陸地區物品勞務服務在台灣地區從事廣告活動管理辦法」，這部法令配合未來陸資來台，各項企業商品勞務的廣告，當然也會大舉進入台灣，而這部「大陸地區物品勞務服務在台灣地區從事廣告活動管理辦法，將大陸廣告可以在台灣刊登的項目，主要限縮在以下三項內容，包括如下：一、依台灣地區與大陸地區貿易許可辦法，准許輸入之大陸地區物品。二、依大陸地區出版品電影片錄影節目廣播電視節目進入台灣地區或在台灣地區發行銷售製作播映展覽觀摩許可辦法，取得許可之大陸地區出版品、電影片、錄影節目或廣播電視節目。三、台灣地區旅行業辦理赴大陸地區旅遊活動之業務。

　　並且規定下列事項，不得在台灣地區從事廣告活動，包括：一、招攬台灣地區人民、法人、團體或其他機構於大陸地區投資。二、不動產開發及交易。三、婚姻媒合。四、專門職業服務，依法令有限制廣告活動者。五、未經許可之大陸地區物品、勞務、服務或其他事項；已許可嗣後經撤銷或廢止許可者，亦同。六、依其他法令規定，不得從事廣告活動者。同時嚴禁廣告活動內容，不得有下列情形：一、為中共從事具有任何政治性目的之宣傳。二、違背現行大陸政策或政府法令。三、妨害公共秩序或善良風俗。

　　也就是說，過去舊政府把大陸在台灣刊登廣告設置了兩個禁區，一是政治性，二是招商性宣傳的廣告，都列為禁止之列，只有已經准許在台銷售之大陸商品，才可以做廣告。因此。導致當時有數家依靠大陸開發區招商廣告為主收入的雜誌，都紛紛收起紙本印刷，改走較節省成本的網路媒體路線，同時過去在 2003 年以前，會出現有大陸大官到台灣訪問，台灣媒體就會發一次統戰宣傳財的現象消失，例如過去習近平還在做市委書記時，其所屬市委宣傳部，就花了二十幾萬台幣買下某平面媒體廣告，向台灣民眾問好，但在「大陸地區物品勞務服務在台灣地區從事廣告活動管理辦法」發佈後，就不再出現。

　　不過，隨著台灣新政府在兩岸關係上，展現的企圖心與彈性，台灣相關主管單位行政院新聞局，在前新聞局長史亞平任內，就開始對大陸廣告在台灣刊登有較彈性之作法，尤其是在過去「招商性宣傳」的禁區，有了重大的彈性作法，，預計將開始對房地產、地方招商的大陸廣告，有逐步的開放，初期受益最大的，將會是台灣之平面媒體，因為相對於電子媒體，平面的開放腳步，考慮到對台灣傳媒市場的影響以及審查機制，政府將會比較快開放。另一方面，大陸登平面廣告，普遍相當昂貴，許多大陸媒體購買廣告商，都認為台灣廣告，不論製作、刊登都相對便宜，而且效果品質好，事實上，大陸現在有不少的廣告，背後製作的團隊，都是台灣團隊，例如在大陸很紅的可伶可俐面紙的廣告，就是完全在台灣拍攝，然後大陸播出的，這也可以突顯兩岸經貿關係垂直上下游的整合，其實趨勢是無法避免的，尤其三次江陳會談後，兩岸更確認陸資來台的具體方案，這必定會對未來台灣經濟產生重大影響。

　　再以台灣民眾最關心的陸資登台買不動產而言,其配套法規為台灣內政部 2002 年 8 月 8 日以內政部台內地字第 09171525 號令發布之「大陸地區人民在台灣地區取得設定或移轉不動產物權許可辦法」,此辦法是依兩岸人民關係條例第六十九條第二項規定為母法訂定,這部法令最大的意義,就是至少表示准許陸資可以到台灣買不動產,其法第 4 條規定,「陸資符合下列情形之一者,得為不動產登記之權利主體:一、大陸地區人民。二、經依本條例許可之大陸地區法人、團體或其他機構。三、經依公司法認許之陸資公司」;同法第 7 條也規定,「大陸地區法人、團體或其他機構,或陸資公司,為供下列業務需要,得取得、設定或移轉不動產物權:一、業務人員居住之住宅。二、從事工商業務經營之廠房、營業處所或辦公場所。三、其他因業務需要之處所」;第 8 條規定,「大陸地區法人、團體或其他機構,或陸資公司,從事有助於台灣地區整體經濟或農牧經營之投資,應填具申請書,並檢附下列文件,向中央目的事業主管機關申請審核:一、第四條第二款或第三款規定之資格證明文件。二、依第五條規定經驗證之證明文件。三、投資計畫書;計畫書內應載明計畫名稱、土地所在地點、資金來源及其他中央目的事業主管機關規定之事項。四、土地登記簿謄本及地籍圖謄本,屬都市計畫內土地者,應加附都市計畫土地使用分區證明;屬耕地者,其係取得所有權者,應加附農業用地作農業使用證明書或符合土地使用管制證明書。五、其他相關文件。前項所稱整體經濟之投資,係指下列各款投資:一、觀光旅館、觀光遊樂設施及體育場館之開發或經營。二、住宅及大樓之開發或經營。三、工業廠房之開發或經營。四、工業區及工商綜合區之開發或經營。五、其他經中央目的事業

主管機關公告投資項目之開發或經營。第一項所稱農牧經營之投資，係指符合行政院農業委員會公告之農業技術密集與資本密集類目及標準之投資」；第 9 條規定，「大陸地區法人、團體或其他機構，或陸資公司，依前條規定經中央目的事業主管機關同意後，得申請取得、設定或移轉不動產物權」。

但其設立的限制也很多，例如其第 2 條規定，大陸地區人民、法人、團體或其他機構，或其於第三地區投資之公司（以下簡稱陸資公司）申請在台灣地區取得、設定或移轉不動產物權，有下列情形之一者，應不予許可：一、依土地法第十七條第一項各款所定之土地。二、依國家安全法及其施行細則所劃定公告一定範圍之土地。三、依要塞堡壘地帶法所劃定公告一定範圍之土地。四、各港口地帶，由港口主管機關會同國防部及所在地地方政府所劃定一定範圍之土地。五、其他經中央目的事業主管機關劃定應予禁止取得之土地。同法，第 3 條也規定，大陸地區人民、法人、團體或其他機構，或陸資公司申請在台灣地區取得、設定或移轉不動產物權，有下列情形之一者，得不予許可：一、影響國家重大建設者。二、涉及土地壟斷投機或炒作者。三、影響國土整體發展者。四、其他經中央目的事業主管機關認為足以危害國家安全或社會安定之虞者。

其中最為人詬病的限制，就是同法第 18 條規定，大陸地區人民已合法在台取得或設定不動產物權，並檢具土地建物登記簿謄本，得許可進入台灣地區之停留期間，自入境翌日起不得逾十日，必要時得申請延期一次，期間不得逾十日；每年總停留期間不得逾一個月。由於這世界上沒有人，會在一個一年強硬只准許他停留一個月的地方買不動產，從這部法令發佈以來到 2007 年，內政部只有四筆

大陸人民在台買賣取得不動產，前三筆交易還是台灣籍的丈夫為大陸籍的妻子購買，後一筆交易則是真正大陸人士擁有，但是位在花蓮的靈骨塔，這真是匪夷所思。

　　展望未來，期待隨著兩岸經貿關係發展的突飛猛進，建議台灣政府相關單位，對上述各種不合理的法令，應該迅速修改，尤其是在江陳三次會談後對陸資來台具體方案談判的成果基礎下，改變兩岸關係配套行政法規訂立的舊心態，也就是說，當政府在兩岸經貿關係上準備要有所作為時，就應該轉變過去兩岸條例本身條文的內容，對於兩岸的關係是一種「消極性」，甚至是「禁制性」的規範，藉由兩岸條例大量授予政府的行政裁量權、行政立法的空間，將陸資來台的各項配套法規，變為一種具備「積極性」、「互動性」、「前瞻性」及「發展性」的法律規範，因為兩岸人民關係條例與其各項配套法規，不只是要適用於台灣，更重要的是，還要能引用於大陸，因此其立法精神與條文不能流於「台灣當政者的主觀意願」，還必須考慮到大陸是否會接受的「客觀事實」，畢竟，馬克思說過「事物的客觀存在，不會隨著人的主觀意志而轉移」，也只有兼顧主觀意願與客觀事實下的立法，才不會因而引發兩岸爭議，可以在這個法律基礎上開展兩岸民間的良性互動，進而利用大陸的經貿市場，讓台灣的經濟得以大振奮、大發展。

台灣地區與大陸地區人民關係條例

民國 81 年 7 月 31 日總統（81）華總（一）義字第 3736 號令制定公布全文 96 條

民國 81 年 9 月 16 日行政院（81）台法字第 3166 號令發布定自 81 年 9 月 18 日起施行

民國 82 年 2 月 3 日總統（82）華總（一）義字第 0450 號令修正公布第 18 條條文；並自 82 年 9 月 18 日起施行

民國 83 年 9 月 16 日總統（83）華總（一）義字第 5545 號令修正公布第 66 條條文；並自 83 年 9 月 18 日起施行

民國 84 年 7 月 19 日總統（84）華總（一）義字第 5116 號令修正公布第 66 條條文

民國 84 年 7 月 19 日行政院令定自 84 年 7 月 21 日施行

民國 85 年 7 月 30 日總統（85）華總（一）義字第 8500190160 號令修正公布第 68 條條文

民國 85 年 8 月 19 日行政院（85）台法字第 28201 號令定自 85 年 9 月 18 日起施行

民國 86 年 5 月 14 日總統（86）華總（一）義字第 8600109250 號令修正公布第 5 條、第 10 條、第 11 條、第 15 條至第 18 條、第 20 條、第 27 條、第 32 條、第 35 條、第 67 條、第 74 條、第 79 條、第 80 條、第 83 條、第 85 條、第 86 條、第 88 條、第 96 條條文；並增訂第 26 條之 1、第 28 條之 1、第 67 條之 1、第 75 條之 1、第 95 條之 1 條條文

民國 86 年 6 月 30 日行政院(86)台法字第 26660 號令發布該次修正條文；定於 86 年 7 月 1 日起施行

民國 89 年 12 月 20 日總統（89）華總一義字第 8900301110 號令修正公布第 2 條、第 16 條、第 21 條條文；並增訂第 17 條之 1 條文；民國 90 年 2 月 16 日行政院（90）台法字第 005737 號令發布定自 90 年 2 月 20 日起施行

民國 91 年 4 月 24 日總統（91）華總一義字第 09100075590 號令修正公布第 24 條、第 35 條、第 69 條條文並經行政院(91)院台秘字第 0910029324 號令發布自同年 7 月 1 日施行

民國 92 年 10 月 29 日總統華總一義字第 09200199770 號令修正公布全文 96 條；本條例施行日期，由行政院定之

民國 92 年 12 月 29 日行政院台秘字第 0920069517 號令發布第 1 條、第 3 條、第 6 條至第 8 條、第 12 條、第 16 條、第 18 條、第 21 條、第 22

條之1、第24條、第28條之1、第31條、第34條、第41條至第62條、第64條、第66條、第67條、第71條、第74條、第75條、第75條之1、第76條至第79條、第84條、第85條、第87條至第89條、第93條、第95條，定自92年12月31日施行；其餘修正條文，定自93年3月1日施行

民國95年7月19日總統華總一義字第09500102611號令修正公布第9條條文

第 一 章　　總則

第 一 條　　國家統一前，為確保台灣地區安全與民眾福祉，規範台灣地區與大陸地區人民之往來，並處理衍生之法律事件，特制定本條例。本條例未規定者，適用其他有關法令之規定。

第 二 條　　本條例用詞，定義如下：

一、台灣地區：指台灣、澎湖、金門、馬祖及政府統治權所及之其他地區。

二、大陸地區：指台灣地區以外之中華民國領土。

三、台灣地區人民：指在台灣地區設有戶籍之人民。

四、大陸地區人民：指在大陸地區設有戶籍之人民。

第 三 條　　本條例關於大陸地區人民之規定，於大陸地區人民旅居國外者，適用之。

第三條之一　　行政院大陸委員會統籌處理有關大陸事務，為本條例之主管機關。

第 四 條　　行政院得設立或指定機構，處理台灣地區與大陸地區人民往來有關之事務。

行政院大陸委員會處理台灣地區與大陸地區人民往來有關事務，得委託前項之機構或符合下列要件之民間團體為之：

一、設立時，政府捐助財產總額逾二分之一。

二、設立目的為處理台灣地區與大陸地區人民往來有關事務，並以行政院大陸委員會為中央主管機關或目的事業主管機關。

行政院大陸委員會或第四條之二第一項經行政院同意之各該主管機關，得依所處理事務之性質及需要，逐案委託前二項規定以外，具有公信力、專業能力及經驗之其他具公益性質之法人，協助處理台灣地區與大陸地區人民往來有關之事務；必要時，並得委託其代為簽署協議。

第一項及第二項之機構或民間團體，經委託機關同意，得複委託前項之其他具公益性質之法人，協助處理台灣地區與大陸地區人民往來有關之事務。

【罰則：第79條之1】

第四條之一　　　公務員轉任前條之機構或民間團體者，其回任公職之權益應予保障，在該機構或團體服務之年資，於回任公職時，得予採計為公務員年資；本條例施行或修正前已轉任者，亦同。

公務員轉任前條之機構或民間團體未回任者，於該機構或民間團體辦理退休、資遣或撫卹時，其於公務員退撫新制施行前、後任公務員年資之退離給與，由行政院大陸委員會編列預算，比照其轉任前原適用之公務員退撫相關法令所定一次給與標準，予以給付。

公務員轉任前條之機構或民間團體回任公職，或於該機構或民間團體辦理退休、資遣或撫卹時，已依相關規定請領退離給與之年資，不得再予併計。

第一項之轉任方式、回任、年資採計方式、職等核敘及其他應遵行事項之辦法，由考試院會同行政院定之。

第二項之比照方式、計算標準及經費編列等事項之辦法，由行政院定之。

第四條之二　　行政院大陸委員會統籌辦理台灣地區與大陸地區訂定協議事項；協議內容具有專門性、技術性，以各該主管機關訂定為宜者，得經行政院同意，由其會同行政院大陸委員會辦理。

行政院大陸委員會或前項經行政院同意之各該主管機關，得委託第四條所定機構或民間團體，以受託人自己之名義，與大陸地區相關機關或經其授權之法人、團體或其他機構協商簽署協議。

本條例所稱協議，係指台灣地區與大陸地區間就涉及行使公權力或政治議題事項所簽署之文書；協議之附加議定書、附加條款、簽字議定書、同意紀錄、附錄及其他附加文件，均屬構成協議之一部分。

【罰則：第 79 條之 1】

第四條之三　　第四條第三項之其他具公益性質之法人，於受委託協助處理事務或簽署協議，應受委託機關、第四條第一項或第二項所定機構或民間團體之指揮監督。

第四條之四　　依第四條第一項或第二項規定受委託之機構或民間團體，應遵守下列規定；第四條第三項其他具公益性質之法人於受託期間，亦同：

　　一、派員赴大陸地區或其他地區處理受託事務或相關重要業務，應報請委託機關、第四條第一項或第二項所定之機構或民間團體同意，及接受

其指揮，並隨時報告處理情形；因其他事務須派員赴大陸地區者，應先通知委託機關、第四條第一項或第二項所定之機構或民間團體。

二、其代表人及處理受託事務之人員，負有與公務員相同之保密義務；離職後，亦同。

三、其代表人及處理受託事務之人員，於受託處理事務時，負有與公務員相同之利益迴避義務。

四、其代表人及處理受託事務之人員，未經委託機關同意，不得與大陸地區相關機關或經其授權之法人、團體或其他機構協商簽署協議。

【罰則：第 79 條之 2、第 79 條之 3】

第 五 條　　依第四條第三項或第四條之二第二項，受委託簽署協議之機構、民間團體或其他具公益性質之法人，應將協議草案報經委託機關陳報行政院同意，始得簽署。

協議之內容涉及法律之修正或應以法律定之者，協議辦理機關應於協議簽署後三十日內報請行政院核轉立法院審議；其內容未涉及法律之修正或無須另以法律定之者，協議辦理機關應於協議簽署後三十日內報請行政院核定，並送立法院備查，其程序，必要時以機密方式處理。

第五條之一　　台灣地區各級地方政府機關（構），非經行政院大陸委員會授權，不得與大陸地區人民、法人、團體或其他機關（構），以任何形式協商簽署協議。台灣地區之公務人員、各級公職人員或各級地方民意代表機關，亦同。

台灣地區人民、法人、團體或其他機構，除依本條例規定，經行政院大陸委員會或各該主管機關授權，不

得與大陸地區人民、法人、團體或其他機關（構）簽署涉及台灣地區公權力或政治議題之協議。

【罰則：第 79 條之 3】

第五條之二　依第四條第三項、第四項或第四條之二第二項規定，委託、複委託處理事務或協商簽署協議，及監督受委託機構、民間團體或其他具公益性質之法人之相關辦法，由行政院大陸委員會擬訂，報請行政院核定之。

第　六　條　為處理台灣地區與大陸地區人民往來有關之事務，行政院得依對等原則，許可大陸地區之法人、團體或其他機構在台灣地區設立分支機構。

前項設立許可事項，以法律定之。

第　七　條　在大陸地區製作之文書，經行政院設立或指定之機構或委託之民間團體驗證者，推定為真正。

第　八　條　應於大陸地區送達司法文書或為必要之調查者，司法機關得囑託或委託第四條之機構或民間團體為之。

第　二　章　行政

第　九　條　台灣地區人民進入大陸地區，應經一般出境查驗程序。

主管機關得要求航空公司或旅行相關業者辦理前項出境申報程序。

台灣地區公務員，國家安全局、國防部、法務部調查局及其所屬各級機關未具公務員身分之人員，應向內政部申請許可，始得進入大陸地區。但簡任第十職等及警監四階以下未涉及國家安全機密之公務員及警察人員赴大陸地區，不在此限；其作業要點，於本法修正後三個月內，由內政部會同相關機關擬訂，報請行政院核定之。

台灣地區人民具有下列身分者，進入大陸地區應經

申請，並經內政部會同國家安全局、法務部及行政院大陸委員會組成之審查會審查許可：

一、政務人員、直轄市長。

二、於國防、外交、科技、情治、大陸事務或其他經核定與國家安全相關機關從事涉及國家機密業務之人員。

三、受前款機關委託從事涉及國家機密公務之個人或民間團體、機構成員。

四、前三款退離職未滿三年之人員。

五、縣（市）長。

前項第二款至第四款所列人員，其涉及國家機密之認定，由（原）服務機關、委託機關或受託團體、機構依相關規定及業務性質辦理。

第四項第四款所定退離職人員退離職後，應經審查會審查許可，始得進入大陸地區之期間，原服務機關、委託機關或受託團體、機構得依其所涉及國家機密及業務性質增減之。

遇有重大突發事件、影響台灣地區重大利益或於兩岸互動有重大危害情形者，得經立法院議決由行政院公告於一定期間內，對台灣地區人民進入大陸地區，採行禁止、限制或其他必要之處置，立法院如於會期內一個月未為決議，視為同意；但情況急迫者，得於事後追認之。

台灣地區人民進入大陸地區者，不得從事妨害國家安全或利益之活動。

第二項申報程序及第三項、第四項許可辦法，由內政部擬訂，報請行政院核定之。

【罰則：第 91 條】

第九條之一　　台灣地區人民不得在大陸地區設有戶籍或領用大陸地區護照。

　　　　　　　違反前項規定在大陸地區設有戶籍或領用大陸地區護照者，除經有關機關認有特殊考量必要外，喪失台灣地區人民身分及其在台灣地區選舉、罷免、創制、複決、擔任軍職、公職及其他以在台灣地區設有戶籍所衍生相關權利，並由戶政機關註銷其台灣地區之戶籍登記；但其因台灣地區人民身分所負之責任及義務，不因而喪失或免除。

　　　　　　　本條例修正施行前，台灣地區人民已在大陸地區設籍或領用大陸地區護照者，其在本條例修正施行之日起六個月內，註銷大陸地區戶籍或放棄領用大陸地區護照並向內政部提出相關證明者，不喪失台灣地區人民身分。

第九條之二　　依前條規定喪失台灣地區人民身分者，嗣後註銷大陸地區戶籍或放棄持用大陸地區護照，得向內政部申請許可回復台灣地區人民身分，並返回台灣地區定居。

　　　　　　　前項許可條件、程序、方式、限制、撤銷或廢止許可及其他應遵行事項之辦法，由內政部擬訂，報請行政院核定之。

第　十　條　　大陸地區人民非經主管機關許可，不得進入台灣地區。

　　　　　　　經許可進入台灣地區之大陸地區人民，不得從事與許可目的不符之活動。

　　　　　　　前二項許可辦法，由有關主管機關擬訂，報請行政院核定之。

第十條之一　　大陸地區人民申請進入台灣地區團聚、居留或定居

者，應接受面談、按捺指紋並建檔管理之；未接受面談、按捺指紋者，不予許可其團聚、居留或定居之申請。其管理辦法，由主管機關定之。

第 十一 條　　僱用大陸地區人民在台灣地區工作，應向主管機關申請許可。

　　經許可受僱在台灣地區工作之大陸地區人民，其受僱期間不得逾一年，並不得轉換雇主及工作。但因雇主關廠、歇業或其他特殊事故，致僱用關係無法繼續時，經主管機關許可者，得轉換雇主及工作。

　　大陸地區人民因前項但書情形轉換雇主及工作時，其轉換後之受僱期間，與原受僱期間併計。

　　雇主向行政院勞工委員會申請僱用大陸地區人民工作，應先以合理勞動條件在台灣地區辦理公開招募，並向公立就業服務機構申請求才登記，無法滿足其需要時，始得就該不足人數提出申請。但應於招募時，將招募內容全文通知其事業單位之工會或勞工，並於大陸地區人民預定工作場所公告之。

　　僱用大陸地區人民工作時，其勞動契約應以定期契約為之。

　　第一項許可及其管理辦法，由行政院勞工委員會會同有關機關擬訂，報請行政院核定之。

　　依國際協定開放服務業項目所衍生僱用需求，及跨國企業、在台營業達一定規模之台灣地區企業，得經主管機關許可，僱用大陸地區人民，不受前六項及第九十五條相關規定之限制；其許可、管理、企業營業規模、僱用條件及其他應遵行事項之辦法，由行政院勞工委員

會會同有關機關擬訂，報請行政院核定之。

第 十二 條　經許可受僱在台灣地區工作之大陸地區人民，其眷屬在勞工保險條例實施地區外罹患傷病、生育或死亡時，不得請領各該事故之保險給付。

第 十三 條　僱用大陸地區人民者，應向行政院勞工委員會所設專戶繳納就業安定費。

前項收費標準及管理運用辦法，由行政院勞工委員會會同財政部擬訂，報請行政院核定之。

第 十四 條　經許可受僱在台灣地區工作之大陸地區人民，違反本條例或其他法令之規定者，主管機關得撤銷或廢止其許可。

前項經撤銷或廢止許可之大陸地區人民，應限期離境，逾期不離境者，依第十八條規定強制其出境。

前項規定，於中止或終止勞動契約時，適用之。

第 十五 條　下列行為不得為之：

一、使大陸地區人民非法進入台灣地區。

二、明知台灣地區人民未經許可，而招攬使之進入大陸地區。

三、使大陸地區人民在台灣地區從事未經許可或與許可目的不符之活動。

四、僱用或留用大陸地區人民在台灣地區從事未經許可或與許可範圍不符之工作。

五、居間介紹他人為前款之行為。

【罰則：第 79 條、第 84 條、第 87 條、第 83 條】

第 十六 條　大陸地區人民得申請來台從事商務或觀光活動，其辦法，由主管機關定之。

大陸地區人民有下列情形之一者，得申請在台灣地區定居：

一、台灣地區人民之直系血親及配偶，年齡在七十歲以上、十二歲以下者。

二、其台灣地區之配偶死亡，須在台灣地區照顧未成年之親生子女者。

三、民國三十四年後，因兵役關係滯留大陸地區之台籍軍人及其配偶。

四、民國三十八年政府遷台後，因作戰或執行特種任務被俘之前國軍官兵及其配偶。

五、民國三十八年政府遷台前，以公費派赴大陸地區求學人員及其配偶。

六、民國七十六年十一月一日前，因船舶故障、海難或其他不可抗力之事由滯留大陸地區，且在台灣地區原有戶籍之漁民或船員。

大陸地區人民依前項第一款規定，每年申請在台灣地區定居之數額，得予限制。

依第二項第三款至第六款規定申請者，其大陸地區配偶得隨同本人申請在台灣地區定居；未隨同申請者，得由本人在台灣地區定居後代為申請。

第 十七 條　大陸地區人民為台灣地區人民配偶，得依法令申請進入台灣地區團聚；有下列情形之一者，得申請在台灣地區依親居留：

一、結婚已滿二年者。

二、已生產子女者。

前項以外之大陸地區人民，得依法令申請在台灣地

區停留；有下列情形之一者，得申請在台灣地區商務或工作居留，居留期間最長為三年，期滿得申請延期：

一、符合第十一條受僱在台灣地區工作之大陸地區人民。

二、符合第十條或第十六條第一項來台從事商務相關活動之大陸地區人民。

經依第一項規定許可在台灣地區依親居留滿四年，且每年在台灣地區合法居留期間逾一百八十三日者，得申請長期居留。

內政部得基於政治、經濟、社會、教育、科技或文化之考量，專案許可大陸地區人民在台灣地區長期居留，申請居留之類別及數額，得予限制；其類別及數額，由內政部擬訂，報請行政院核定後公告之。

經依前二項規定許可在台灣地區長期居留者，居留期間無限制；長期居留滿二年，並符合下列規定者，得申請在台灣地區定居：

一、在台灣地區每年合法居留期間逾一百八十三日。

二、年滿二十歲。

三、品行端正，無犯罪紀錄。

四、提出喪失原籍證明。

五、有相當財產足以自立或生活保障無虞。

六、符合國家利益。

內政部得訂定依親居留、長期居留及定居之數額及類別，報請行政院核定後公告之。

第一項人員經許可依親居留、長期居留或許可定居，有事實足認係通謀而為虛偽結婚者，撤銷其依親居

留、長期居留、定居許可及戶籍登記，並強制出境。

　　大陸地區人民在台灣地區逾期停留、居留或未經許可入境者，在台灣地區停留、居留期間，不適用前條及第一項至第四項之規定。

　　前條及第一項至第五項有關居留、長期居留、或定居條件、程序、方式、限制、撤銷或廢止許可及其他應遵行事項之辦法，由內政部會同有關機關擬訂，報請行政院核定之。

第十七條之一　　經依前條第一項規定許可在台灣地區依親居留者，得向主管機關申請許可受僱在台灣地區工作。

　　主管機關為前項許可時，應考量台灣地區就業市場情勢、社會公益及家庭經濟因素；其許可條件、程序、方式、限制、管理、撤銷或廢止許可及其他應遵行事項之辦法，由行政院勞工委員會擬訂，報請行政院核定之。

　　經依前條第三項或第四項規定許可在台長期居留者，居留期間得在台灣地區工作。

第　十八　條　　進入台灣地區之大陸地區人民，有下列情形之一者，治安機關得逕行強制出境。但其所涉案件已進入司法程序者，應先經司法機關之同意：

　　一、未經許可入境者。

　　二、經許可入境，已逾停留、居留期限者。

　　三、從事與許可目的不符之活動或工作者。

　　四、有事實足認為有犯罪行為者。

　　五、有事實足認為有危害國家安全或社會安定之虞者。

　　前項大陸地區人民，於強制出境前，得暫予收容，

並得令其從事勞務。

　　第一項大陸地區人民有第一項第三款從事與許可目的不符之活動或工作之情事，致違反社會秩序維護法而未涉有其他犯罪情事者，於調查後得免移送簡易庭裁定，由治安機關逕行強制出境。

　　進入台灣地區之大陸地區人民，涉及刑事案件，經法官或檢察官責付而收容於第二項之收容處所，並經法院判決有罪確定者，其收容之日數，以一日抵有期徒刑或拘役一日或刑法第四十二條第四項裁判所定之罰金額數。

　　前四項規定，於本條例施行前進入台灣地區之大陸地區人民，適用之。

　　第一項之強制出境處理辦法及第二項收容處所之設置及管理辦法，由內政部擬訂，報請行政院核定之。

第 十九 條　　台灣地區人民依規定保證大陸地區人民入境者，於被保證人屆期不離境時，應協助有關機關強制其出境，並負擔因強制出境所支出之費用。

　　前項費用，得由強制出境機關檢具單據影本及計算書，通知保證人限期繳納，屆期不繳納者，依法移送強制執行。

第 二十 條　　台灣地區人民有下列情形之一者，應負擔強制出境所需之費用：

　　一、使大陸地區人民非法入境者。

　　二、非法僱用大陸地區人民工作者。

　　三、僱用之大陸地區人民依第十四條第二項或第三項規定強制出境者。

　　前項費用有數人應負擔者，應負連帶責任。

第一項費用，由強制出境機關檢具單據影本及計算書，通知應負擔人限期繳納；屆期不繳納者，依法移送強制執行。

第二十一條　大陸地區人民經許可進入台灣地區者，除法律另有規定外，非在台灣地區設有戶籍滿十年，不得登記為公職候選人、擔任公教或公營事業機關（構）人員及組織政黨；非在台灣地區設有戶籍滿二十年，不得擔任情報機關（構）人員，或國防機關（構）之下列人員：

一、志願役軍官、士官及士兵。

二、義務役軍官及士官。

三、文職、教職及國軍聘雇人員。

大陸地區人民經許可進入台灣地區設有戶籍者，得依法令規定擔任大學教職、學術研究機構研究人員或社會教育機構專業人員，不受前項在台灣地區設有戶籍滿十年之限制。

前項人員，不得擔任涉及國家安全或機密科技研究之職務。

第二十二條　台灣地區人民與經許可在台灣地區定居之大陸地區人民，在大陸地區接受教育之學歷檢覈及採認辦法，由教育部擬訂，報請行政院核定之。

第二十二條之一　經許可在大陸地區從事投資或技術合作之台灣地區人民、法人、團體或其他機構，向教育部申請備案後，得於大陸地區設立專以教育台灣地區人民為對象之高級中等以下學校（以下簡稱大陸地區台商學校），並得附設幼稚園。

大陸地區台商學校申請備案之程序、課程、設備、

招生、獎（補）助、學生回台就學、台灣地區人民擔任校長、教師之資格及其薪級年資之採計等相關事項之辦法，由教育部擬訂，報請行政院核定之。

　　符合前項辦法學校學生回台就學，其學歷得與台灣地區同級學校學歷相銜接。

　　台灣地區人民擔任大陸地區台商學校校長、教師之保險事項，得準用公教人員保險法及全民健康保險法有關私立學校之規定；大陸地區台商學校人事制度與台灣地區同級學校一致者，其退休、撫卹、資遣事項，得準用私立學校法相關規定。

第二十三條　　台灣地區、大陸地區及其他地區人民、法人、團體或其他機構，經許可得為大陸地區之教育機構在台灣地區辦理招生事宜或從事居間介紹之行為。其許可辦法由教育部擬訂，報請行政院核定之。

　　　　　　　【罰則：第 82 條】

第二十四條　　台灣地區人民、法人、團體或其他機構有大陸地區來源所得者，應併同台灣地區來源所得課徵所得稅。但其在大陸地區已繳納之稅額，得自應納稅額中扣抵。

　　台灣地區法人、團體或其他機構，依第三十五條規定經主管機關許可，經由其在第三地區投資設立之公司或事業在大陸地區從事投資者，於依所得稅法規定列報第三地區公司或事業之投資收益時，其屬源自轉投資大陸地區公司或事業分配之投資收益部分，視為大陸地區來源所得，依前項規定課徵所得稅。但該部分大陸地區投資收益在大陸地區及第三地區已繳納之所得稅，得自應納稅額中扣抵。

前二項扣抵數額之合計數，不得超過因加計其大陸地區來源所得，而依台灣地區適用稅率計算增加之應納稅額。

第二十五條　大陸地區人民、法人、團體或其他機構有台灣地區來源所得者，應就其台灣地區來源所得，課徵所得稅。

大陸地區人民於一課稅年度內在台灣地區居留、停留合計滿一百八十三日者，應就其台灣地區來源所得，準用台灣地區人民適用之課稅規定，課徵綜合所得稅。

大陸地區法人、團體或其他機構在台灣地區有固定營業場所或營業代理人者，應就其台灣地區來源所得，準用台灣地區營利事業適用之課稅規定，課徵營利事業所得稅；其在台灣地區無固定營業場所而有營業代理人者，其應納之營利事業所得稅，應由營業代理人負責，向該管稽徵機關申報納稅。但大陸地區法人、團體或其他機構在台灣地區因從事投資，所獲配之股利淨額或盈餘淨額，應由扣繳義務人於給付時，按規定之扣繳率扣繳，不計入營利事業所得額。

大陸地區人民於一課稅年度內在台灣地區居留、停留合計未滿一百八十三日者，及大陸地區法人、團體或其他機構在台灣地區無固定營業場所及營業代理人者，其台灣地區來源所得之應納稅額，應由扣繳義務人於給付時，按規定之扣繳率扣繳，免辦理結算申報；如有非屬扣繳範圍之所得，應由納稅義務人依規定稅率申報納稅，其無法自行辦理申報者，應委託台灣地區人民或在台灣地區有固定營業場所之營利事業為代理人，負責代理申報納稅。

前二項之扣繳事項，適用所得稅法之相關規定。

大陸地區人民、法人、團體或其他機構取得台灣地區來源所得應適用之扣繳率，其標準由財政部擬訂，報請行政院核定之。

第二十五條之一　　大陸地區人民、法人、團體、其他機構或其於第三地區投資之公司，依第七十三條規定申請在台灣地區投資經許可者，其取得台灣地區之公司所分配股利或合夥人應分配盈餘應納之所得稅，由所得稅法規定之扣繳義務人於給付時，按給付額或應分配額扣繳百分之二十，不適用所得稅法結算申報之規定。但大陸地區人民於一課稅年度內在台灣地區居留、停留合計滿一百八十三日者，應依前條第二項規定課徵綜合所得稅。

依第七十三條規定申請在台灣地區投資經許可之法人、團體或其他機構，其董事、經理人及所派之技術人員，因辦理投資、建廠或從事市場調查等臨時性工作，於一課稅年度內在台灣地區居留、停留期間合計不超過一百八十三日者，其由該法人、團體或其他機構非在台灣地區給與之薪資所得，不視為台灣地區來源所得。

第二十六條　　支領各種月退休（職、伍）給與之退休（職、伍）軍公教及公營事業機關（構）人員擬赴大陸地區長期居住者，應向主管機關申請改領一次退休（職、伍）給與，並由主管機關就其原核定退休（職、伍）年資及其申領當月同職等或同官階之現職人員月俸額，計算其應領之一次退休（職、伍）給與為標準，扣除已領之月退休（職、伍）給與，一次發給其餘額；無餘額或餘額未達其應領之一次退休（職、伍）給與半數者，一律發給其應領一

次退休（職、伍）給與之半數。

前項人員在台灣地區有受其扶養之人者，申請前應經該受扶養人同意。

第一項人員未依規定申請辦理改領一次退休（職、伍）給與，而在大陸地區設有戶籍或領用大陸地區護照者，停止領受退休（職、伍）給與之權利，俟其經依第九條之二規定許可回復台灣地區人民身分後恢復。

第一項人員如有以詐術或其他不正當方法領取一次退休（職、伍）給與，由原退休（職、伍）機關追回其所領金額，如涉及刑事責任者，移送司法機關辦理。

第一項改領及第三項停止領受及恢復退休（職、伍）給與相關事項之辦法，由各主管機關定之。

第二十六條之一　　軍公教及公營事業機關（構）人員，在任職（服役）期間死亡，或支領月退休（職、伍）給與人員，在支領期間死亡，而在台灣地區無遺族或法定受益人者，其居住大陸地區之遺族或法定受益人，得於各該支領給付人死亡之日起五年內，經許可進入台灣地區，以書面向主管機關申請領受公務人員或軍人保險死亡給付、一次撫卹金、餘額退伍金或一次撫慰金，不得請領年撫卹金或月撫慰金。逾期未申請領受者，喪失其權利。

前項保險死亡給付、一次撫卹金、餘額退伍金或一次撫慰金總額，不得逾新台幣二百萬元。

本條例中華民國八十六年七月一日修正生效前，依法核定保留保險死亡給付、一次撫卹金、餘額退伍金或一次撫慰金者，其居住大陸地區之遺族或法定受益人，應於中華民國八十六年七月一日起五年內，依第一項規

定辦理申領，逾期喪失其權利。

　　申請領受第一項或前項規定之給付者，有因受傷或疾病致行動困難或領受之給付與來台旅費顯不相當等特殊情事，經主管機關核定者，得免進入台灣地區。

　　民國三十八年以前在大陸地區依法令核定應發給之各項公法給付，其權利人尚未領受或領受中斷者，於國家統一前，不予處理。

第二十七條　　行政院國軍退除役官兵輔導委員會安置就養之榮民經核准赴大陸地區長期居住者，其原有之就養給付及傷殘撫卹金，仍應發給；本條修正施行前經許可赴大陸地區定居者，亦同。

　　就養榮民未依前項規定經核准，而在大陸地區設有戶籍或領用大陸地區護照者，停止領受就養給付及傷殘撫卹金之權利，俟其經依第九條之二規定許可回復台灣地區人民身分後恢復。

　　前二項所定就養給付及傷殘撫卹金之發給、停止領受及恢復給付相關事項之辦法，由行政院國軍退除役官兵輔導委員會擬訂，報請行政院核定之。

第二十八條　　中華民國船舶、航空器及其他運輸工具，經主管機關許可，得航行至大陸地區。其許可及管理辦法，於本條例修正通過後十八個月內，由交通部會同有關機關擬訂，報請行政院核定之；於必要時，經向立法院報告備查後，得延長之。

　　　　　　【罰則：第 80 條】

第二十八條之一　　中華民國船舶、航空器及其他運輸工具，不得私行運送大陸地區人民前往台灣地區及大陸地區以外之國家

或地區。

　　台灣地區人民不得利用非中華民國船舶、航空器或其他運輸工具，私行運送大陸地區人民前往台灣地區及大陸地區以外之國家或地區。

　　【罰則：第80條】

第二十九條　　大陸船舶、民用航空器及其他運輸工具，非經主管機關許可，不得進入台灣地區限制或禁止水域、台北飛航情報區限制區域。

　　前項限制或禁止水域及限制區域，由國防部公告之。

　　第一項許可辦法，由交通部會同有關機關擬訂，報請行政院核定之。

第　三十　條　　外國船舶、民用航空器及其他運輸工具，不得直接航行於台灣地區與大陸地區港口、機場間；亦不得利用外國船舶、民用航空器及其他運輸工具，經營經第三地區航行於包括台灣地區與大陸地區港口、機場間之定期航線業務。

　　前項船舶、民用航空器及其他運輸工具為大陸地區人民、法人、團體或其他機構所租用、投資或經營者，交通部得限制或禁止其進入台灣地區港口、機場。

　　第一項之禁止規定，交通部於必要時得報經行政院核定為全部或一部之解除。其解除後之管理、運輸作業及其他應遵行事項，準用現行航政法規辦理，並得視需要由交通部會商有關機關訂定管理辦法。

　　【罰則：第85條】

第三十一條　　大陸民用航空器未經許可進入台北飛航情報區限制進入之區域，執行空防任務機關得警告飛離或採必要之

防衛處置。

第三十二條　　大陸船舶未經許可進入台灣地區限制或禁止水域，主管機關得逕行驅離或扣留其船舶、物品，留置其人員或為必要之防衛處置。

前項扣留之船舶、物品，或留置之人員，主管機關應於三個月內為下列之處分：

一、扣留之船舶、物品未涉及違法情事，得發還；若違法情節重大者，得沒入。

二、留置之人員經調查後移送有關機關依本條例第十八條收容遣返或強制其出境。

本條例實施前，扣留之大陸船舶、物品及留置之人員，已由主管機關處理者，依其處理。

第三十三條　　台灣地區人民、法人、團體或其他機構，除法律另有規定外，得擔任大陸地區法人、團體或其他機構之職務或為其成員。

台灣地區人民、法人、團體或其他機構，不得擔任經行政院大陸委員會會商各該主管機關公告禁止之大陸地區黨務、軍事、行政或具政治性機關（構）、團體之職務或為其成員。

台灣地區人民、法人、團體或其他機構，擔任大陸地區之職務或為其成員，有下列情形之一者，應經許可：

一、所擔任大陸地區黨務、軍事、行政或具政治性機關（構）、團體之職務或為成員，未經依前項規定公告禁止者。

二、有影響國家安全、利益之虞或基於政策需要，經各該主管機關會商行政院大陸委員會公告者。

　　台灣地區人民擔任大陸地區法人、團體或其他機構之職務或為其成員，不得從事妨害國家安全或利益之行為。

　　第二項及第三項職務或成員之認定，由各該主管機關為之；如有疑義，得由行政院大陸委員會會同相關機關及學者專家組成審議委員會審議決定。

　　第二項及第三項之公告事項、許可條件、申請程序、審查方式、管理及其他應遵行事項之辦法，由行政院大陸委員會會商各該主管機關擬訂，報請行政院核定之。

　　本條例修正施行前，已擔任大陸地區法人、團體或其他機構之職務或為其成員者，應自前項辦法施行之日起六個月內向主管機關申請許可；屆期未申請或申請未核准者，以未經許可論。

　　【罰則：第90條、第90條之1】

第三十三條之一　　台灣地區人民、法人、團體或其他機構，非經各該主管機關許可，不得為下列行為：

　　　　一、與大陸地區黨務、軍事、行政、具政治性機關（構）、團體或涉及對台政治工作、影響國家安全或利益之機關（構）、團體為任何形式之合作行為。

　　　　二、與大陸地區人民、法人、團體或其他機構，為涉及政治性內容之合作行為。

　　　　三、與大陸地區人民、法人、團體或其他機構聯合設立政治性法人、團體或其他機構。

　　台灣地區非營利法人、團體或其他機構，與大陸地區人民、法人、團體或其他機構之合作行為，不得違反

法令規定或涉有政治性內容；如依其他法令規定，應將預算、決算報告報主管機關者，並應同時將其合作行為向主管機關申報。

本條例修正施行前，已從事第一項所定之行為，且於本條例修正施行後仍持續進行者，應自本條例修正施行之日起三個月內向主管機關申請許可；已從事第二項所定之行為者，應自本條例修正施行之日起一年內申報；屆期未申請許可、申報或申請未經許可者，以未經許可或申報論。

【罰則：第 90 條之 2】

第三十三條之二　　台灣地區各級地方政府機關（構）或各級地方立法機關，非經內政部會商行政院大陸委員會報請行政院同意，不得與大陸地區地方機關締結聯盟。

本條例修正施行前，已從事前項之行為，且於本條例修正施行後仍持續進行者，應自本條例修正施行之日起三個月內報請行政院同意。屆期未報請同意或行政院不同意者，以未報請同意論。

【罰則：第 90 條之 2】

第三十三條之三　　台灣地區各級學校與大陸地區學校締結聯盟或為書面約定之合作行為，應先向教育部申報，於教育部受理其提出完整申報之日起三十日內，不得為該締結聯盟或書面約定之合作行為；教育部未於三十日內決定者，視為同意。

前項締結聯盟或書面約定之合作內容，不得違反法令規定或涉有政治性內容。

本條例修正施行前，已從事第一項之行為，且於本

條例修正施行後仍持續進行者，應自本條例修正施行之日起三個月內向主管機關申報。屆期未申報或申報未經同意者，以未經申報論。

【罰則：第 90 條之 2】

第三十四條　依本條例許可之大陸地區物品、勞務、服務或其他事項，得在台灣地區從事廣告之播映、刊登或其他促銷推廣活動。

前項廣告活動內容，不得有下列情形：

一、為中共從事具有任何政治性目的之宣傳。

二、違背現行大陸政策或政府法令。

三、妨害公共秩序或善良風俗。

第一項廣告活動及前項廣告活動內容，由各有關機關認定處理，如有疑義，得由行政院大陸委員會會同相關機關及學者專家組成審議委員會審議決定。

第一項廣告活動之管理，除依其他廣告相關法令規定辦理外，得由行政院大陸委員會會商有關機關擬訂管理辦法，報請行政院核定之。

【罰則：第 89 條】

第三十五條　台灣地區人民、法人、團體或其他機構，經經濟部許可，得在大陸地區從事投資或技術合作；其投資或技術合作之產品或經營項目，依據國家安全及產業發展之考慮，區分為禁止類及一般類，由經濟部會商有關機關訂定項目清單及個案審查原則，並公告之。但一定金額以下之投資，得以申報方式為之；其限額由經濟部以命令公告之。

台灣地區人民、法人、團體或其他機構，得與大陸

地區人民、法人、團體或其他機構從事商業行為。但由
經濟部會商有關機關公告應經許可或禁止之項目，應依
規定辦理。

　　台灣地區人民、法人、團體或其他機構，經主管機
關許可，得從事台灣地區與大陸地區間貿易；其許可、
輸出入物品項目與規定、開放條件與程序、停止輸出入
之規定及其他輸出入管理應遵行事項之辦法，由有關主
管機關擬訂，報請行政院核定之。

　　第一項及第二項之許可條件、程序、方式、限制及
其他應遵行事項之辦法，由有關主管機關擬訂，報請行
政院核定之。

　　本條例中華民國九十一年七月一日修正生效前，未
經核准從事第一項之投資或技術合作者，應自中華民國
九十一年七月一日起六個月內向經濟部申請許可；屆期
未申請或申請未核准者，以未經許可論。

　　【罰則：第86條】

第三十六條　　台灣地區金融保險證券期貨機構及其在台灣地區以
外之國家或地區設立之分支機構，經財政部許可，得與
大陸地區人民、法人、團體、其他機構或其在大陸地區
以外國家或地區設立之分支機構有業務上之直接往來。

　　台灣地區金融保險證券期貨機構在大陸地區設立分
支機構，應報經財政部許可；其相關投資事項，應依前
條規定辦理。

　　前二項之許可條件、業務範圍、程序、管理、限制
及其他應遵行事項之辦法，由財政部擬訂，報請行政院
核定之。

為維持金融市場穩定，必要時，財政部得報請行政院核定後，限制或禁止第一項所定業務之直接往來。

【罰則：第81條】

第三十六條之一　大陸地區資金進出台灣地區之管理及處罰，準用管理外匯條例第六條之一、第二十條、第二十二條、第二十四條及第二十六條規定；對於台灣地區之金融市場或外匯市場有重大影響情事時，並得由中央銀行會同有關機關予以其他必要之限制或禁止。

【罰則：第85條之1】

第三十七條　大陸地區出版品、電影片、錄影節目及廣播電視節目，經主管機關許可，得進入台灣地區，或在台灣地區發行、銷售、製作、播映、展覽或觀摩。

前項許可辦法，由行政院新聞局擬訂，報請行政院核定之。

【罰則：第88條】

第三十八條　大陸地區發行之幣券，除其數額在財政部所定限額以下外，不得進出入台灣地區。但其數額在所定限額以上，自動向海關申報者，由旅客自行封存於海關，出境時准予攜出。

主管機關於必要時，得訂定辦法，許可大陸地區發行之幣券，進出入台灣地區。

大陸地區發行之幣券，於台灣地區與大陸地區簽訂雙邊貨幣清算協定後，其在台灣地區之管理，準用管理外匯條例有關之規定。

第一項限額，由財政部以命令定之；第二項有關許可條件、程序、方式、限制及其他應遵行事項之辦法，

　　　　　　由財政部會同中央銀行擬訂，報請行政院核定之。

　　　　　　【罰則：第 92 條】

第三十九條　　大陸地區之中華古物，經主管機關許可運入台灣地
　　　　　　區公開陳列、展覽者，得予運出。

　　　　　　前項以外之大陸地區文物、藝術品，違反法令、妨
　　　　　　害公共秩序或善良風俗者，主管機關得限制或禁止其在
　　　　　　台灣地區公開陳列、展覽。

　　　　　　第一項許可辦法，由有關主管機關擬訂，報請行政
　　　　　　院核定之。

　　　　　　【罰則：第 93 條】

第　四十　條　　輸入或攜帶進入台灣地區之大陸地區物品，以進口
　　　　　　論；其檢驗、檢疫、管理、關稅等稅捐之徵收及處理等，
　　　　　　依輸入物品有關法令之規定辦理。

　　　　　　輸往或攜帶進入大陸地區之物品，以出口論；其檢
　　　　　　驗、檢疫、管理、通關及處理，依輸出物品有關法令之
　　　　　　規定辦理。

第四十條之一　　大陸地區之營利事業，非經主管機關許可，並在台
　　　　　　灣地區設立分公司或辦事處，不得在台從事業務活動；
　　　　　　其分公司在台營業，準用公司法第九條、第十條、第十
　　　　　　二條至第二十五條、第二十八條之一、第三百八十八條、
　　　　　　第三百九十一條至第三百九十三條、第三百九十七條、
　　　　　　第四百三十八條及第四百四十八條規定。

　　　　　　前項業務活動範圍、許可條件、申請程序、申報事
　　　　　　項、應備文件、撤回、撤銷或廢止許可及其他應遵行事
　　　　　　項之辦法，由經濟部擬訂，報請行政院核定之。

　　　　　　【罰則：第 93 條之 2】

第四十條之二　　大陸地區之非營利法人、團體或其他機構，非經各
　　　　　　　　該主管機關許可，不得在台灣地區設立辦事處或分支機
　　　　　　　　構，從事業務活動。

　　　　　　　　經許可在台從事業務活動之大陸地區非營利法人、
　　　　　　　　團體或其他機構，不得從事與許可範圍不符之活動。

　　　　　　　　第一項之許可範圍、許可條件、申請程序、申報事項、
　　　　　　　　應備文件、審核方式、管理事項、限制及其他應遵行事項
　　　　　　　　之辦法，由各該主管機關擬訂，報請行政院核定之。

　　　　　　　　【罰則：第93條之3】

第　三　章　　民事

第四十一條　　台灣地區人民與大陸地區人民間之民事事件，除本
　　　　　　　　條例另有規定外，適用台灣地區之法律。

　　　　　　　　大陸地區人民相互間及其與外國人間之民事事件，
　　　　　　　　除本條例另有規定外，適用大陸地區之規定。

　　　　　　　　本章所稱行為地、訂約地、發生地、履行地、所在
　　　　　　　　地、訴訟地或仲裁地，指在台灣地區或大陸地區。

第四十二條　　依本條例規定應適用大陸地區之規定時，如該地區
　　　　　　　　內各地方有不同規定者，依當事人戶籍地之規定。

第四十三條　　依本條例規定應適用大陸地區之規定時，如大陸地
　　　　　　　　區就該法律關係無明文規定或依其規定應適用台灣地區
　　　　　　　　之法律者，適用台灣地區之法律。

第四十四條　　依本條例規定應適用大陸地區之規定時，如其規定
　　　　　　　　有背於台灣地區之公共秩序或善良風俗者，適用台灣地
　　　　　　　　區之法律。

第四十五條　　民事法律關係之行為地或事實發生地跨連台灣地區
　　　　　　　　與大陸地區者，以台灣地區為行為地或事實發生地。

第四十六條　　大陸地區人民之行為能力，依該地區之規定。但未成年人已結婚者，就其在台灣地區之法律行為，視為有行為能力。

　　　　　　　大陸地區之法人、團體或其他機構，其權利能力及行為能力，依該地區之規定。

第四十七條　　法律行為之方式，依該行為所應適用之規定。但依行為地之規定所定之方式者，亦為有效。

　　　　　　　物權之法律行為，其方式依物之所在地之規定。

　　　　　　　行使或保全票據上權利之法律行為，其方式依行為地之規定。

第四十八條　　債之契約依訂約地之規定。但當事人另有約定者，從其約定。

　　　　　　　前項訂約地不明而當事人又無約定者，依履行地之規定，履行地不明者，依訴訟地或仲裁地之規定。

第四十九條　　關於在大陸地區由無因管理、不當得利或其他法律事實而生之債，依大陸地區之規定。

第　五十　條　　侵權行為依損害發生地之規定。但台灣地區之法律不認其為侵權行為者，不適用之。

第五十一條　　物權依物之所在地之規定。

　　　　　　　關於以權利為標的之物權，依權利成立地之規定。

　　　　　　　物之所在地如有變更，其物權之得喪，依其原因事實完成時之所在地之規定。

　　　　　　　船舶之物權，依船籍登記地之規定；航空器之物權，依航空器登記地之規定。

第五十二條　　結婚或兩願離婚之方式及其他要件，依行為地之規定。

判決離婚之事由，依台灣地區之法律。

第五十三條　　夫妻之一方為台灣地區人民，一方為大陸地區人民者，其結婚或離婚之效力，依台灣地區之法律。

第五十四條　　台灣地區人民與大陸地區人民在大陸地區結婚，其夫妻財產制，依該地區之規定。但在台灣地區之財產，適用台灣地區之法律。

第五十五條　　非婚生子女認領之成立要件，依各該認領人被認領人認領時設籍地區之規定。

　　　　　　　認領之效力，依認領人設籍地區之規定。

第五十六條　　收養之成立及終止，依各該收養者被收養者設籍地區之規定。

　　　　　　　收養之效力，依收養者設籍地區之規定。

第五十七條　　父母之一方為台灣地區人民，一方為大陸地區人民者，其與子女間之法律關係，依父設籍地區之規定，無父或父為贅夫者，依母設籍地區之規定。

第五十八條　　受監護人為大陸地區人民者，關於監護，依該地區之規定。但受監護人在台灣地區有居所者，依台灣地區之法律。

第五十九條　　扶養之義務，依扶養義務人設籍地區之規定。

第 六十 條　　被繼承人為大陸地區人民者，關於繼承，依該地區之規定。但在台灣地區之遺產，適用台灣地區之法律。

第六十一條　　大陸地區人民之遺囑，其成立或撤回之要件及效力，依該地區之規定。但以遺囑就其在台灣地區之財產為贈與者，適用台灣地區之法律。

第六十二條　　大陸地區人民之捐助行為，其成立或撤回之要件及效力，依該地區之規定。但捐助財產在台灣地區者，適

用台灣地區之法律。

第六十三條　　本條例施行前，台灣地區人民與大陸地區人民間、大陸地區人民相互間及其與外國人間，在大陸地區成立之民事法律關係及因此取得之權利、負擔之義務，以不違背台灣地區公共秩序或善良風俗者為限，承認其效力。

前項規定，於本條例施行前已另有法令限制其權利之行使或移轉者，不適用之。

國家統一前，下列債務不予處理：

一、民國三十八年以前在大陸發行尚未清償之外幣債券及民國三十八年黃金短期公債。

二、國家行局及收受存款之金融機構在大陸撤退前所有各項債務。

第六十四條　　夫妻因一方在台灣地區，一方在大陸地區，不能同居，而一方於民國七十四年六月四日以前重婚者，利害關係人不得聲請撤銷；其於七十四年六月五日以後七十六年十一月一日以前重婚者，該後婚視為有效。

前項情形，如夫妻雙方均重婚者，於後婚者重婚之日起，原婚姻關係消滅。

第六十五條　　台灣地區人民收養大陸地區人民為養子女，除依民法第一千零七十九條第五項規定外，有下列情形之一者，法院亦應不予認可：

一、已有子女或養子女者。

二、同時收養二人以上為養子女者。

三、未經行政院設立或指定之機構或委託之民間團體驗證收養之事實者。

第六十六條　　大陸地區人民繼承台灣地區人民之遺產，應於繼承

開始起三年內以書面向被繼承人住所地之法院為繼承之表示；逾期視為拋棄其繼承權。

大陸地區人民繼承本條例施行前已由主管機關處理，且在台灣地區無繼承人之現役軍人或退除役官兵遺產者，前項繼承表示之期間為四年。

繼承在本條例施行前開始者，前二項期間自本條例施行之日起算。

第六十七條　被繼承人在台灣地區之遺產，由大陸地區人民依法繼承者，其所得財產總額，每人不得逾新台幣二百萬元。超過部分，歸屬台灣地區同為繼承之人；台灣地區無同為繼承之人者，歸屬台灣地區後順序之繼承人；台灣地區無繼承人者，歸屬國庫。

前項遺產，在本條例施行前已依法歸屬國庫者，不適用本條例之規定。其依法令以保管款專戶暫為存儲者，仍依本條例之規定辦理。

遺囑人以其在台灣地區之財產遺贈大陸地區人民、法人、團體或其他機構者，其總額不得逾新台幣二百萬元。

第一項遺產中，有以不動產為標的者，應將大陸地區繼承人之繼承權利折算為價額。但其為台灣地區繼承人賴以居住之不動產者，大陸地區繼承人不得繼承之，於定大陸地區繼承人應得部分時，其價額不計入遺產總額。

第六十七條之一　前條第一項之遺產事件，其繼承人全部為大陸地區人民者，除應適用第六十八條之情形者外，由繼承人、利害關係人或檢察官聲請法院指定財政部國有財產局為遺產管理人，管理其遺產。

被繼承人之遺產依法應登記者，遺產管理人應向該

管登記機關登記。

　　　　第一項遺產管理辦法，由財政部擬訂，報請行政院核定之。

第六十八條　　現役軍人或退除役官兵死亡而無繼承人、繼承人之有無不明或繼承人因故不能管理遺產者，由主管機關管理其遺產。

　　　　前項遺產事件，在本條例施行前，已由主管機關處理者，依其處理。

　　　　第一項遺產管理辦法，由國防部及行政院國軍退除役官兵輔導委員會分別擬訂，報請行政院核定之。

　　　　本條例中華民國八十五年九月十八日修正生效前，大陸地區人民未於第六十六條所定期限內完成繼承之第一項及第二項遺產，由主管機關逕行捐助設置財團法人榮民榮眷基金會，辦理下列業務，不受第六十七條第一項歸屬國庫規定之限制：

　　　一、亡故現役軍人或退除役官兵在大陸地區繼承人申請遺產之核發事項。

　　　二、榮民重大災害救助事項。

　　　三、清寒榮民子女教育獎助學金及教育補助事項。

　　　四、其他有關榮民、榮眷福利及服務事項。

　　　　依前項第一款申請遺產核發者，以其亡故現役軍人或退除役官兵遺產，已納入財團法人榮民榮眷基金會者為限。

　　　　財團法人榮民榮眷基金會章程，由行政院國軍退除役官兵輔導委員會擬訂，報請行政院核定之。

第六十九條　　大陸地區人民、法人、團體或其他機構，或其於第

三地區投資之公司，非經主管機關許可，不得在台灣地區取得、設定或移轉不動產物權。但土地法第十七條第一項所列各款土地，不得取得、設定負擔或承租。

　　前項申請人資格、許可條件及用途、申請程序、申報事項、應備文件、審核方式、未依許可用途使用之處理及其他應遵行事項之辦法，由主管機關擬訂，報請行政院核定之。

第 七 十 條　　（刪除）

第七十一條　　未經許可之大陸地區法人、團體或其他機構，以其名義在台灣地區與他人為法律行為者，其行為人就該法律行為，應與該大陸地區法人、團體或其他機構，負連帶責任。

第七十二條　　大陸地區人民、法人、團體或其他機構，非經主管機關許可，不得為台灣地區法人、團體或其他機構之成員或擔任其任何職務。

　　前項許可辦法，由有關主管機關擬訂，報請行政院核定之。

第七十三條　　大陸地區人民、法人、團體、其他機構或其於第三地.區投資之公司，非經主管機關許可，不得在台灣地區從事投資行為。

　　依前項規定投資之事業依公司法設立公司者，投資人不受同法第二百十六條第一項關於國內住所之限制。

　　第一項所定投資人之資格、許可條件、程序、投資之方式、業別項目與限額、投資比率、結匯、審定、轉投資、申報事項與程序、申請書格式及其他應遵行事項之辦法，由有關主管機關擬訂，報請行政院核定之。

依第一項規定投資之事業，應依前項所定辦法規定或主管機關命令申報財務報表、股東持股變化或其他指定之資料；主管機關得派員前往檢查，投資事業不得規避、妨礙或拒絕。

投資人轉讓其投資時，轉讓人及受讓人應會同向主管機關申請許可。

【罰則：第93條之1】

第七十四條　在大陸地區作成之民事確定裁判、民事仲裁判斷，不違背台灣地區公共秩序或善良風俗者，得聲請法院裁定認可。

前項經法院裁定認可之裁判或判斷，以給付為內容者，得為執行名義。

前二項規定，以在台灣地區作成之民事確定裁判、民事仲裁判斷，得聲請大陸地區法院裁定認可或為執行名義者，始適用之。

第　四　章　刑事

第七十五條　在大陸地區或在大陸船艦、航空器內犯罪，雖在大陸地區曾受處罰，仍得依法處斷。但得免其刑之全部或一部之執行。

第七十五條之一　大陸地區人民於犯罪後出境，致不能到庭者，法院得於其能到庭以前停止審判。但顯有應諭知無罪或免刑判決之情形者，得不待其到庭，逕行判決。

第七十六條　配偶之一方在台灣地區，一方在大陸地區，而於民國七十六年十一月一日以前重為婚姻或與非配偶以共同生活為目的而同居者，免予追訴、處罰；其相婚或與同居者，亦同。

第七十七條　　大陸地區人民在台灣地區以外之地區，犯內亂罪、外患罪，經許可進入台灣地區，而於申請時據實申報者，免予追訴、處罰；其進入台灣地區參加主管機關核准舉辦之會議或活動，經專案許可免予申報者，亦同。

第七十八條　　大陸地區人民之著作權或其他權利在台灣地區受侵害者，其告訴或自訴之權利，以台灣地區人民得在大陸地區享有同等訴訟權利者為限。

第　五　章　　罰則

第七十九條　　違反第十五條第一款規定者，處一年以上七年以下有期徒刑，得併科新台幣一百萬元以下罰金。

　　　　　　　意圖營利而犯前項之罪者，處三年以上十年以下有期徒刑，得併科新台幣五百萬元以下罰金。

　　　　　　　前二項之首謀者，處五年以上有期徒刑，得併科新台幣一千萬元以下罰金。

　　　　　　　前三項之未遂犯罰之。

　　　　　　　中華民國船舶、航空器或其他運輸工具所有人、營運人或船長、機長、其他運輸工具駕駛人違反第十五條第一款規定者，主管機關得處該中華民國船舶、航空器或其他運輸工具一定期間之停航，或廢止其有關證照，並得停止或廢止該船長、機長或駕駛人之職業證照或資格。

　　　　　　　中華民國船舶、航空器或其他運輸工具所有人，有第一項至第四項之行為或因其故意、重大過失致使第三人以其船舶、航空器或其他運輸工具從事第一項至第四項之行為，且該行為係以運送大陸地區人民非法進入台灣地區為主要目的者，主管機關得沒入該船舶、航空器或其他運輸工具。所有人明知該船舶、航空器或其他運輸工具得沒

入，為規避沒入之裁處而取得所有權者，亦同。

前項情形，如該船舶、航空器或其他運輸工具無相關主管機關得予沒入時，得由查獲機關沒入之。

第七十九條之一　受託處理台灣地區與大陸地區人民往來有關之事務或協商簽署協議，逾越委託範圍，致生損害於國家安全或利益者，處行為負責人五年以下有期徒刑、拘役或科或併科新台幣五十萬元以下罰金。

前項情形，除處罰行為負責人外，對該法人、團體或其他機構，並科以前項所定之罰金。

第七十九條之二　違反第四條之四第一款規定，未經同意赴大陸地區者，處新台幣三十萬元以上一百五十萬元以下罰鍰。

第七十九條之三　違反第四條之四第四款規定者，處新台幣二十萬元以上二百萬元以下罰鍰。

違反第五條之一規定者，處新台幣二十萬元以上二百萬元以下罰鍰；其情節嚴重或再為相同、類似之違反行為者，處五年以下有期徒刑、拘役或科或併科新台幣五十萬元以下罰金。

前項情形，如行為人為法人、團體或其他機構，處罰其行為負責人；對該法人、團體或其他機構，並科以前項所定之罰金。

第八十條　中華民國船舶、航空器或其他運輸工具所有人、營運人或船長、機長、其他運輸工具駕駛人違反第二十八條規定或違反第二十八條之一第一項規定或台灣地區人民違反第二十八條之一第二項規定者，處三年以下有期徒刑、拘役或科或併科新台幣一百萬元以上一千五百萬元以下罰金。但行為係出於中華民國船舶、航空器或其

他運輸工具之船長或機長或駕駛人自行決定者，處罰船長或機長或駕駛人。

前項中華民國船舶、航空器或其他運輸工具之所有人或營運人為法人者，除處罰行為人外，對該法人並科以前項所定之罰金。但法人之代表人對於違反之發生，已盡力為防止之行為者，不在此限。

刑法第七條之規定，對於第一項台灣地區人民在中華民國領域外私行運送大陸地區人民前往台灣地區及大陸地區以外之國家或地區者，不適用之。

第一項情形，主管機關得處該中華民國船舶、航空器或其他運輸工具一定期間之停航，或廢止其有關證照，並得停止或廢止該船長、機長或駕駛人之執業證照或資格。

第八十一條　　違反第三十六條第一項或第二項規定者，處新台幣二百萬元以上一千萬元以下罰鍰，並得限期命其停止或改正；屆期不停止或改正，或停止後再為相同違反行為者，處行為負責人三年以下有期徒刑、拘役或科或併科新台幣一千五百萬元以下罰金。

台灣地區金融保險證券期貨機構及其在台灣地區以外之國家或地區設立之分支機構，違反財政部依第三十六條第四項規定報請行政院核定之限制或禁止命令者，處行為負責人三年以下有期徒刑、拘役或科或併科新台幣一百萬元以上一千五百萬元以下罰金。

前二項情形，除處罰其行為負責人外，對該金融保險證券期貨機構，並科以前二項所定之罰金。

第一項及第二項之規定，於在中華民國領域外犯罪

者，適用之。

第八十二條　　違反第二十三條規定從事招生或居間介紹行為者，處一年以下有期徒刑、拘役或科或併科新台幣一百萬元以下罰金。

第八十三條　　違反第十五條第四款或第五款規定者，處二年以下有期徒刑、拘役或科或併科新台幣三十萬元以下罰金。

意圖營利而違反第十五條第五款規定者，處三年以下有期徒刑、拘役或科或併科新台幣六十萬元以下罰金。

法人之代表人、法人或自然人之代理人、受僱人或其他從業人員，因執行業務犯前二項之罪者，除處罰行為人外，對該法人或自然人並科以前二項所定之罰金。但法人之代表人或自然人對於違反之發生，已盡力為防止行為者，不在此限。

第八十四條　　違反第十五條第二款規定者，處六月以下有期徒刑、拘役或科或併科新台幣十萬元以下罰金。

法人之代表人、法人或自然人之代理人、受僱人或其他從業人員，因執行業務犯前項之罪者，除處罰行為人外，對該法人或自然人並科以前項所定之罰金。但法人之代表人或自然人對於違反之發生，已盡力為防止行為者，不在此限。

第八十五條　　違反第三十條第一項規定者，處新台幣三百萬元以上一千五百萬元以下罰鍰，並得禁止該船舶、民用航空器或其他運輸工具所有人、營運人之所屬船舶、民用航空器或其他運輸工具，於一定期間內進入台灣地區港口、機場。

前項所有人或營運人，如在台灣地區未設立分公司

者，於處分確定後，主管機關得限制其所屬船舶、民用航空器或其他運輸工具駛離台灣地區港口、機場，至繳清罰鍰為止。但提供與罰鍰同額擔保者，不在此限。

第八十五條之一　違反依第三十六條之一所發布之限制或禁止命令者，處新台幣三百萬元以上一千五百萬元以下罰鍰。中央銀行指定辦理外匯業務銀行違反者，並得由中央銀行按其情節輕重，停止其一定期間經營全部或一部外匯之業務。

第八十六條　違反第三十五條第一項規定從事一般類項目之投資或技術合作者，處新台幣五萬元以上二千五百萬元以下罰鍰，並得限期命其停止或改正；屆期不停止或改正者，得連續處罰。

違反第三十五條第一項規定從事禁止類項目之投資或技術合作者，處新台幣五萬元以上二千五百萬元以下罰鍰，並得限期命其停止；屆期不停止，或停止後再為相同違反行為者，處行為人二年以下有期徒刑、拘役或科或併科新台幣二千五百萬元以下罰金。

法人、團體或其他機構犯前項之罪者，處罰其行為負責人。

違反第三十五條第二項但書規定從事商業行為者，處新台幣五萬元以上五百萬元以下罰鍰，並得限期命其停止或改正；屆期不停止或改正者，得連續處罰。

違反第三十五條第三項規定從事貿易行為者，除依其他法律規定處罰外，主管機關得停止其二個月以上一年以下輸出入貨品或廢止其出進口廠商登記。

第八十七條　違反第十五條第三款規定者，處新台幣二十萬元以

上一百萬元以下罰鍰。

第八十八條　　違反第三十七條規定者，處新台幣四萬元以上二十萬元以下罰鍰。

前項出版品、電影片、錄影節目或廣播電視節目，不問屬於何人所有，沒入之。

第八十九條　　委託、受託或自行於台灣地區從事第三十四條第一項以外大陸地區物品、勞務、服務或其他事項之廣告播映、刊登或其他促銷推廣活動者，或違反第三十四條第二項、或依第四項所定管理辦法之強制或禁止規定者，處新台幣十萬元以上五十萬元以下罰鍰。

前項廣告，不問屬於何人所有或持有，得沒入之。

第　九十　條　　具有第九條第四項身分之台灣地區人民，違反第三十三條第二項規定者，處三年以下有期徒刑、拘役或科或併科新台幣五十萬元以下罰金；未經許可擔任其他職務者，處一年以下有期徒刑、拘役或科或併科新台幣三十萬元以下罰金。

前項以外之現職及退離職未滿三年之公務員，違反第三十三條第二項規定者，處一年以下有期徒刑、拘役或科或併科新台幣三十萬元以下罰金。

不具備前二項情形，違反第三十三條第二項或第三項規定者，處新台幣十萬元以上五十萬元以下罰鍰。

違反第三十三條第四項規定者，處三年以下有期徒刑、拘役，得併科新台幣五十萬元以下罰金。

第九十條之一　　具有第九條第四項第一款、第二款或第五款身分，退離職未滿三年之公務員，違反第三十三條第二項規定者，喪失領受退休（職、伍）金及相關給與之權利。

前項人員違反第三十三條第三項規定，其領取月退休（職、伍）金者，停止領受月退休（職、伍）金及相關給與之權利，至其原因消滅時恢復。

第九條第四項第一款、第二款或第五款身分以外退離職未滿三年公務員，違反第三十三條第二項規定者，其領取月退休（職、伍）金者，停止領受月退休（職、伍）金及相關給與之權利，至其原因消滅時恢復。

台灣地區公務員，違反第三十三條第四項規定者，喪失領受退休（職、伍）金及相關給與之權利。

第九十條之二　違反第三十三條之一第一項或第三十三條之二第一項規定者，處新台幣十萬元以上五十萬元以下罰鍰，並得按次連續處罰。

違反第三十三條之一第二項、第三十三條之三第一項或第二項規定者，處新台幣一萬元以上五十萬元以下罰鍰，主管機關並得限期令其申報或改正；屆期未申報或改正者，並得按次連續處罰至申報或改正為止。

第九十一條　違反第九條第二項規定者，處新台幣一萬元以下罰鍰。

違反第九條第三項或第七項行政院公告之處置規定者，處新台幣二萬元以上十萬元以下罰鍰。

違反第九條第四項規定者，處新台幣二十萬元以上一百萬元以下罰鍰。

第九十二條　違反第三十八條第一項或第二項規定，未經許可或申報之幣券，由海關沒入之；申報不實者，其超過部分沒入之。

第九十三條　違反依第三十九條第二項規定所發之限制或禁止命

令者，其文物或藝術品，由主管機關沒入之。

第九十三條之一　　違反第七十三條第一項規定從事投資者，主管機關得處新台幣十二萬元以上六十萬元以下罰鍰及停止其股東權利，並得限期命其停止或撤回投資；屆期仍未改正者，並得連續處罰至其改正為止；屬外國公司分公司者，得通知公司登記主管機關撤銷或廢止其認許。

違反第七十三條第四項規定，應申報而未申報或申報不實或不完整者，主管機關得處新台幣六萬元以上三十萬元以下罰鍰，並限期命其申報、改正或接受檢查；屆期仍未申報、改正或接受檢查者，並得連續處罰至其申報、改正或接受檢查為止。

依第七十三條第一項規定經許可投資之事業，違反依第七十三條第三項所定辦法有關轉投資之規定者，主管機關得處新台幣六萬元以上三十萬元以下罰鍰，並限期命其改正；屆期仍未改正者，並得連續處罰至其改正為止。

投資人或投資事業違反依第七十三條第三項所定辦法規定，應辦理審定、申報而未辦理或申報不實或不完整者，主管機關得處新台幣六萬元以上三十萬元以下罰鍰，並得限期命其辦理審定、申報或改正；屆期仍未辦理審定、申報或改正者，並得連續處罰至其辦理審定、申報或改正為止。

投資人之代理人因故意或重大過失而申報不實者，主管機關得處新台幣六萬元以上三十萬元以下罰鍰。

主管機關依前五項規定對投資人為處分時，得向投資人之代理人或投資事業為送達；其為罰鍰之處分者，

得向投資事業執行之；投資事業於執行後對該投資人有求償權，並得按市價收回其股份抵償，不受公司法第一百六十七條第一項規定之限制；其收回股份，應依公司法第一百六十七條第二項規定辦理。

第九十三條之二　違反第四十條之一第一項規定未經許可而為業務活動者，處行為人一年以下有期徒刑、拘役或科或併科新台幣十五萬元以下罰金，並自負民事責任；行為人有二人以上者，連帶負民事責任，並由主管機關禁止其使用公司名稱。

違反依第四十條之一第二項所定辦法之強制或禁止規定者，處新台幣二萬元以上十萬元以下罰鍰，並得限期命其停止或改正；屆期未停止或改正者，得連續處罰。

第九十三條之三　違反第四十條之二第一項或第二項規定者，處新台幣五十萬元以下罰鍰，並得限期命其停止；屆期不停止，或停止後再為相同違反行為者，處行為人二年以下有期徒刑、拘役或科或併科新台幣五十萬元以下罰金。

第九十四條　本條例所定之罰鍰，由主管機關處罰；依本條例所處之罰鍰，經限期繳納，屆期不繳納者，依法移送強制執行。

第　六　章　　附則

第九十五條　主管機關於實施台灣地區與大陸地區直接通商、通航及大陸地區人民進入台灣地區工作前，應經立法院決議；立法院如於會期內一個月未為決議，視為同意。

第九十五條之一　主管機關實施台灣地區與大陸地區直接通商、通航前，得先行試辦金門、馬祖、澎湖與大陸地區之通商、通航。

前項試辦與大陸地區直接通商、通航之實施區域、試辦期間，及其有關航運往來許可、人員入出許可、物品輸出入管理、金融往來、通關、檢驗、檢疫、查緝及其他往來相關事項，由行政院以實施辦法定之。

前項試辦實施區域與大陸地區通航之港口、機場或商埠，就通航事項，準用通商口岸規定。

輸入試辦實施區域之大陸地區物品，未經許可，不得運往其他台灣地區；試辦實施區域以外之台灣地區物品，未經許可，不得運往大陸地區。但少量自用之大陸地區物品，得以郵寄或旅客攜帶進入其他台灣地區；其物品項目及數量限額，由行政院定之。

違反前項規定，未經許可者，依海關緝私條例第三十六條至第三十九條規定處罰；郵寄或旅客攜帶之大陸地區物品，其項目、數量超過前項限制範圍者，由海關依關稅法第七十七條規定處理。

本條試辦期間如有危害國家利益、安全之虞或其他重大事由時，得由行政院以命令終止一部或全部之實施。

第九十五條之二　各主管機關依本條例規定受理申請許可、核發證照，得收取審查費、證照費；其收費標準，由各主管機關定之。

第九十五條之三　依本條例處理台灣地區與大陸地區人民往來有關之事務，不適用行政程序法之規定。

第九十五條之四　本條例施行細則，由行政院定之。

第九十六條　本條例施行日期，由行政院定之。

大陸地區人民來台投資許可辦法條文

第 一 條　　本辦法依台灣地區與大陸地區人民關係條例（以下
　　　　　　簡稱本條例）第七十二條第二項及第七十三條第三項規
　　　　　　定訂定之。

第 二 條　　本辦法之主管機關為經濟部。

　　　　　　第九條至第十二條所定投資案件及未來投資計畫變
　　　　　　更事項之審理、查核、管理等事項，主管機關得委任所
　　　　　　屬機關或委託其他機關（構）辦理。

第 三 條　　本辦法所稱投資人，指大陸地區人民、法人、團體、
　　　　　　其他機構或其於第三地區投資之公司，依本辦法規定在
　　　　　　台灣地區從事投資行為者。

　　　　　　前項所稱第三地區投資之公司，指大陸地區人民、
　　　　　　法人、團體或其他機構投資第三地區之公司，且有下列
　　　　　　情形之一者：

　　　　　　一、直接或間接持有該第三地區公司股份或出資總
　　　　　　　　額逾百分之三十。

　　　　　　二、對該第三地區公司具有控制能力。

　　　　　　前項第三地區投資之公司在台灣地區之投資，不適
　　　　　　用外國人投資條例之規定。

第 四 條　　投資人依本辦法規定應申請許可之投資行為如下：

　　　　　　一、持有台灣地區公司或事業之股份或出資額。但
　　　　　　　　不包括單次且累計投資均未達百分之十之上

　　　　　　　　市、上櫃及興櫃公司股份。

　　　　　　　二、在台灣地區設立分公司、獨資或合夥事業。

　　　　　　　三、對前二款所投資事業提供一年期以上貸款。

第　五　條　　投資人持有所投資事業之股份或出資額，合計超過
　　　　　　該事業之股份總數或資本總額三分之一以上者，稱為陸
　　　　　　資投資事業，該陸資投資事業之轉投資，應適用本辦法
　　　　　　之規定。

第　六　條　　投資人為大陸地區軍方投資或具有軍事目的之企業
　　　　　　者，主管機關應限制其來台投資。

第　七　條　　依本辦法投資，其出資之種類，以下列各款為限：

　　　　　　　一、現金。

　　　　　　　二、自用機器設備或原料。

　　　　　　　三、專利權、商標權、著作財產權、專門技術或其
　　　　　　　　他智慧財產權。

　　　　　　　四、其他經主管機關認可投資之財產。

第　八　條　　投資人得投資之業別項目、限額及投資比率，由主
　　　　　　管機關會商各中央目的事業主管機關及相關機關擬訂，
　　　　　　報行政院核定。

　　　　　　　投資人所為投資之申請，有下列情事之一者，得禁
　　　　　止其投資：

　　　　　　　一、經濟上具有獨占、寡占或壟斷性地位。

　　　　　　　二、政治、社會、文化上具有敏感性或影響國家安全。

　　　　　　　三、對國內經濟發展或金融穩定有不利影響。

第　九　條　　投資人依本辦法投資者，應填具投資申請書，檢附
　　　　　　投資計畫、身分證明、授權書及其他有關文件，向主管
　　　　　　機關申請許可；投資計畫變更時，亦同。

前項投資申請書格式及內容，由主管機關定之。

投資人依第一項規定投資者，必要時，主管機關得命其限期申報資金來源或其他相關事項；申報之事項有變更時，應於一個月內向主管機關申報。

第 十 條　　投資人應將所許可之出資於核定期限內全部到達，並將到達情形報主管機關查核。

投資人經許可投資後，在核定期限內，未實行之出資，期限屆滿後不得再行投資。但有正當理由，於期限屆滿前，申請主管機關許可延展者，不在此限。

投資人於實行出資後二個月內，應向主管機關申請審定投資額；其投資額之核計方式、審定程序及應檢具之文件，準用華僑及外國人投資額審定辦法之規定。

第 十一 條　　實收資本額達新台幣八千萬元以上之陸資投資事業，應於每屆會計年度終了六個月內，檢具經會計師簽證之財務報表，併同股東名簿，報主管機關備查。

主管機關於必要時，得命陸資投資事業申報前項財務報表或其他資料。

主管機關為查驗前二項資料，或掌握陸資投資事業之經營情況或活動，必要時，得派員前往調查，陸資投資事業不得規避、妨礙或拒絕。

第 十二 條　　投資人得以其投資每年所得之孳息或受分配之盈餘，申請結匯。

投資人經許可轉讓股份、撤資或減資者，得以其經審定之投資額，全額一次申請結匯；其因投資所得之資本利得，亦同。

投資人依本辦法享有結匯之權利，不得轉讓。但其

　　　　　出資讓與投資人之繼承人或經許可受讓其投資之華僑、
　　　　　外國人或大陸地區人民、法人、團體、其他機構或其於
　　　　　第三地區投資之公司者，不在此限。

第 十 三 條　　大陸地區人民申請來台於依本條例第七十三條第一
　　　　　項規定經主管機關許可在台灣地區投資之投資事業擔任
　　　　　董事或監察人職務者，應依公司法及其他相關法令之規
　　　　　定辦理。

　　　　　經許可在台灣地區投資之投資人屬自然人者，得來
　　　　　台擔任該投資事業之董事或監察人；投資人屬法人者，
　　　　　得由大陸地區人民為其法人之代表人，來台擔任該投資
　　　　　事業之董事或監察人。

第 十 四 條　　本辦法施行日期，由主管機關定之。

大陸地區之營利事業在台設立分公司或辦事處許可辦法條文

第 一 條　　本辦法依台灣地區與大陸地區人民關係條例（以下簡稱本條例）第四十條之一第二項規定訂定之。

第 二 條　　本辦法之主管機關為經濟部。

第 三 條　　本辦法所稱大陸地區之營利事業，指以營利為目的，依大陸地區法律組織登記之公司。

第 四 條　　大陸地區之營利事業在台灣地區之公司名稱，應以公司名稱及業務預查審核準則規定使用之文字為限，除標明其種類外，並應標明大陸商。

第 五 條　　大陸地區之營利事業在台灣地區設立分公司者，應專撥其在台灣地區營業所用之資金，並應受目的事業主管機關對其所營事業最低資金規定之限制。

　　　　　　在台灣地區營業所用之資金，應經會計師查核簽證；其查核方式，準用公司申請登記資本額查核辦法之規定。

第 六 條　　大陸地區之營利事業在台灣地區設立分公司或辦事處，有下列情事之一者，主管機關對其申請案件，應不予許可：

　　　　　　一、分公司或辦事處之目的或業務，違反法令、公共秩序或善良風俗。

二、分公司或辦事處申請許可事項或文件，有虛偽
情事。

第　七　條　　大陸地區之營利事業在台灣地區設立分公司者，應
先依大陸地區人民來台投資許可辦法規定取得主管機關
之投資許可後，檢具下列事項之文件，向主管機關申請
許可：

一、本公司名稱。

二、本公司章程。

三、本公司資本總額；如有發行股份者，其股份總
額、每股金額及已繳金額。

四、本公司所營事業。

五、本公司董事與負責人之姓名、國籍及住所或居所。

六、本公司所在地。

七、在台灣地區所營事業。

八、在台灣地區營業所用之資金。

九、在台灣地區指定之訴訟與非訴訟之代理人姓
名、國籍及住所或居所。

第　八　條　　大陸地區之營利事業在台灣地區設立分公司者，經
前條規定取得許可後，應檢具下列事項之文件，向主管
機關申請設立分公司登記：

一、分公司名稱。

二、分公司所在地。

三、分公司經理人姓名、國籍及住所或居所。

第　九　條　　大陸地區之營利事業在台灣地區設立辦事處者，應
檢具下列事項之文件，向主管機關申請許可：

一、本公司名稱。

二、本公司章程。

三、本公司資本總額；如有發行股份者，其股份總額、每股金額及已繳金額。

四、本公司所營事業。

五、本公司董事與負責人之姓名、國籍及住所或居所。

六、本公司所在地。

七、在台灣地區指定之訴訟與非訴訟之代理人姓名、國籍及住所或居所。

第　十　條　　大陸地區之營利事業在台灣地區設立辦事處者，經依前條規定取得許可後，應檢具下列事項之文件，向主管機關申報備查：

一、辦事處所在地。

二、在台灣地區所為業務活動範圍。

第 十一 條　　前四條規定事項有變更者，大陸地區之營利事業應於事實發生之日起三十日內，向主管機關辦理變更許可或登記，或報主管機關備查。

第 十二 條　　大陸地區之營利事業在台灣地區設立分公司或辦事處者，應在台灣地區指定其訴訟及非訴訟之代理人，並以之為該大陸地區之營利事業在台灣地區之負責人。

大陸地區之營利事業在台灣地區設立分公司者，應委任分公司經理人，並以之為在台灣地區分公司業務上之負責人。

第 十三 條　　大陸地區之營利事業在台灣地區設立分公司者，其業務活動範圍，以本條例或目的事業主管機關許可者為限。

大陸地區之營利事業在台灣地區設立辦事處者，其業務活動範圍，以在台灣地區從事簽約、報價、議價、

投標、採購、市場調查、研究業務活動為限。但目的事業主管機關另有規定者，從其規定。

第 十四 條　　大陸地區之營利事業在台灣地區設立之分公司，暫停營業一個月以上者，應於停止營業前或於停止營業之日起十五日內，申請為停業之登記，並於復業前或復業後十五日內，申請為復業之登記。但已依加值型及非加值型營業稅法規定申報核備者，不在此限。

大陸地區之營利事業在台灣地區設立分公司後，如未於六個月內開始營業者，應於期限屆滿前，向主管機關申請延展開業登記。

前二項申請停業或延展開業期間，每次最長不得超過一年。

第 十五 條　　大陸地區之營利事業在台灣地區設立分公司後，無意從事本條例所核准之業務活動，應向主管機關申請廢止許可。

大陸地區之營利事業在台灣地區設立辦事處後，無意在台灣地區從事業務活動，應向主管機關申請廢止許可。

第 十六 條　　大陸地區之營利事業經許可在台灣地區設立分公司或辦事處後，有下列情事之一者，主管機關應撤銷或廢止其許可：

一、申請許可時所報事項或所繳文件，有虛偽情事。

二、從事之業務活動違反法令、公共秩序或善良風俗。

三、公司已解散。

四、受破產之宣告。

五、在台灣地區指定之訴訟及非訴訟代理人缺位。

第 十七 條　　依本辦法所檢附在大陸地區製作之文書，應先經由
　　　　　　　　行政院設立或指定之機構或委託之民間團體予以驗證。

第 十八 條　　依本辦法申請許可、登記或報備應備具之文件，其
　　　　　　　　格式由主管機關定之。

第 十九 條　　本辦法施行日期，由主管機關定之。

台灣地區與大陸地區
人民關係條例實施細則

民國 81 年 9 月 16 日行政院（81）台法字第 31666 號令訂定發布全文 56 條

民國 83 年 10 月 19 日行政院（81）台法字第 39340 號令修正發布第 43 條條文

民國 87 年 5 月 6 日行政院（87）台法字第 21470 號令修正發布第 1 條、第 4 條、第 5 條、第 6 條、第 9 條、第 10 條、第 18 條、第 26 至第 29 條、第 31 條、第 33 條、第 34 條、第 39 條、第 43 條、第 47 條、第 56 條條文；增訂第 25 條之 1 至第 25 條之 8、第 54 條之 1 條文；並刪除第 12 條、第 16 條條文

民國 91 年 1 月 30 日行政院（91）院台秘字第 0910081013 號令修正發布第 3 條、第 56 條條文

民國 91 年 12 月 30 日行政院院台秘字第 0910063700 號令修正發布第 4 條、第 5 條、第 19 條、第 50 條條文；並增訂第 5 條之 1 條文

民國 92 年 12 月 29 日行政院院台秘字第 0920094274 號令修正發布全文 73 條；並自發布日施行

第　一　條　　本細則依台灣地區與大陸地區人民關係條例（以下簡稱本條例）第九十五條之四規定訂定之。

第　二　條　　本條例第一條、第四條、第六條、第四十一條、第六十二條及第六十三條所稱人民，指自然人、法人、團體及其他機構。

第　三　條　　本條例第二條第二款之施行區域，指中共控制之地區。

第　四　條　　本條例第二條第三款所定台灣地區人民，包括下列人民：

一、曾在台灣地區設有戶籍，中華民國九十年二月

十九日以前轉換身分為大陸地區人民，依第六條規定回復台灣地區人民身分者。

二、在台灣地區出生，其父母均為台灣地區人民，或一方為台灣地區人民，一方為大陸地區人民者。

三、在大陸地區出生，其父母均為台灣地區人民，未在大陸地區設有戶籍或領用大陸地區護照者。

四、依本條例第九條之二第一項規定，經內政部許可回復台灣地區人民身分，並返回台灣地區定居者。

大陸地區人民經許可進入台灣地區定居，並設有戶籍者，為台灣地區人民。

第　五　條　　本條例第二條第四款所定大陸地區人民，包括下列人民：

一、在大陸地區出生並繼續居住之人民，其父母雙方或一方為大陸地區人民者。

二、在台灣地區出生，其父母均為大陸地區人民者。

三、在台灣地區設有戶籍，中華民國九十年二月十九日以前轉換身分為大陸地區人民，未依第六條規定回復台灣地區人民身分者。

四、依本條例第九條之一第二項規定在大陸地區設有戶籍或領用大陸地區護照，而喪失台灣地區人民身分者。

第　六　條　　中華民國七十六年十一月二日起迄中華民國九十年二月十九日間前往大陸地區繼續居住逾四年致轉換身分為大陸地區人民，其在台灣地區原設有戶籍，且未在大陸地區設有戶籍或領用大陸地區護照者，得申請回復台

灣地區人民身分，並返台定居。

前項申請回復台灣地區人民身分有下列情形之一者，主管機關得不予許可其申請：

一、現（曾）擔任大陸地區黨務、軍事、行政或具政治性機關（構）、團體之職務或為其成員。

二、有事實足認有危害國家安全、社會安定之虞。

依第一項規定申請回復台灣地區人民身分，並返台定居之程序及審查基準，由主管機關另定之。

第　七　條　本條例第三條所定大陸地區人民旅居國外者，包括在國外出生，領用大陸地區護照者。但不含旅居國外四年以上之下列人民在內：

一、取得當地國籍者。

二、取得當地永久居留權並領有我國有效護照者。

前項所稱旅居國外四年之計算，指自抵達國外翌日起，四年間返回大陸地區之期間，每次未逾三十日而言；其有逾三十日者，當年不列入四年之計算。但返回大陸地區有下列情形之一者，不在此限：

一、懷胎七月以上或生產、流產，且自事由發生之日起未逾二個月。

二、罹患疾病而離開大陸地區有生命危險之虞，且自事由發生之日起未逾二個月。

三、大陸地區之二親等內之血親、繼父母、配偶之父母、配偶或子女之配偶在大陸地區死亡，且自事由發生之日起未逾二個月。

四、遇天災或其他不可避免之事變，且自事由發生之日起未逾一個月。

第　八　條　　本條例第四條第一項所定機構或第二項所定受委託
　　　　　　　之民間團體，於驗證大陸地區製作之文書時，應比對正、
　　　　　　　副本或其製作名義人簽字及鈐印之真正，或為查證。

第　九　條　　依本條例第七條規定推定為真正之文書，其實質上
　　　　　　　證據力，由法院或有關主管機關認定。

　　　　　　　文書內容與待證事實有關，且屬可信者，有實質上
　　　　　　　證據力。

　　　　　　　推定為真正之文書，有反證事實證明其為不實者，
　　　　　　　不適用推定。

第　十　條　　本條例第九條之一第二項所稱其他以在台灣地區設
　　　　　　　有戶籍所衍生相關權利，指經各有關機關認定依各相關
　　　　　　　法令所定以具有台灣地區人民身分為要件所得行使或主
　　　　　　　張之權利。

第 十一 條　　本條例第九條之一第二項但書所稱因台灣地區人民
　　　　　　　身分所負之責任及義務，指因台灣地區人民身分所應負
　　　　　　　之兵役、納稅、為刑事被告、受科處罰金、拘役、有期
　　　　　　　徒刑以上刑之宣告尚未執行完畢、為民事被告、受強制
　　　　　　　執行未終結、受破產之宣告未復權、受課處罰鍰等法律
　　　　　　　責任、義務或司法制裁。

第 十二 條　　本條例第十三條第一項所稱僱用大陸地區人民者，
　　　　　　　指依本條例第十一條規定，經行政院勞工委員會許可僱
　　　　　　　用大陸地區人民從事就業服務法第四十六條第一項第八
　　　　　　　款至第十款規定工作之雇主。

第 十三 條　　本條例第十六條第二項第三款所稱民國三十四年
　　　　　　　後，因兵役關係滯留大陸地區之台籍軍人，指台灣地
　　　　　　　區直轄市、縣（市）政府出具名冊，層轉國防部核認

之人員。

　　本條例第十六條第二項第四款所稱民國三十八年政府遷台後，因作戰或執行特種任務被俘之前國軍官兵，指隨政府遷台後，復奉派赴大陸地區有案之人員。

　　前項所定人員，由其在台親屬或原派遣單位提出來台定居申請，經國防部核認者，其本人及配偶，得准予入境。

第 十四 條　　依本條例規定強制大陸地區人民出境前，該人民有下列各款情事之一者，於其原因消失後強制出境：

　　　　一、懷胎五月以上或生產、流產後二月未滿。

　　　　二、患疾病而強制其出境有生命危險之虞。

　　大陸地區人民於強制出境前死亡者，由指定之機構依規定取具死亡證明書等文件後，連同遺體或骨灰交由其同船或其他人員於強制出境時攜返。

第 十五 條　　本條例第十八條第一項第一款所定未經許可入境者，包括持偽造、變造之護照、旅行證或其他相類之證書、有事實足認係通謀虛偽結婚經撤銷或廢止其許可或以其他非法之方法入境者在內。

第 十六 條　　本條例第十八條第一項第四款所定有事實足認為有犯罪行為者，指涉及刑事案件，經治安機關依下列事證之一查證屬實者：

　　　　一、檢舉書、自白書或鑑定書。

　　　　二、照片、錄音或錄影。

　　　　三、警察或治安人員職務上製作之筆錄或查證報告。

　　　　四、檢察官之起訴書、處分書或審判機關之裁判書。

　　　　五、其他具體事證。

第 十七 條　　本條例第十八條第一項第五款所定有事實足認為有
　　　　　　　危害國家安全或社會安定之虞者，得逕行強制其出境之
　　　　　　　情形如下：
　　　　　　　一、曾參加或資助內亂、外患團體或其活動而隱瞞
　　　　　　　　　不報。
　　　　　　　二、曾參加或資助恐怖或暴力非法組織或其活動而
　　　　　　　　　隱瞞不報。
　　　　　　　三、在台灣地區外涉嫌犯罪或有犯罪習慣。
第 十八 條　　大陸地區人民經強制出境者，治安機關應將其身分
　　　　　　　資料、出境日期及法令依據，送內政部警政署入出境管
　　　　　　　理局建檔備查。
第 十九 條　　本條例第二十條第一項所定應負擔強制出境所需之
　　　　　　　費用，包括強制出境前於收容期間所支出之必要費用。
第 二十 條　　本條例第二十一條所定公教或公營事業機關（構）
　　　　　　　人員，不包括下列人員：
　　　　　　　一、經中央目的事業主管機關核可受聘擔任學術研
　　　　　　　　　究機構、專科以上學校及戲劇藝術學校之研究
　　　　　　　　　員、副研究員、助理研究員、博士後研究、研
　　　　　　　　　究講座、客座教授、客座副教授、客座助理教
　　　　　　　　　授、客座專家、客座教師。
　　　　　　　二、經濟部及交通部所屬國營事業機關（構），不
　　　　　　　　　涉及國家安全或機密科技研究之聘僱人員。
　　　　　　　本條例第二十一條第一項所稱情報機關（構），指國
　　　　　　　家安全局組織法第二條第一項所定之機關（構）；所稱國
　　　　　　　防機關（構），指國防部及其所屬機關（構）、部隊。
第 二十一 條　　依本條例第三十五條規定，於中華民國九十一年六

月三十日前經主管機關許可，經由在第三地區投資設立之公司或事業在大陸地區投資之台灣地區法人、團體或其他機構，自中華民國九十一年七月一日起所獲配自第三地區公司或事業之投資收益，不論該第三地區公司或事業用以分配之盈餘之發生年度，均得適用本條例第二十四條第二項規定。

依本條例第三十五條規定，於中華民國九十一年七月一日以後經主管機關許可，經由在第三地區投資設立之公司或事業在大陸地區投資之台灣地區法人、團體或其他機構，自許可之日起所獲配自第三地區公司或事業之投資收益，適用前項規定。

本條例第二十四條第二項有關應納稅額扣抵之規定及計算如下：

一、應依所得稅法規定申報課稅之第三地區公司或事業之投資收益，係指第三地區公司或事業分配之投資收益金額，無須另行計算大陸地區來源所得合併課稅。

二、所稱在大陸地區及第三地區已繳納之所得稅，指：

(一) 第三地區公司或事業源自大陸地區之投資收益在大陸地區繳納之股利所得稅。

(二) 第三地區公司或事業源自大陸地區之投資收益在第三地區繳納之公司所得稅，計算如下：

第三地區公司或事業當年度已繳納之公司所得稅×當年度源自大陸地區之投資收益／當年度第三地區公司或事業之總所得。

（三）第三地區公司或事業分配之投資收益在第三
地區繳納之股利所得稅。

三、前款第一目規定在大陸地區繳納之股利所得稅
及第二目規定源自大陸地區投資收益在第三地
區所繳納之公司所得稅，經取具第四項及第五
項規定之憑證，得不分稅額之繳納年度，在規
定限額內扣抵。

台灣地區法人、團體或其他機構，列報扣抵前項規
定已繳納之所得稅時，除應依第五項規定提出納稅憑證
外，並應提出下列證明文件：

一、足資證明源自大陸地區投資收益金額之財務報
表或相關文件。

二、足資證明第三地區公司或事業之年度所得中源
自大陸地區投資收益金額之相關文件，包括載
有第三地區公司或事業全部收入、成本、費用
金額等之財務報表或相關文件，並經第三地區
合格會計師之簽證。

三、足資證明第三地區公司或事業分配投資收益金
額之財務報表或相關文件。

台灣地區人民、法人、團體或其他機構，扣抵本條
例第二十四條第一項及第二項規定之大陸地區及第三地
區已繳納之所得稅時，應取得大陸地區及第三地區稅務
機關發給之納稅憑證。其屬大陸地區納稅憑證者，應經
本條例第七條規定之機構或民間團體驗證；其屬第三地
區納稅憑證者，應經中華民國駐外使領館、代表處、辦
事處或其他經外交部授權機構認證。

本條例第二十四條第三項所稱因加計其大陸地區來源所得，而依台灣地區適用稅率計算增加之應納稅額，其計算如下：

一、有關營利事業所得稅部分：

（台灣地區來源所得額＋本條例第二十四條第一項規定之大陸地區來源所得＋本條例第二十四條第二項規定之第三地區公司或事業之投資收益）×稅率－累進差額＝營利事業國內所得額應納稅額。

（台灣地區來源所得額×稅率）－累進差額＝營利事業台灣地區來源所得額應納稅額。

營利事業國內所得額應納稅額－營利事業台灣地區來源所得額應納稅額＝因加計大陸地區來源所得及第三地區公司或事業之投資收益而增加之結算應納稅額。

二、有關綜合所得稅部分：

〔（台灣地區來源所得額＋大陸地區來源所得額）－免稅額－扣除額〕×稅率－累進差額＝綜合所得額應納稅額。

（台灣地區來源所得額－免稅額－扣除額）×稅率－累進差額＝台灣地區綜合所得額應納稅額。

綜合所得額應納稅額－台灣地區綜合所得額應納稅額＝因加計大陸地區來源所得而增加之結算應納稅額。

第二十二條　　依本條例第二十六條第一項規定申請改領一次退休

（職、伍）給與人員，應於赴大陸地區長期居住之三個月前，檢具下列文件，向原退休（職、伍）機關或所隸管區提出申請：

一、申請書。

二、支領（或兼領）月退休（職、伍）給與證書。

三、申請人全戶戶籍謄本。

四、經許可或查驗赴大陸地區之證明文件。

五、決定在大陸地區長期居住之意願書。

六、在台灣地區有受扶養人者，經公證之受扶養人同意書。

七、申請改領一次退休（職、伍）給與時之前三年內，赴大陸地區居、停留，合計逾一百八十三日之相關證明文件。

前項第四款所定查驗文件，無法事前繳驗者，原退休（職、伍）機關得於申請人出境後一個月內，以書面向內政部警政署入出境管理局查證，並將查證結果通知核定機關。

原退休（職、伍）機關或所隸管區受理第一項申請後，應詳細審核並轉報核發各該月退休（職、伍）給與之主管機關於二個月內核定。其經核准者，申請人應於赴大陸地區前一個月內，檢具入出境等有關證明文件，送請支給機關審定後辦理付款手續。軍職退伍人員經核准改支一次退伍之同時，發給退除給與支付證。

第二十三條　　申請人依前條規定領取一次退休（職、伍）給與後，未於二個月內赴大陸地區長期居住者，由原退休（職、伍）機關通知支給機關追回其所領金額。

第二十四條　　申請人有前條情形，未依規定繳回其所領金額者，
　　　　　　　不得以任何理由請求回復支領月退休（職、伍）給與。

第二十五條　　兼領月退休（職）給與人員，依本條例第二十六條
　　　　　　　第一項規定申請其應領之一次退休（職）給與者，應按
　　　　　　　其兼領月退休（職）給與之比例計算。

第二十六條　　本條例所稱赴大陸地區長期居住，指赴大陸地區
　　　　　　　居、停留，一年內合計逾一百八十三日。但有下列情形
　　　　　　　之一並提出證明者，得不計入期間之計算：

　　　　　　　一、受拘禁或留置。

　　　　　　　二、懷胎七月以上或生產、流產，且自事由發生之
　　　　　　　　　日起未逾二個月。

　　　　　　　三、配偶、二親等內之血親、繼父母、配偶之父母、
　　　　　　　　　或子女之配偶在大陸地區死亡，且自事由發生
　　　　　　　　　之日起未逾二個月。

　　　　　　　四、遇天災或其他不可避免之事變，且自事由發生
　　　　　　　　　之日起未逾一個月。

第二十七條　　本條例第二十六條第二項所稱受其扶養之人，指依
　　　　　　　民法第一千一百十四條至第一千一百十八條所定應受其
　　　　　　　扶養之人。

　　　　　　　前項受扶養人為無行為能力人者，其同意由申請人
　　　　　　　以外之法定代理人或監護人代為行使；其為限制行為能
　　　　　　　力人者，應經申請人以外之法定代理人或監護人之允許。

第二十八條　　本條例第二十六條第三項所稱停止領受退休（職、
　　　　　　　伍）給與之權利，指支領各種月退休（職、伍）給與之
　　　　　　　退休（職、伍）軍公教及公營事業機關（構）人員，自
　　　　　　　其在大陸地區設有戶籍或領用大陸護照時起，停止領受

退休（職、伍）給與；如有溢領金額，應予追回。

第二十九條　大陸地區人民依本條例第二十六條之一規定請領保險死亡給付、一次撫卹金、餘額退伍金或一次撫慰金者，應先以書面並檢附相關文件向死亡人員最後服務機關（構）、學校申請，經初核後函轉主管（辦）機關核定，再由死亡人員最後服務機關（構）、學校通知申請人，據以申請進入台灣地區領受該給付。但軍職人員由國防部核轉通知。

前項公教及公營事業機關（構）人員之各項給付，應依死亡當時適用之保險、退休（職）、撫卹法令規定辦理。各項給付之總額依本條例第二十六條之一第二項規定，不得逾新台幣二百萬元。本條例第六十七條規定之遺產繼承總額不包括在內。

第一項之各項給付請領人以大陸地區自然人為限。

應受理申請之死亡人員最後服務機關（構）、學校已裁撤或合併者，應由其上級機關（構）或承受其業務或合併後之機關（構）、學校辦理。

死亡人員在台灣地區無遺族或法定受益人之證明，應由死亡人員最後服務機關（構）、學校或國防部依據死亡人員在台灣地區之全戶戶籍謄本、公務人員履歷表或軍職人員兵籍資料等相關資料出具。其無法查明者，應由死亡人員最後服務機關（構）、學校或國防部登載公報或新聞紙後，經六個月無人承認，即可出具。

第 三十 條　大陸地區法定受益人依本條例第二十六條之一第一項規定申請保險死亡給付者，應檢具下列文件：

一、給付請領書。

二、死亡人員之死亡證明書或其他合法之死亡證明
文件。

三、死亡人員在台灣地區無法定受益人證明。

四、經行政院設立或指定之機構或委託之民間團
體驗證之法定受益人身分證明文件（大陸地區
居民證或常住人口登記表）及親屬關係證明
文件。

第三十一條　　大陸地區遺族依本條例第二十六條之一第一項規定
申請一次撫卹金者，應檢具下列文件：

一、撫卹事實表或一次撫卹金申請書。

二、死亡人員之死亡證明書或其他合法之死亡證明
文件；因公死亡人員應另檢具因公死亡證明書
及足資證明因公死亡之相關證明文件。

三、死亡人員在台灣地區無遺族證明。

四、死亡人員最後服務機關（構）、學校查證屬實
之歷任職務證明文件。

五、經行政院設立或指定之機構或委託之民間團體
驗證之大陸地區遺族身分證明文件（大陸地區
居民證或常住人口登記表）及撫卹遺族親屬關
係證明文件。

前項依公務人員撫卹法或學校教職員撫卹條例核給
之一次撫卹金之計算，按公務人員退休法或學校教職員
退休條例一次退休金之標準辦理。

第三十二條　　大陸地區遺族依本條例第二十六條之一第一項規定
申請餘額退伍金或一次撫慰金者，應檢具下列文件：

一、餘額退伍金或一次撫慰金申請書。

二、死亡人員支（兼）領月退休金證書。

三、死亡人員之死亡證明書或其他合法之死亡證明文件。

四、死亡人員在台灣地區無遺族或合法遺囑指定人證明。

五、經行政院設立或指定之機構或委託之民間團體驗證之大陸地區遺族或合法遺囑指定人身分證明文件（大陸地區居民證或常住人口登記表）及親屬關係證明文件。

六、遺囑指定人應繳交死亡人員之遺囑。

第三十三條　依本條例第二十六條之一規定得申請領受各項給付之申請人有數人時，應協議委託其中一人代表申請，受託人申請時應繳交委託書。

申請人無法取得死亡人員之死亡證明書或其他合法之死亡證明文件時，得函請死亡人員最後服務機關（構）、學校協助向主管機關查證或依主管權責出具。但軍職人員由國防部出具。

依本條例第二十六條之一第三項規定請領依法核定保留之各項給付，應依前四條規定辦理。但非請領公教及公營事業機關（構）人員之一次撫卹金者，得免檢附死亡證明書或其他合法之死亡證明文件。

第三十四條　死亡人員最後服務機關（構）、學校受理各項給付申請時，應查明得發給死亡人員遺族或法定受益人之給付項目。各項給付由主管（辦）機關核定並通知支給機關核實簽發支票函送死亡人員最後服務機關（構）、學校，於遺族或法定受益人簽具領據及查驗遺族或法定受

益人經許可進入台灣地區之證明文件及遺族或法定受益人身分證明文件（大陸地區居民證或常住人口登記表）後轉發。

各項給付總額逾新台幣二百萬元者，死亡人員最後服務機關（構）、學校應按各項給付金額所占給付總額之比例核實發給，並函知各該給付之支給機關備查。死亡人員最後服務機關（構）、學校應將遺族或法定受益人簽章具領之領據及餘額分別繳回各項給付之支給機關。但軍職人員由國防部轉發及控管。

遺族或法定受益人有冒領或溢領情事，其本人及相關人員應負法律責任。

第三十五條　　大陸地區遺族或法定受益人依本條例第二十六條之一第一項規定申請軍職人員之各項給付者，應依下列標準計算：

一、保險死亡給付：

(一) 中華民國三十九年六月一日以後，中華民國五十九年二月十三日以前死亡之軍職人員，依核定保留專戶儲存計息之金額發給。

(二) 中華民國五十九年二月十四日以後死亡之軍職人員，依申領當時標準發給。但依法保留保險給付者，均以中華民國八十六年七月一日之標準發給。

二、一次撫卹金：

(一) 中華民國三十八年以後至中華民國五十六年五月十三日以前死亡之軍職人員，依法保留撫卹權利者，均按中華民國五十六年五月十

四日之給與標準計算。

(二) 中華民國五十六年五月十四日以後死亡之軍職人員，依法保留撫卹權利者，依死亡當時之給與標準計算。

三、餘額退伍金或一次撫慰金：依死亡人員死亡當時之退除給與標準計算。

第三十六條　本條例第二十六條之一第四項所稱特殊情事，指有下列情形之一，經主管機關核定者：

一、因受傷或疾病，致行動困難無法來台，並有大陸地區醫療機構出具之相關證明文件足以證明。

二、請領之保險死亡給付、一次撫卹金、餘額退伍金或一次撫慰金，單項給付金額為新台幣十萬元以下。

三、其他經主管機關審酌認定之特殊情事。

第三十七條　依本條例第二十六條之一第四項規定，經主管機關核定，得免進入台灣地區請領公法給付者，得以下列方式之一核發：

一、由大陸地區遺族或法定受益人出具委託書委託在台親友，或本條例第四條第一項所定機構或第二項所定受委託之民間團體代為領取。

二、請領之保險死亡給付、一次撫卹金、餘額退伍金或一次撫慰金，單項給付金額為新台幣十萬元以下者，得依台灣地區金融機構辦理大陸地區匯款相關規定辦理匯款。

三、其他經主管機關認為適當之方式。

　　　　　　　主管機關依前項各款規定方式，核發公法給付前，應
　　　　請大陸地區遺族或法定受益人出具切結書；核發時，並應
　　　　查驗遺族或法定受益人事先簽具之領據等相關文件。

第三十八條　　在大陸地區製作之委託書、死亡證明書、死亡證明
　　　　文件、遺囑、醫療機構證明文件、切結書及領據等相關
　　　　文件，應經行政院設立或指定之機構或委託之民間團體
　　　　驗證。

第三十九條　　有關請領本條例第二十六條之一所定各項給付之申
　　　　請書表格及作業規定，由銓敘部、教育部、國防部及其
　　　　他主管機關另定之。

第 四 十 條　　本條例第二十八條及第二十八條之一所稱中華民國
　　　　船舶，指船舶法第二條各款所列之船舶；所稱中華民國
　　　　航空器，指依民用航空法令規定在中華民國申請登記之
　　　　航空器。

　　　　　　　本條例第二十九條第一項所稱大陸船舶、民用航空
　　　　器，指在大陸地區登記之船舶、航空器，但不包括軍用
　　　　船舶、航空器；所稱台北飛航情報區，指國際民航組織
　　　　所劃定，由台灣地區負責提供飛航情報服務及執行守助
　　　　業務之空域。

　　　　本條例第三十條第一項所稱外國船舶、民用航空器，指
　　　　於台灣地區及大陸地區以外地區登記之船舶、航空器；
　　　　所稱定期航線，指在一定港口或機場間經營經常性客貨
　　　　運送之路線。

　　　　　　　本條例第二十八條第一項、第二十八條之一、第二
　　　　十九條第一項及第三十條第一項所稱其他運輸工具，指
　　　　凡可利用為航空或航海之器物。

第四十一條　　大陸民用航空器未經許可進入台北飛航情報區限制
　　　　　　區域者，執行空防任務機關依下列規定處置：

　　　　　　一、進入限制區域內，距台灣、澎湖海岸線三十浬
　　　　　　　　以外之區域，實施攔截及辨證後，驅離或引導
　　　　　　　　降落。

　　　　　　二、進入限制區域內，距台灣、澎湖海岸線未滿三
　　　　　　　　十浬至十二浬以外之區域，實施攔截及辨證
　　　　　　　　後，開槍示警、強制驅離或引導降落，並對該
　　　　　　　　航空器嚴密監視戒備。

　　　　　　三、進入限制區域內，距台灣、澎湖海岸線未滿十
　　　　　　　　二浬之區域，實施攔截及辨證後，開槍示警、
　　　　　　　　強制驅離或逼其降落或引導降落。

　　　　　　四、進入金門、馬祖、東引、烏坵等外島限制區域
　　　　　　　　內，對該航空器實施辨證，並嚴密監視戒備。
　　　　　　　　必要時，應予示警、強制驅離或逼其降落。

第四十二條　　大陸船舶未經許可進入台灣地區限制或禁止水域，
　　　　　　主管機關依下列規定處置：

　　　　　　一、進入限制水域者，予以驅離；可疑者，命令停
　　　　　　　　船，實施檢查。驅離無效或涉及走私者，扣留
　　　　　　　　其船舶、物品及留置其人員。

　　　　　　二、進入禁止水域者，強制驅離；可疑者，命令停船，
　　　　　　　　實施檢查。驅離無效、涉及走私或從事非法漁業
　　　　　　　　行為者，扣留其船舶、物品及留置其人員。

　　　　　　三、進入限制、禁止水域從事漁撈或其他違法行為
　　　　　　　　者，得扣留其船舶、物品及留置其人員。

　　　　　　四、前三款之大陸船舶有拒絕停船或抗拒扣留之行

為者，得予警告射擊；經警告無效者，得直接射擊船體強制停航；有敵對之行為者，得予以擊燬。

第四十三條　依前條規定扣留之船舶，由有關機關查證其船上人員有下列情形之一者，沒入之：

一、搶劫台灣地區船舶之行為。

二、對台灣地區有走私或從事非法漁業行為者。

三、搭載人員非法入境或出境之行為。

四、對執行檢查任務之船艦有敵對之行為。

扣留之船舶因從事漁撈、其他違法行為，或經主管機關查證該船有被扣留二次以上紀錄者，得沒入之。

扣留之船舶無前二項所定情形，且未涉及違法情事者，得予以發還。

第四十四條　本條例第三十二條第一項所稱主管機關，指實際在我水域執行安全維護、緝私及防衛任務之機關。

本條例第三十二條第二項所稱主管機關，指海岸巡防機關及其他執行緝私任務之機關。

第四十五條　前條所定主管機關依第四十二條規定扣留之物品，屬違禁、走私物品、用以從事非法漁業行為之漁具或漁獲物者，沒入之；扣留之物品係用以從事漁撈或其他違法行為之漁具或漁獲物者，得沒入之；其餘未涉及違法情事者，得予以發還。但持有人涉嫌犯罪移送司法機關處理者，其相關證物應併同移送。

第四十六條　本條例第三十三條、第三十三條之一及第七十二條所稱主管機關，對許可人民之事項，依其許可事項之性質定之；對許可法人、團體或其他機構之事項，由各該

法人，團體或其他機構之許可立案主管機關為之。

　　不能依前項規定定其主管機關者，由行政院大陸委員會確定之。

第四十七條　　本條例第二十三條所定大陸地區之教育機構及第三十三條之三第一項所定大陸地區學校，不包括依本條例第二十二條之一規定經教育部備案之大陸地區台商學校。

　　　大陸地區台商學校與大陸地區學校締結聯盟或為書面約定之合作行為，準用本條例第三十三條之三有關台灣地區各級學校之規定。

第四十八條　　本條例所定大陸地區物品，其認定標準，準用進口貨品原產地認定標準之規定。

第四十九條　　本條例第三十五條第五項所稱從事第一項之投資或技術合作，指該行為於本條例修正施行時尚在繼續狀態中者。

第 五 十 條　　本條例第三十六條所稱台灣地區金融保險證券期貨機構，指依銀行法、保險法、證券交易法、期貨交易法或其他有關法令設立或監督之本國金融保險證券期貨機構及外國金融保險證券期貨機構經許可在台灣地區營業之分支機構；所稱其在台灣地區以外之國家或地區設立之分支機構，指本國金融保險證券期貨機構在台灣地區以外之國家或地區設立之分支機構，包括分行、辦事處、分公司及持有已發行股份總數超過百分之五十之子公司。

第五十一條　　本條例第三十六條之一所稱大陸地區資金，其範圍如下：

　　　　一、自大陸地區匯入、攜入或寄達台灣地區之資金。

二、自台灣地區匯往、攜往或寄往大陸地區之資金。

三、前二款以外進出台灣地區之資金，依其進出資料顯已表明係屬大陸地區人民、法人、團體或其他機構者。

第五十二條　本條例第三十八條所稱幣券，指大陸地區發行之貨幣、票據及有價證券。

第五十三條　本條例第三十八條第一項但書規定之申報，應以書面向海關為之。

第五十四條　本條例第三十九條第一項所稱中華古物，指文化資產保存法所定之古物。

第五十五條　本條例第四十條所稱有關法令，指商品檢驗法、動物傳染病防治條例、野生動物保育法、藥事法、關稅法、海關緝私條例及其他相關法令。

第五十六條　本條例第三章所稱台灣地區之法律，指中華民國法律。

第五十七條　本條例第四十二條所稱戶籍地，指當事人之戶籍所在地；第五十五條至第五十七條及第五十九條所稱設籍地區，指設有戶籍之台灣地區或大陸地區。

第五十八條　本條例第五十七條所稱父或母，不包括繼父或繼母在內。

第五十九條　大陸地區人民依本條例第六十六條規定繼承台灣地區人民之遺產者，應於繼承開始起三年內，檢具下列文件，向繼承開始時被繼承人住所地之法院為繼承之表示：

一、聲請書。

二、被繼承人死亡時之除戶戶籍謄本及繼承系統表。

三、符合繼承人身分之證明文件。

前項第一款聲請書，應載明下列各款事項，並經聲請人簽章：

一、聲請人之姓名、性別、年齡、籍貫、職業及住、居所；其在台灣地區有送達代收人者，其姓名及住、居所。

二、為繼承表示之意旨及其原因、事實。

三、供證明或釋明之證據。

四、附屬文件及其件數。

五、地方法院。

六、年、月、日。

第一項第三款身分證明文件，應經行政院設立或指定之機構或委託之民間團體驗證；同順位之繼承人有多人時，每人均應增附繼承人完整親屬之相關資料。

依第一項規定聲請為繼承之表示經准許者，法院應即通知聲請人、其他繼承人及遺產管理人。但不能通知者，不在此限。

第 六十 條　　大陸地區人民依本條例第六十六條規定繼承台灣地區人民之遺產者，應依遺產及贈與稅法規定辦理遺產稅申報；其有正當理由不能於遺產及贈與稅法第二十三條規定之期間內申報者，應於向被繼承人住所地之法院為繼承表示之日起二個月內，準用遺產及贈與稅法第二十六條規定申請延長申報期限。但該繼承案件有大陸地區以外之納稅義務人者，仍應由大陸地區以外之納稅義務人依遺產及贈與稅法規定辦理申報。

前項應申報遺產稅之財產，業由大陸地區以外之納稅義務人申報或經稽徵機關逕行核定者，免再辦理申報。

第六十一條　　大陸地區人民依本條例第六十六條規定繼承台灣地區人民之遺產，辦理遺產稅申報時，其扣除額適用遺產及贈與稅法第十七條規定。

　　　　　　　納稅義務人申請補列大陸地區繼承人扣除額並退還溢繳之稅款者，應依稅捐稽徵法第二十八條規定辦理。

第六十二條　　大陸地區人民依本條例第六十七條第二項規定繼承以保管款專戶存儲之遺產者，除應依第五十九條規定向法院為繼承之表示外，並應通知開立專戶之被繼承人原服務機關或遺產管理人。

第六十三條　　本條例第六十七條第四項規定之權利折算價額標準，依遺產及贈與稅法第十條及其施行細則第三十一條至第三十三條規定計算之。被繼承人在台灣地區之遺產有變賣者，以實際售價計算之。

第六十四條　　本條例第六十八條第二項所稱現役軍人及退除役官兵之遺產事件，在本條例施行前，已由主管機關處理者，指國防部聯合後勤司令部及行政院國軍退除役官兵輔導委員會依現役軍人死亡無人繼承遺產管理辦法及國軍退除役官兵死亡暨遺留財物處理辦法之規定處理之事件。

第六十五條　　大陸地區人民死亡在台灣地區遺有財產者，納稅義務人應依遺產及贈與稅法規定，向財政部台北市國稅局辦理遺產稅申報。大陸地區人民就其在台灣地區之財產為贈與時，亦同。

　　　　　　　前項應申報遺產稅之案件，其扣除額依遺產及贈與稅法第十七條第一項第八款至第十一款規定計算。但以在台灣地區發生者為限。

第六十六條　　繼承人全部為大陸地區人民者，其中一或數繼承人

依本條例第六十六條規定申請繼承取得應登記或註冊之財產權時，應俟其他繼承人拋棄其繼承權或已視為拋棄其繼承權後，始得申請繼承登記。

第六十七條　本條例第七十二條第一項所定大陸地區人民、法人，不包括在台公司大陸地區股東股權行使條例所定在台公司大陸地區股東。

第六十八條　依本條例第七十四條規定聲請法院裁定認可之民事確定裁判、民事仲裁判斷，應經行政院設立或指定之機構或委託之民間團體驗證。

第六十九條　在台灣地區以外之地區犯內亂罪、外患罪之大陸地區人民，經依本條例第七十七條規定據實申報或專案許可免予申報進入台灣地區者，許可入境機關應即將申報書或專案許可免予申報書移送該管高等法院或其分院檢察署備查。

　　　　　前項所定專案許可免予申報之事項，由行政院大陸委員會定之。

第　七　十　條　本條例第九十條之一所定喪失或停止領受月退休（職、伍）金及相關給與之權利，均自違反各該規定行為時起，喪失或停止領受權利；其有溢領金額，應予追回。

第七十一條　本條例第九十四條所定之主管機關，於本條例第八十七條，指依本條例受理申請許可之機關或查獲機關。

第七十二條　基於維護國境安全及國家利益，對大陸地區人民所為之不予許可、撤銷或廢止入境許可，得不附理由。

第七十三條　本細則自發布日施行。

大陸地區投資人來台從事證券投資
及期貨交易管理辦法總說明

　　為擴大我國證券與期貨市場之規模、增加新動能及提升國際化程度，並帶動我國金融服務業之繁榮發展，以利我國進一步發展成為亞太籌資中心，行政院於九十七年七月三十一日第三一○三次院會通過金融監督管理委員會（以下簡稱金管會）「適度開放陸資投資國內股市方案」，爰金管會依該方案及「台灣地區與大陸地區人民關係條例」（下稱兩岸人民關係條例）第七十三條第三項之授權，並參考「華僑及外國人投資證券管理辦法」及「華僑及外國人從事國內期貨交易應行注意事項」之相關規定，訂定「大陸地區投資人來台從事證券投資及期貨交易管理辦法」草案，條文共計四十七條，其要點如下：

一、本辦法區分為總則、證券投資、期貨交易及附則等四章；另將第二章證券投資依投資方式區分投資台灣地區證券、投資海外公司債、投資海外存託憑證及投資海外股票等四節。

二、明列本辦法法源依據為台灣地區與大陸地區人民關係條例第七十三條第三項，並明定主管機關為行政院金融監督管理委員會，並界定大陸地區投資人範圍。（條文第一條至第三條）

三、明定大陸地區投資人來台從事證券投資及期貨交易之登記、開戶、納稅、結匯等手續之相關作業。（條文第四條至第五條及第七條）

四、明定大陸地區投資人不得實質控制或影響公司經營管理（條文第六條）

五、明定大陸地區投資人不予登記、註銷登記及書件申報之要件。
（條文第八條及第九條）

六、明定大陸地區投資人辦理結匯相關規定（條文第十條）

七、明列大陸地區投資人得投資證券方式。（條文第十一條）

八、明定大陸地區投資人投資證券之範圍、額度、結匯、資料登錄、
申報及資金運用之限制等相關辦法。（條文第十二條至第二十
一條）

九、為利上市或上櫃公司延攬優秀大陸籍員工，訂定核給大陸籍員
工有價證券之規範。（條文第二十二條）

十、為利海外企業來台掛牌，訂定該等企業之大陸籍股東銷售轉讓
持股相關規範。（條文第二十三條）

十一、明定大陸地區機構投資人投資海外公司債之方式、結匯及資
料登載等規範。（條文第二十四條至第二十八條）

十二、明定大陸地區機構投資人投資海外存託憑證之方式、結匯及
資料登載等規範。（條文第二十九條至第三十一條）

十三、明定大陸地區機構投資人投資海外股票之方式、結匯及資料
登載等規範。（條文第三十二條到第三十七條）

十四、明定本辦法所稱期貨交易之範圍。（條文第三十八條）

十五、明定大陸地區機構投資人從事期貨交易，其代理人之指定、
外匯存款專戶之開設、資金之運用、得結匯為新台幣之情形、
持有新台幣餘額之限制、結算交割、資料申報或通報等規定。
（條文第三十九條至第四十四條及第四十六條）

十六、明定大陸地區機構投資人期貨交易數量與持有部位之申報，
及金管會得依期貨交易法限制其交易數量或持有部位等措施
之規範。（條文第四十五條）

大陸地區投資人來台從事證券投資及期貨交易管理辦法

第 一 章　　總則

第 一 條　　本辦法依台灣地區與大陸地區人民關係條例（以下簡稱本條例）第七十三條第三項規定訂定之。

第 二 條　　本辦法所稱主管機關，為行政院金融監督管理委員會。

第 三 條　　大陸地區投資人來台從事證券投資或期貨交易，以下列各款之人為限：

一、經大陸地區證券主管機關核准之合格機構投資者（以下簡稱機構投資人）。

二、上市或上櫃公司依法令規定核給有價證券與在大陸地區設有戶籍之員工（以下簡稱大陸籍員工）。

三、依照外國法律組織登記之法人，其股票或表彰股票之憑證於台灣證券交易所股份有限公司（以下簡稱證券交易所）或財團法人中華民國證券櫃檯買賣中心（以下簡稱證券櫃檯買賣中心）上市或上櫃買賣者，其在大陸地區依法組織登記或設有戶籍之股東（以下簡稱大陸籍股東）。

四、其他經主管機關許可者。

第 四 條　　大陸地區投資人從事證券投資或期貨交易，應指定台灣地區代理人或代表人辦理證券買賣或期貨交易之登

記、開戶、台灣地區公司債之交換、轉換或認購股份申請、買入證券之權利行使、期貨交易相關權利行使、結匯之申請、稅捐之申報、繳納、其他相關之訴訟及非訟事件行為。

前項代理人、代表人之資格條件如下：

一、代理人：

(一) 自然人：具有行為能力者。如為華僑或外國自然人，以居住於台灣地區領有華僑身分證明書或外僑居留證者為限。

(二) 法人：依台灣地區法律設立，得經營代理業務者。

(三) 外國法人：在台灣地區設立分公司，得經營代理業務者。

二、代表人：在台灣地區設有代表人辦事處之代表人或分支機構之負責人。

前項第一款第二目、第三目所定之法人或外國法人為代理人者，應指定自然人執行代理業務。

第 五 條　大陸地區投資人從事證券投資或期貨交易，由台灣地區代理人或代表人辦理稅捐之申報及繳納，應事先填具委託或指派之證明文件，送請該管稽徵機關核准；變更代理人或代表人時，亦同。

大陸地區投資人就其從事證券投資或期貨交易之收益申請結匯時，應由台灣地區代理人或代表人檢附前項經稽徵機關核准之證明文件，或該管稽徵機關出具之完稅證明，依外匯相關法令規定辦理。

第一項證明文件之格式，由財政部定之。

　　　　　　　台灣地區代理人或代表人依本辦法之規定申報之資料或出具之證明文件，其內容不實者，應依本條例、所得稅法及稅捐稽徵法等相關規定辦理。

第　六　條　　大陸地區投資人持有上市或上櫃公司之股份者，其表決權之行使，除法令另有規定外，不得有實質控制或影響公司經營管理之情事，並應由台灣地區代理人或代表人出席為之。

第　七　條　　大陸地區投資人從事證券投資或期貨交易，應依證券交易所或台灣期貨交易所股份有限公司（以下簡稱期貨交易所）業務規章之規定，向證券交易所或期貨交易所申請辦理登記。

　　　　　　　大陸地區投資人申請辦理前項登記，應檢具申請書，並備齊下列文件：

　　　　　　　一、台灣地區代理人授權書或代表人指派書。

　　　　　　　二、符合第三條規定之身分證明文件。

　　　　　　　三、主管機關規定之其他文件。

第　八　條　　大陸地區投資人辦理前條第一項之登記，有下列情形之一者，證券交易所或期貨交易所得不予登記：

　　　　　　　一、登記書件內容或事項有虛偽不實之情事。

　　　　　　　二、登記書件不完備或應記載事項不充分，經通知限期補正，屆期未能完成補正。

　　　　　　　三、違反本辦法或證券、期貨交易管理法令，情節重大。

　　　　　　　四、依證券或期貨交易管理法令，經證券交易所或期貨交易所註銷登記。

　　　　　　　大陸地區投資人經登記後，發現有前項各款情事之

一者，證券交易所或期貨交易所得註銷其登記。

第　九　條　主管機關於必要時，得要求大陸地區投資人檢附下
　　　　　　列書件，向主管機關申報：

　　　　　　一、投資資金之受益所有權人名稱、資金額度、來
　　　　　　　　源及其相關資料。

　　　　　　二、匯入投資資金之運用情形、證券買賣或期貨交
　　　　　　　　易明細及相關資料，並得檢查其庫存及帳冊。

　　　　　　三、於台灣地區以外發行或買賣以台灣地區公開發
　　　　　　　　行公司股票為標的之衍生性商品之明細資料；
　　　　　　　　或受從事衍生性商品交易人委託代為持有台灣
　　　　　　　　地區公開發行公司股票之明細資料。

　　　　　　四、於台灣地區以外買賣以台灣地區證券、證券組
　　　　　　　　合或股價指數為標的之期貨交易及其他衍生性
　　　　　　　　商品之明細資料。

　　　　　　五、從事證券投資或期貨交易之下單指令人姓名、
　　　　　　　　國籍、聯絡方式及其相關資訊。

　　　　　　六、其他主管機關指定之資料。

第　十　條　大陸地區投資人依本辦法之規定辦理資金匯入及結
　　　　　　匯事宜，應依外匯相關法令規定辦理。

第　二　章　證券投資

第十一條　大陸地區投資人得依本辦法之規定，以下列方式投
　　　　　　資證券：

　　　　　　一、投資由台灣地區證券投資或期貨信託事業發行
　　　　　　　　並於國外銷售之信託基金受益憑證（以下簡稱
　　　　　　　　國外受益憑證）。

　　　　　　二、投資台灣地區證券。

　　三、投資由台灣地區發行公司在國外發行或私募之
　　　　公司債（以下簡稱海外公司債）。

　　四、投資由台灣地區發行公司參與在國外發行或私
　　　　募之存託憑證（以下簡稱海外存託憑證）。

　　五、投資由台灣地區發行公司在國外發行、私募或
　　　　交易之股票（以下簡稱海外股票）。

第 一 節　　投資台灣地區證券

第 十二 條　　大陸地區投資人投資台灣地區證券，其投資範圍，
以下列為限：

　　一、上市或上櫃公司之有價證券。

　　二、證券投資或期貨信託基金受益憑證。

　　三、政府債券、金融債券或公開發行公司發行之公
　　　　司債。

　　四、依金融資產證券化條例或不動產證券化條例規
　　　　定發行之受益證券或資產基礎證券。

　　五、認購（售）權證。

　　六、其他經主管機關核定之有價證券。

　　大陸地區投資人匯入資金尚未投資於台灣地區證券
者，主管機關得視台灣地區經濟、金融情形或證券市場
狀況，對其資金之運用予以限制；其限制比率，由主管
機關會商外匯業務主管機關後定之。

　　大陸地區投資人投資台灣地區證券數額與華僑及外
國人投資數額之合計數，不得逾其他法令所定華僑及外
國人投資比率上限之數額。

　　大陸地區投資人單次或累計投資取得上市或上櫃公
司百分之十以上之股份者，應依相關機關所定辦法申請

核准。

第 十三 條　　大陸地區投資人投資台灣地區證券之限額，由主管
　　　　　　機關會商外匯業務主管機關後定之。

　　　　　　大陸地區投資人投資台灣地區證券之資金申請結
　　　　　　匯，應檢具證券交易所登記文件，依外匯相關法令規定
　　　　　　辦理。

第 十四 條　　機構投資人投資台灣地區證券，其投資本金及投資
　　　　　　收益，得申請結匯。但資本利得及股票股利部分，以已
　　　　　　實現者為限。

第 十五 條　　機構投資人投資台灣地區證券，有下列情形之一
　　　　　　者，視為投資本金之匯出，保管機構應登載於第二十一
　　　　　　條規定之帳冊，並於五日內向外匯業務主管機關申報，
　　　　　　同時將資料提供予證券交易所登錄：

　　　　　　一、投資外國發行人在台灣地區發行之存託憑證，請
　　　　　　　　求存託機構兌回存託憑證所表彰之有價證券。

　　　　　　二、投資外國發行人在台灣地區發行以新台幣計價
　　　　　　　　交割之股票，於國外證券市場出售。

　　　　　　三、投資外國發行人在台灣地區發行以新台幣計價
　　　　　　　　之公司債，請求於國外贖回或轉換為股票。

　　　　　　四、以所持有之有價證券，作為台灣地區發行公司
　　　　　　　　參與在國外發行或私募存託憑證，或依第三十
　　　　　　　　一條第一項規定再發行海外存託憑證。

第 十六 條　　大陸地區投資人投資台灣地區證券，應指定經主管
　　　　　　機關核准得經營保管業務之銀行擔任保管機構，辦理有
　　　　　　關證券投資之款券保管、交易確認、買賣交割及資料申
　　　　　　報等事宜。

第 十七 條　　大陸地區投資人投資台灣地區證券，應由台灣地區代理人申請開設新台幣帳戶；其開戶代理人，以台灣地區證券商或金融機構為限。

　　　　　　　大陸地區投資人投資台灣地區證券及其資金運用，應以保管機構受託保管專戶之名義，於台灣地區金融機構開設活期存款或活期儲蓄存款之新台幣帳戶；該帳戶以供交割之用途為限。

第 十八 條　　大陸地區投資人投資台灣地區證券，應檢具證券交易所登記文件，向證券商申請開戶，於完成開戶手續後，由證券商通報證券交易所或證券櫃檯買賣中心。

第 十九 條　　大陸地區投資人委託證券商買賣台灣地區證券，應提供委託紀錄，並由指定之保管機構確認交易及辦理交割手續。

第 二十 條　　大陸地區投資人投資台灣地區證券，應依本辦法及相關法令之規定運用匯入之投資資金，除主管機關另有規定外，不得有下列行為：

　　　　　　　一、從事證券信用交易。

　　　　　　　二、賣出尚未持有之證券。

　　　　　　　三、放款或提供擔保。

　　　　　　　四、委託保管機構或證券集中保管事業以外之法人或個人代為保管證券。

第二十一條　　大陸地區投資人投資台灣地區證券之資金運用及庫存資料，應由保管機構設帳，逐日詳予登載，並向外匯業務主管機關通報前一日資金匯入出情形；於每月終了十日內，編製上一月份證券買賣明細、資金匯入出情形及庫存資料，向外匯業務主管機關申報，同時將資料提

供予證券交易所登錄。

第二十二條　　上市或上櫃公司得依下列規定，核給有價證券與境外子公司或分公司之大陸籍員工：

　　　　　　一、證券交易法第二十八條之二第一項第一款規定。

　　　　　　二、證券交易法第二十八條之三規定。

　　　　　　三、公司法第二百三十五條規定。

　　　　　　四、公司法第二百六十七條規定。

　　　　　　大陸籍員工依前項規定取得股東身分後，得依法認購或獲配股份。

　　　　　　上市或上櫃公司依前二項規定辦理者，應以境外子公司或分公司大陸籍員工集合投資專戶之名義，向證券交易所申請辦理登記，並由台灣地區代理人或代表人辦理有價證券賣出之開戶。

第二十三條　　大陸籍股東得依法認購或獲配股份。

　　　　　　大陸籍股東應由台灣地區代理人或代表人辦理證券賣出之開戶。

第　二　節　　投資海外公司債

第二十四條　　機構投資人得將其持有台灣地區發行公司所發行或私募附轉換或認購股份條件之海外公司債，依發行及轉換或認購辦法，請求轉換或認購台灣地區發行公司所發行之有價證券。

　　　　　　機構投資人持有台灣地區發行公司私募之海外公司債，依發行及交換或認購辦法，請求交換或認購其他上市、上櫃公司股票者，自該私募海外公司債交付日起滿三年，始得請求交換或認購。

　　　　　　機構投資人持有之私募海外公司債，經轉換或認購

　　　　　　台灣地區發行公司之有價證券，及嗣後因辦理盈餘或資本公積轉增資所配發之股份，於該私募海外公司債交付日起滿三年，經台灣地區發行公司申報主管機關補辦公開發行後，始得於台灣地區市場出售。

第二十五條　　第十六條、第十七條及第二十條規定，於機構投資人依前條規定交換、轉換或認購台灣地區發行公司有價證券者，準用之。

　　　　　　第十八條規定，於機構投資人依前條規定交換、轉換或認購台灣地區發行公司有價證券者，準用之。但已經登記投資台灣地區證券並開戶之機構投資人，不在此限。

第二十六條　　機構投資人就其依第二十四條規定取得有價證券所獲分配之投資收益及其賣出有價證券所得之價款，得申請結匯。

　　　　　　機構投資人於發行公司債之公司分派其剩餘財產時，就其所得之價款，得一次全部申請結匯。

第二十七條　　機構投資人依第二十四條規定交換、轉換或認購台灣地區發行公司有價證券，視為投資本金之匯入，保管機構應登載於第二十一條規定之帳冊，並於五日內向外匯業務主管機關申報，同時將資料提供予證券交易所登錄。

　　　　　　依前項規定匯入之數額，計入原投資台灣地區證券之額度。

第二十八條　　機構投資人依第二十四條規定取得股份，於所投資之發行公司辦理現金增資發行新股時，得依公司法有關之規定認股，並申請匯入所需資金繳納股款。

第　三　節　　投資海外存託憑證

第二十九條　　機構投資人得請求兌回其投資之海外存託憑證；其

請求兌回所投資之海外存託憑證時，得請求存託機構將海外存託憑證所表彰之有價證券過戶予請求人，或請求存託機構出售海外存託憑證所表彰之有價證券，並將所得價款扣除稅捐及相關費用後給付請求人。

機構投資人持有參與私募之海外存託憑證，及嗣後因辦理盈餘或資本公積轉增資所加發之存託憑證，經兌回台灣地區發行公司之股份，於該私募海外存託憑證交付日起滿三年，經台灣地區發行公司申報主管機關補辦公開發行後，始得於台灣地區市場出售。

第 三 十 條　　第十六條、第十九條及第二十條規定，於機構投資人請求將其投資之海外存託憑證兌成所表彰之有價證券時，準用之。

第十八條規定，於機構投資人請求將其投資之海外存託憑證兌成所表彰之有價證券時，準用之。但已經登記投資台灣地區證券並開戶之機構投資人，不在此限。

第二十六條至第二十八條規定，於辦理機構投資人投資海外存託憑證相關事宜，準用之。

第三十一條　　海外存託憑證經兌回後，機構投資人始得自行或委託存託機構在原兌回股數範圍內自台灣地區市場買入原有價證券或將其已持有之原有價證券交付保管機構後，由存託機構據以再發行海外存託憑證。

依前項規定再發行海外存託憑證，以存託契約及保管契約已載明海外存託憑證經兌回後得再發行者為限。

第 四 節　　投資海外股票

第三十二條　　機構投資人得將其投資之海外股票，於台灣地區市場出售。

　　　　　　　　機構投資人持有之私募海外股票，及其嗣後因辦理盈餘或資本公積轉增資所配發之股份，於該私募海外股票交付日起滿三年，經台灣地區發行公司申報主管機關補辦公開發行後，始得於台灣地區市場出售。

第三十三條　　第十六條、第十九條及第二十條規定，於機構投資人請求將其投資之海外股票於台灣地區市場出售時，準用之。

　　　　　　　　第十八條規定，於機構投資人請求將其投資之海外股票於台灣地區市場出售時，準用之。但已經登記投資台灣地區證券並開戶之機構投資人，不在此限。

第三十四條　　台灣地區發行公司分配現金股利或分派其剩餘財產時，機構投資人就其投資海外股票應獲分配之金額，得一次申請結匯。

　　　　　　　　機構投資人得將其依第三十二條規定出售海外股票所得價款，一次申請結匯。

第三十五條　　海外股票於台灣地區市場出售後，機構投資人得於原出售股數範圍內，再自台灣地區市場買入，至國外市場交易；其所需資金之結匯事宜，應委託保管機構依外匯相關法令規定辦理。

第三十六條　　第二十八條規定，於機構投資人所投資之發行公司辦理現金增資發行新股時，準用之。

第三十七條　　機構投資人依第三十二條規定出售海外股票，視為投資本金之匯入，保管機構應登載於第二十一條規定之帳冊，並於五日內向外匯業務主管機關申報，同時將資料提供予證券交易所登錄。

　　　　　　　　依前項規定匯入之數額，計入原投資台灣地區證券

之額度。

第 三 章　　期貨交易

第三十八條　　本辦法所定期貨交易，其範圍以於期貨交易所上市，且經主管機關公告為期貨商得受託從事期貨交易之契約為限。

第三十九條　　機構投資人從事期貨交易，應由台灣地區代理人申請開設期貨交易外匯存款專戶；其指定之開戶代理人，以台灣地區期貨商或金融機構為限。

　　　　　　　前項期貨交易外匯存款專戶，應以保管機構受託保管專戶之名義，於台灣地區金融機構開設。但僅從事期貨交易且未辦理實物交割之機構投資人，其期貨交易外匯存款專戶得以其名義開設，或以其境外存款帳戶辦理期貨交易入出金作業，免開設該專戶。

　　　　　　　已依本辦法投資證券之機構投資人，得自其證券交易之新台幣帳戶結購外幣從事期貨交易。

　　　　　　　前項及第四十一條所定之外幣，以期貨交易所接受之外幣為限，並應符合期貨交易所有關保證金收付之規定。

第 四 十 條　　機構投資人依前條規定匯入之資金，其運用以下列為限：

　　　　　　　一、從事期貨交易。

　　　　　　　二、依本辦法之規定匯入之資金不足支應其證券投資交割時，憑相關成交證明，支應該證券交割款項。

第四十一條　　機構投資人從事期貨交易應以外幣為之，除有下列用途之一者外，不得結售為新台幣：

　　　　　　　一、支付到期結算及到期前平倉之損益差額。

　　二、支付期貨商之手續費及稅捐。

　　三、前條第二款之用途。

　　機構投資人為支付前項第一款及第二款用途，得預先由代理人指定期貨商結售為新台幣。但每一個別交易人之新台幣餘額不得逾主管機關所定限額。

　　機構投資人因從事期貨交易累計新台幣已實現盈餘加計前項限額後之新台幣餘額，每一個別交易人不得逾主管機關所定限額。

　　前項新台幣餘額逾主管機關所定限額時，機構投資人應於五個營業日內，由代理人指定期貨商結購為外幣，結購後新台幣餘額不得逾主管機關所定限額。

　　第三項新台幣餘額之用途，以下列各款為限：

　　一、交易必須支付之保證金及權利金。

　　二、支付到期結算及到期前平倉之損益差額。

　　三、支付期貨商之手續費及稅捐。

　　依第一項、第二項及第四項規定申請結匯，除第一項第三款之用途由代理人申請外，由期貨商依外匯相關法令規定辦理。

　　第二項至第四項所定新台幣餘額之限額，主管機關於訂定前應先會商外匯業務主管機關同意。

第四十二條　　機構投資人從事期貨交易，應指定經主管機關核准得經營保管業務之銀行或期貨商擔任代理人，辦理有關期貨交易之結算交割及資料申報等事宜。

第四十三條　　機構投資人從事期貨交易，應檢具期貨交易所或證券交易所登記文件，向期貨商申請開戶，於完成開戶手續後，由期貨商通報期貨交易所。

第四十四條　　機構投資人委託期貨商從事期貨交易，應提供委託紀錄，並由其指定為代理人之保管機構或期貨商辦理結算交割手續。

第四十五條　　機構投資人從事期貨交易，應依期貨交易法第一百零四條與期貨交易所之規定申報其期貨交易數量及持有部位。

機構投資人已依本辦法之規定從事證券投資，基於避險需要，得依期貨交易所之規定申請前項部位限制之放寬。

主管機關於必要時，得依期貨交易法第九十六條規定，限制機構投資人之交易數量或持有部位、停止一部或全部之期貨交易或採取其他必要措施。

第四十六條　　機構投資人資金運用資料，應由其指定為代理人之保管機構或期貨商設帳，逐日詳予登載，並向外匯業務主管機關通報前一日資金結匯情形、外匯存款餘額、於期貨商之客戶保證金專戶之權益數概況；每月終了十日內，編製上一月份於期貨商之客戶保證金專戶之權益數明細、累計結匯金額，向外匯業務主管機關申報，同時將資料提供予期貨交易所登錄。

第　四　章　　附則

第四十七條　　本辦法自發布日施行。

大陸地區人民進入台灣地區許可辦法

民國 82 年 2 月 8 日內政部（82）台內警字第 8273466 號令訂定發布全文 30 條

民國 83 年 6 月 15 日內政部（83）台內警字第 8375845 號令修正發布第 11 條、第 13 條、第 18 條、第 20 條條文

民國 84 年 5 月 19 日內政部（84）台內警字第 8474958 號令修正發布第 3 條、第 4 條、第 6 至 8 條、第 10 條、第 12 條、第 13 條、第 17 條、第 18 條、第 21 條、第 25 條、第 26 條條文；並增訂第 18 之 1 條條文

民國 85 年 1 月 10 日內政部（85）台內警字第 8573102 號令增訂發布第 23 之 1 條條文

民國 86 年 10 月 15 日內政部（86）台內警字第 8682538 號令修正發布第 6 條、第 14 條、第 18 條、第 21 條、第 23 條條文

民國 87 年 9 月 9 日內政部（87）台內警字第 8799193 號令修正發布第 18 條條文；並增訂第 7 之 1 條條文

民國 87 年 10 月 7 日內政部（87）台內警字第 8778416 號令修正發布第 3 條、第 18 條條文

民國 89 年 6 月 29 日內政部（89）台內警字第 8981451 號令修正發布第 3 條、第 6 條、第 16 條、第 18 條、第 21 條、第 22 條、第 26 條條文；並增訂第 3 之 1 條、第 18 之 2 條條文

民國 90 年 8 月 1 日內政部（90）台內警字第 9088301 號令修正發布第 17 條、第 23 條條文

民國 91 年 9 月 11 日內政部台內警字第 0910078134 號令修正發布第 3 條、第 3 之 1 條、第 6 條、第 13 至 22 條、第 24 條、第 27 條條文；並增訂第 26 之 1 條條文

民國 93 年 3 月 1 日內政部台內警字第 0930079808 號令修正發布全文 36 條；並自 93 年 3 月 1 日施行

中華民國 94 年 4 月 15 日內政部台內警字第 0940115060 號令修正發布第 17、27、36 條條文；並自發布日施行

中華民國 95 年 12 月 22 日內政部台內警字第 0950913098 號令修正發布第 17 條、第 19 條條文

第 一 條 本辦法依台灣地區與大陸地區人民關係條例（以下

簡稱本條例）第十條第三項規定訂定之。

第　二　條　　本辦法之主管機關為內政部。

第　三　條　　大陸地區人民符合下列情形之一者，得申請進入台灣地區探親：

　　　　　　　一、依台灣地區公務員及特定身分人員進入大陸地區許可辦法規定不得進入大陸地區探親、探病或奔喪之台灣地區公務員，其在大陸地區之三親等內血親。

　　　　　　　二、依本條例第十六條第二項規定得申請在台灣地區定居。

　　　　　　　三、其父母、子女在台灣地區設有戶籍。

　　　　　　　四、在台灣地區原有戶籍人民，其在台灣地區有三親等內血親。

　　　　　　　五、其子女為台灣地區人民之配偶，且經許可在台灣地區長期居留。

　　　　　　　前項第一款、第三款、第四款之申請人，年逾六十歲、患重病或受重傷者，得申請其配偶或子女一人同行。

　　　　　　　依第一項第一款、第三款至第五款規定申請及延期之次數，每年合計以二次為限。

第　四　條　　大陸地區人民為台灣地區人民之配偶，申請進入台灣地區團聚，主管機關經審查後得核給一個月停留期間之許可；通過面談准予延期後，得再核給五個月停留期間之許可。

　　　　　　　前項通過面談之大陸地區人民申請再次入境，經主管機關認為無婚姻異常之虞，且無依法不予許可之情形者，得核給來台團聚許可，其期間不得逾六個月。

　　　　　　　　大陸地區人民為台灣地區人民之配偶，於本條例中
　　　　華民國九十三年三月一日修正施行前經許可進入台灣地
　　　　區停留者，應申請變更停留事由為團聚。

第　五　條　　大陸地區人民，其在台灣地區設有戶籍之二親等內
　　　　血親、配偶之父母、配偶、或子女之配偶，有下列情形
　　　　之一者，得申請進入台灣地區探病或奔喪：

　　　　　一、因患重病或受重傷，而有生命危險。

　　　　　二、年逾六十歲，患重病或受重傷。

　　　　　三、死亡未滿六個月。

　　　　　台灣地區人民進入大陸地區患重病或受重傷，而有
　　　　生命危險須返回台灣地區者，大陸地區必要之醫護人
　　　　員，得申請同行照料。

　　　　　大陸地區人民進入台灣地區死亡未滿六個月，其在
　　　　大陸地區之父母、配偶、子女或兄弟姊妹，得申請進入
　　　　台灣地區奔喪。但以二人為限。

　　　　　台灣地區人民之大陸地區配偶，在台灣地區依親居
　　　　留或長期居留期間有第一項第一款情形者，其在大陸地
　　　　區之父母得申請進入台灣地區探病。

　　　　　依第一項規定申請進入台灣地區探病、奔喪之兄弟
　　　　姊妹，年逾六十歲、患重病或受重傷者，得申請其配偶
　　　　或子女一人同行。

　　　　　依第一項第三款及第三項規定申請進入台灣地區奔
　　　　喪之次數，以一次為限。

第　六　條　　前條第一項及第四項重病、重傷之認定，須領有全
　　　　民健康保險重大傷病卡或經公立醫院或行政院衛生署公
　　　　告評鑑合格之私立醫院，開具診斷書證明。

第 七 條　　依第五條第一項第一款、第二款規定進入台灣地區探病之大陸地區人民，其探病對象年逾六十歲在台灣地區無子女，且傷病未癒或行動困難乏人照料者，其具有照料能力者一人，得申請延期在台灣地區照料。

　　　　前項申請延期照料，其探病對象之配偶已依第四條規定申請進入台灣地區團聚者，主管機關得不予許可。

第 八 條　　大陸地區人民，其在台灣地區之二親等內血親、配偶之父母、配偶或子女之配偶，於中華民國八十一年十二月三十一日以前死亡者，得申請進入台灣地區運回遺骸、骨灰。但以一次為限。

第 九 條　　大陸地區人民符合本條例第二十六條之一規定者，得申請進入台灣地區。但同一申請事由之申請人有二人以上時，應協議委託其中一人代表申請。

　　　　依前項規定申請進入台灣地區，以一次為限。

第 十 條　　大陸地區人民在台灣地區有下列情形之一者，其配偶或三親等內之親屬得申請進入台灣地區探視。但以二人為限：

　　　　一、經司法機關羈押，而所犯為死刑、無期徒刑或最輕本刑為五年以上有期徒刑之罪。

　　　　二、遭遇不可抗拒之重大災變死亡。

　　　　大陸海峽兩岸關係協會或大陸紅十字會總會人員，為協助前項大陸地區人民進入台灣地區處理相關事務，並符合平等互惠原則，得申請進入台灣地區探視。

　　　　依第一項第一款規定申請之次數，每年以一次為限；依同項第二款規定申請之次數，以一次為限。

第 十一 條　　大陸地區人民因刑事案件經司法機關傳喚者，得申

請進入台灣地區進行訴訟。

第 十二 條　　　大陸地區人民，符合下列情形之一者，得申請進入台灣地區從事與許可目的相符之活動：

　　　　　　　　一、經中央目的事業主管機關依有關許可辦法規定許可。

　　　　　　　　二、遇有重大、突發事件或影響台灣地區重大利益情形，經主管機關協調行政院大陸委員會等相關機關專案許可。

第 十三 條　　　大陸地區人民有下列情形之一者，得經中央目的事業主管機關依本條例第七十七條規定專案許可，免予申報：

　　　　　　　　一、國際體育組織自行舉辦或委託我方舉辦，並經中央主管機關核准之會議或活動。

　　　　　　　　二、政府間或半官方之國際組織舉辦，並經中央主管機關核准之國際會議或活動。

　　　　　　　　三、中央主管機關舉辦之國際會議或活動。

　　　　　　　　四、中央主管機關舉辦之兩岸交流會議或活動。

　　　　　　　　五、本條例第四條第一項所定機構或依第二項規定受委託之民間團體舉辦，並經中央主管機關核准之兩岸會談。

　　　　　　　大陸地區人民依前項規定申請進入台灣地區，依本辦法規定之程序辦理。但第一款至第三款與國際組織訂有協議，或第五款之機構或民間團體與大陸地區法人、團體或機構訂有協議者，依其協議辦理。

第 十四 條　　　大陸地區人民，有下列情形之一者，得申請進入台灣地區：

　　　　　　　　一、在自由地區連續住滿二年，並取得當地居留

權，且在台灣地區有直系血親或配偶。

二、其配偶為外國官方或半官方機構派駐在台灣地區。

三、其外籍配偶依就業服務法第四十六條第一項第一款至第六款規定受聘僱或許可在台灣地區工作。

前項第二款人員身分，得由外交部認定之。

第 十 五 條　大陸地區人民申請進入台灣地區，應備下列文件：

一、入出境許可證申請書。

二、大陸地區居民身分證、其他證照或足資證明身分文件影本。

三、保證書。

四、親屬關係證明或中央目的事業主管機關許可證明文件。

五、第三地區再入境簽證、居留證、香港或澳門身分證影本。

六、其他相關證明文件。

由在台灣地區親屬或邀請單位委託他人代申請者，應附委託書。

第 十 六 條　大陸地區人民申請進入台灣地區，依下列申請方式受理後，核轉內政部警政署入出境管理局（以下簡稱境管局）辦理：

一、申請人在海外地區者，應向我駐外使領館、代表處、辦事處或其他外交部授權機構申請。

二、申請人在香港或澳門者，應向行政院於香港或澳門設立或指定之機構或委託之民間團體

申請。

三、申請人在大陸地區者，應向本條例第四條第一項所定機構或依第二項規定受委託之民間團體在大陸地區分支機構申請。未設立分支機構前，須經由香港或澳門進入台灣地區，由其在台灣地區親屬或邀請單位代向境管局申請。

前項第三款由其在台灣地區親屬代申請者，以被探對象優先代理之。

第 十七 條　大陸地區人民申請進入台灣地區，除其他法規另有規定外，應依下列順序覓台灣地區人民一人為保證人：

一、配偶或直系血親。

二、有能力保證之三親等內親屬。

三、有正當職業之公民，其保證對象每年不得超過五人。

前項申請人有特殊情形，經主管機關同意者，得不受覓保證人順序之限制。

大陸地區人民依第十四條第一項第二款或第三款規定申請進入台灣地區，無法依第一項規定覓保證人者，得覓其配偶派駐在台灣地區外國官方或半官方機構之外籍人士，或外籍專業人士任職台灣地區公司之負責人或主管為保證人。

前項所定公司負責人或主管，得為外籍人士。

依第四條規定申請進入台灣地區之大陸地區人民，因遭家庭暴力，取得法院核發之通常保護令，且在台灣地區有未成年子女者，得由地方社政或警察機關（構）代覓保證人，或逕擔任其保證人，並出具蓋有機關（構）

印信之保證書。

　　　　　　保證人應出具親自簽名之保證書，並由境管局查核。

第 十八 條　前條第一項保證人之責任及其保證內容如下：

　　　　一、保證被保證人確係本人及與被保證人之關係屬
　　　　　　實，無虛偽不實情事。

　　　　二、負責被保證人入境後之生活。

　　　　三、被保證人有依法須強制出境情事，應協助有關
　　　　　　機關將被保證人強制出境，並負擔強制出境所
　　　　　　需之費用。

　　　　　　保證人無法負保證責任時，被保證人應於一個月內
更換保證人，屆期不更換保證人者，得不予許可；已許
可者，得廢止其許可；被保證人遭受保證人之家庭暴力，
取得法院核發之暫時或通常保護令者，原保證人不得申
請更換，仍須負擔保證責任。

　　　　　　地方社政或警察機關（構）擔任保證人，有依法須
強制出境情事時，應協助有關機關將被保證人強制出境。

　　　　　　保證人未能履行第一項所定之保證責任或為不實保
證者，主管機關應視情節輕重，一年至三年內不予受理
其代申請大陸地區人民進入台灣地區、擔任保證人、被
探親、探病之人或為團聚之對象。

第 十九 條　大陸地區人民申請進入台灣地區，有下列情形之一
者，得不予許可；已許可者，得撤銷或廢止其許可，並
註銷其入出境許可證：

　　　　一、現擔任大陸地區黨務、軍事、行政或具政治性
　　　　　　機關（構）、團體之職務或為成員。

　　　　二、參加暴力或恐怖組織，或其活動。

三、涉有內亂罪、外患罪重大嫌疑。

四、在台灣地區外涉嫌重大犯罪或有犯罪習慣。

五、曾有本條例第十八條第一項各款情形。

六、持用偽造、變造、無效或經撤銷之文書、相片
　　申請。

七、有事實足認係通謀而為虛偽結婚。

八、曾在台灣地區有行方不明紀錄二次或達二個月
　　以上。

九、有違反善良風俗之行為。

十、患有重大傳染性疾病。

十一、曾於依本辦法規定申請時，為虛偽之陳述或
　　　隱瞞重要事實。

十二、原申請事由或目的消失，且無其他合法事由。

十三、未通過面談或無正當理由不接受面談或不捺
　　　指紋。

十四、違反其他法令規定。

大陸地區人民申請進入台灣地區事由或目的消失，
應自消失之日起十日內離境；屆期未離境者，視為逾期
停留。

有下列情形之一者，自出境之翌日起，於一定期間
內不予許可其申請進入台灣地區停留：

一、有第一項第六款、第十一款或本條例第十八條
　　第一項第一款情形，其不予許可期間為二年至
　　五年。

二、有本條例第十八條第一項第二款情形，逾期六
　　個月以內，其不予許可期間為一年；逾期六個

月至一年，其不予許可期間為二年；逾期一年

至三年，其不予許可期間為三年至五年；逾期

三年以上，其不予許可期間為五年至十年。

三、有第一項第八款或本條例第十八條第一項第三

款情形，其不予許可期間為一年至三年。

四、有第一項第九款情形，其不予許可期間為三年

至七年。

五、有第一項第七款情形，其不予許可期間為五年

至十年。

有下列情形之一者，不受前項期間之限制：

一、有本條例第十八條第一項第二款情形，且符合

第二十一條第一項各款情形之一，未辦理延

期，未逾停留期限十日。

二、有本條例第十八條第一項第二款情形，逾期六

個月以內且在台灣地區育有已設戶籍之十二歲

以下親生子女。但不能行使、負擔對於該子女

之權利、義務者，不包括在內。

三、依第五條規定申請奔喪。

有第一項第十款情形者，再次申請進入台灣地區

時，應檢附健康檢查合格證明。

第 二十 條　大陸地區人民申請進入台灣地區停留期間規定如下：

一、探親：停留期間不得逾一個月，必要時得申請

延期一次，期間不得逾一個月，每年總停留期

間不得逾二個月。但符合第三條第一項第二款

情形者，停留期間不得逾三個月，必要時申請

延期，期間不得逾三個月，每年總停留期間不

得逾六個月；其為台灣地區人民養子女且年齡在十二歲以下者，停留期間不得逾六個月，必要時得申請延期，每次延期不得逾六個月。

二、團聚：停留期間不得逾六個月，必要時得申請延期，每次延期不得逾六個月，每次來台總停留期間不得逾二年。

三、探病（含同行照料）、奔喪、運回遺骸、骨灰、探視等活動：每次停留期間不得逾一個月。

四、申領保險死亡給付、一次撫卹金、餘額退伍金或一次撫慰金：停留期間不得逾一個月。

五、延期照料：經許可延期照料，每次延期不得逾六個月，每次來台總停留期間不得逾一年。

六、進行訴訟：每次停留期間不得逾一個月，必要時得申請延期一次，期間不得逾一個月。

七、第十二條第一款所定停留期間，依有關主管機關所定許可辦法規定辦理。

八、第十二條第二款所定停留期間，依專案許可內容辦理。

九、依第十三條規定之停留期間，不得逾二個月，必要時得酌予延長期間及次數，每年總停留期間不得逾六個月。

十、依第十四條第一項第一款規定之停留期間，不得逾一個月，必要時得延期一次，期間不得逾一個月，依第三款規定之停留期間得與外籍配偶在台灣地區受聘工作期間相同。

十一、依第十四條第一項第二款規定之停留期間，

不得逾一年，並得延長期間及次數。

前項各款停留期間，均自入境之翌日起算；依第四條第三項申請變更停留事由為團聚者，其變更前之停留期間，合併計算。

第二十一條　　大陸地區人民依前條規定在台灣地區停留期間屆滿時，有下列情形之一者，得酌予延長期間及次數：

一、懷胎七月以上或生產、流產後二月未滿。

二、罹患疾病而強制其出境有生命危險之虞。

三、在台灣地區設有戶籍之二親等內之血親、配偶、配偶之父母或子女之配偶在台灣地區死亡。

四、遭遇天災或其他不可避免之事變。

依前項第一款或第二款規定，每次延期停留期間為二個月，第三款規定之延期停留期間，自事由發生之日起不得逾一個月；第四款規定之延期停留期間不得逾一個月。

第二十二條　　大陸地區人民申請進入台灣地區，主管機關得限制人數。

第二十三條　　大陸地區人民申請進入台灣地區，所檢附大陸地區製作之文書，應經本條例第四條第一項所定機構或依第二項規定受委託之民間團體查證、驗證。

第二十四條　　大陸地區人民經許可進入台灣地區停留或活動者，發給單次入出境許可證，其有效期間自核發之日起算為六個月，在有效期間內未入境者，得於屆滿後一個月內，填具延期申請書檢附入出境許可證，向境管局申請延期一次。

依第四條或第十四條第一項第三款規定申請經許可

　　　　　　　者，得發給一年至三年逐次加簽入出境許可證，在有效
　　　　　　　期間內辦理加簽後，即可入出境，其加簽效期自加簽之
　　　　　　　翌日起六個月。但不得逾逐次加簽入出境許可證之有效
　　　　　　　期間。

第二十五條　　經許可進入台灣地區停留或活動者，發給之入出境
　　　　　　　許可證正本送原核轉單位或行政院於香港或澳門設立或
　　　　　　　指定之機構或委託之民間團體轉發申請人，持憑經機
　　　　　　　場、港口查驗入出境。入出境許可證影本，由境管局送
　　　　　　　在台灣地區親屬或邀請單位。但依第四條第二項規定進
　　　　　　　入台灣地區者，得逕予發給申請人入出境許可證正本。

　　　　　　　　　依前項規定取得之入出境許可證正本遺失或毀損
　　　　　　　者，申請人或代申請人應備齊入出境許可證申請書、毀
　　　　　　　損證件或遺失報案證明及說明書向境管局重新申請補發
　　　　　　　或換發。

第二十六條　　大陸地區人民經許可進入台灣地區停留或活動者，
　　　　　　　入境時應備有回程機（船）票及持有效期間之第三地
　　　　　　　區居留證或再入境簽證。但符合第四條第二項規定進入
　　　　　　　台灣地區者，得不備回程機（船）票。

第二十七條　　大陸地區人民經許可進入台灣地區停留或活動者，
　　　　　　　入境時所持之中共護照或相關文件，應交由境管局機場
　　　　　　　（港口）服務站保管，俟出境時發還。但依第十二條規
　　　　　　　定許可、第十三條規定專案許可免予申報或第十四條第
　　　　　　　一項第二款、第三款規定許可者，得不予保管。依第四
　　　　　　　條第二項規定許可進入台灣地區者，留存其影本，正本
　　　　　　　得不予保管。

第二十八條　　大陸地區人民在往返台灣地區之外國或第三地區民

用航空器服務之機組員、空服人員，因飛航任務進入台灣地區者，應由其所屬航空公司之台灣地區分公司負責人代向境管局申請一年多次入出境許可證。在台灣地區無分公司者，由該航空公司在台灣地區之代理人代為申請。

前項人員有下列情形之一，而不及依前項規定申請者，應於抵達台灣地區機場時，由其所屬航空公司之台灣地區分公司負責人或台灣地區代理人代向境管局機場服務站申請單次入出境許可證。其保證書得免辦對保手續：

一、因其所屬航空公司臨時調度需要。

二、因疾病、災變或其他特殊事故。

前二項人員應持憑核發之入出境許可證及大陸地區證照等有關證件，經查驗入出境。

依第一項發給之一年多次入出境許可證，其每次停留期間不得逾七日；第二項發給之單次臨時入出境許可證，其停留期間不得逾三日。但有特殊情形者，得酌予延長期間。

第一項、第二項進入台灣地區之人員，不受第二十五條第一項、第二十六條及第二十七條規定之限制。

第二十九條　　大陸地區人民在往返台灣地區之外國或第三地區船舶服務之船員，因航運任務進入台灣地區者，應由其所屬航運公司之台灣地區分公司負責人代向境管局申請一年多次入出境許可證。在台灣地區無分公司者，由該航運公司在台灣地區之代理人代為申請。

前項人員有下列情形之一，而不及依前項規定申請者，應於抵達台灣地區港口時，由其所屬航運公司之台灣地區分公司負責人或台灣地區代理人代向境管局港口服

務站申請單次入出境許可證。其保證書得免辦對保手續：

一、因所屬航運公司臨時調度需要。

二、因疾病、災變或其他特殊事故。

前二項人員應持憑核發之入出境許可證及大陸地區證照等有關證件，經查驗入出境。

依第一項規定發給之一年多次入出境許可證，其每次停留期間不得逾七日；第二項發給之單次臨時入出境許可證，其停留期間不得逾三日。但有特殊情形者，得酌予延長期間。

第一項、第二項進入台灣地區之人員，不受第二十五條第一項、第二十六條及第二十七條規定之限制。

第 三十 條　　大陸地區人民進入台灣地區停留或活動之接待服務事宜，得由中華救助總會辦理，各相關機關應予必要之協助。

第三十一條　　經許可進入台灣地區停留或活動之大陸地區人民，應於入境後十五日內向居住地警察分駐（派出）所辦理登記手續。但依第十三條規定專案許可免予申報者，不在此限。

第三十二條　　經許可進入台灣地區停留或活動者，依第二十條或第二十一條規定申請延期，應於停留期間屆滿前，備齊下列文件，向境管局辦理：

一、延期申請書。

二、入出境許可證。

三、中央目的事業主管機關許可延期文件或其他證明文件。

四、流動人口登記聯單。

五、全民健康保險保險憑證或繳費憑證。但依規定不得參加全民健康保險者，不在此限。

前項申請延期停留者為全民健康保險對象時，在其未依規定繳交保險費前，主管機關得不予許可其延期或再申請進入台灣地區。

第三十三條　大陸地區人民經許可進入台灣地區而申請延長停留，有下列情形之一者，得不予許可延期，已許可者，得撤銷或廢止其許可，並註銷入出境許可證：

一、有第十九條第一項各款情形之一。

二、所持用之大陸地區證照效期不足一個月。

第三十四條　邀請單位或代申請人，如有隱匿或填寫不實情形，一年內不得邀請或代理申請大陸地區人民進入台灣地區。

第三十五條　大陸地區人民經許可進入台灣地區，而有本條例第七十七條情形者，境管局應檢附據實申報之進入台灣地區入出境許可證申請書影本函送該管高等法院或其分院檢察署備查。

依第十三條規定專案許可免予申報者，境管局應檢附專案許可證明文件及有關資料影本函送該管高等法院或其分院檢察署備查。

第三十六條　本辦法自中華民國九十三年三月一日施行。

本辦法修正條文自發布日施行。

大陸地區專業人士來台 從事專業活動許可辦法

民國 87 年 6 月 29 日內政部（87）內警字第 8782622 號令發布
民國 90 年 8 月 14 日內政部台（90）內警字第 90883305 號令修正發布
民國 91 年 1 月 18 日內政部台（91）內警字第 09100780071 號令修正發布
民國 91 年 6 月 20 日內政部台（91）內警字第 0910078057 號令修正發布
民國 95 年 12 月 22 日內政部台（95）內警字第 0950913095 號令修正發布
民國 96 年 7 月 25 日內政部台內移字第 0960922335 號令修正發布

第　一　條　　本辦法依台灣地區與大陸地區人民關係條例（以下
　　　　　　簡稱本條例）第十條第三項規定訂定之。

第　二　條　　本辦法之主管機關為內政部。

　　　　　　主管機關審查相關申請事項，應會同各目的事業主
管機關及相關機關處理之。

第　三　條　　大陸地區專業人士申請來台從事專業活動，應於預
　　　　　　定來台之日二個月前，依下列規定提出申請：

　　　　　　　一、在大陸地區者：由邀請單位代向主管機關申請。

　　　　　　　二、在第三地區者：由申請人向我駐外使領館、代
　　　　　　　　　表處、辦事處或其他經政府授權機構申請，核
　　　　　　　　　轉主管機關辦理。但該地區尚無派駐機構者，
　　　　　　　　　得由邀請單位代向主管機關申請。

　　　　　　大陸地區大眾傳播人士申請來台參觀訪問、採訪、
拍片或製作節目，應於預定來台之日一個月前提出。但
屬緊急情況，且有正當理由者，不在此限。

　　　　大陸地區產業科技人士甲類從事產業科技活動申請來台，得於預定來台之日十個工作天前提出申請；其屬緊急情況者，得於預定來台之日五個工作天前提出申請；大陸地區科技人士來台參與科技研究，或從事學術科技活動，其提出申請之期間，由各目的事業主管機關另定之。

　　　　前項大陸地區產業科技人士及科技人士，由第三地區提出申請時，應備具之文件，應另附電子檔。

第　四　條　　大陸地區專業人士來台從事專業活動，其邀請單位資格及應備具之申請文件，由主管機關會商相關目的事業主管機關擬訂，送行政院大陸委員會審議後公告之。

第　五　條　　主管機關於收受申請案後，應將申請書副本及有關文件送相關目的事業主管機關審查。

第　六　條　　相關目的事業主管機關得成立審查小組，審查邀請單位與申請人之專業資格、活動計畫內容及來台活動之必要性，並得要求邀請單位及申請人提供有關資料文件。

第　七　條　　邀請單位邀請大陸地區專業人士來台從事專業活動，主管機關及相關目的事業主管機關得限制人數及邀請團數。

第　八　條　　遇有重大突發事件、影響台灣地區重大利益情形或於兩岸互動有必要者，得經行政院大陸委員會會同主管機關及相關目的事業主管機關，專案許可大陸地區人民申請進入台灣地區從事與許可目的相符之活動。

第　九　條　　大陸地區專業人士經許可進入台灣地區從事專業活動者，由主管機關發給入出境許可證正本送原核轉單位或行政院於香港或澳門設立或指定之機構或委託之民間

團體轉發申請人，持憑經機場、港口查驗入出境。入出境許可證影本，送在台灣地區之邀請單位。但從事經貿及科技相關活動者，經目的事業主管機關同意，得由主管機關核發入出境許可證正本送邀請單位轉發申請人。

依前項規定取得之入出境許可證正本遺失或毀損者，邀請單位應備齊入出境許可證申請書、毀損證件或遺失報案證明及說明書，向主管機關申請補發。

第 十 條　大陸地區專業人士經許可進入台灣地區從事專業活動者，入境時應備有回程機（船）票。但經許可來台停留期間逾六個月者，不在此限。

大陸地區專業人士經許可進入台灣地區從事專業活動者，入境時應持有效期間之第三地區居留證或再入境簽證。

第 十一 條　大陸地區專業人士經許可進入台灣地區從事專業活動，其主要專業活動，不得變更；來台日期或行程有變更者，邀請單位應於入境三日前檢具確認行程表及原核定行程表，送主管機關及相關目的事業主管機關備查。

第 十二 條　大陸地區專業人士來台之停留期間，自入境翌日起不逾二個月，由主管機關依活動計畫覈實核認；停留期間屆滿得申請延期，總停留期間每年不得逾四個月。

經教育主管機關依法核准設立之宗教研修學院，得申請大陸地區宗教人士來台研修宗教教義，每次停留期間不得逾一年。

大陸地區文教人士來台講學及大眾傳播人士來台參觀訪問、採訪、拍片或製作節目，其停留期間不得逾六個月。但講學績效良好，繼續延長將產生更大績效者，

得申請延期，總停留期間不得逾一年。

　　大陸地區傑出民族藝術及民俗技藝人士，停留期間不得逾一年。但傳習績效良好，延長可產生更大績效，或延伸傳習計畫，以開創新傳習領域者，得申請延期，其期限不得逾一年；總停留期間不得逾二年。

　　大陸地區科技人士申請來台參與科技研究或大陸地區產業科技人士乙類及丙類來台從事產業研發或產業技術指導活動者，停留期間不得逾一年。但研究發展或技術指導成果績效良好，繼續延長將產生更大績效，或延伸研究發展計畫，以開創新研究領域者，得申請延期；總停留期間不得逾六年。

　　大陸地區體育人士來台協助國家代表隊培訓者，其停留期間不得逾六個月。但符合下列情形之一者，得申請延期：

　　一、培訓績效良好，有必要延長停留者；其總停留期間不得逾一年。

　　二、辦理亞洲運動會及奧林匹克運動會國家代表隊培訓者；其總停留期間不得逾六年。

第 十三 條　　大陸地區專業人士經許可進入台灣地區從事專業活動，依前條第一項規定申請延期者，應於停留期間屆滿十日前，備齊下列文件，由邀請單位向主管機關申請辦理。但經許可停留期間在十二日以下者，應於停留期間屆滿五日前提出申請：

　　一、延期申請書。

　　二、入出境許可證。

　　三、流動人口登記聯單。

四、延期計畫書及行程表。

依前條第三項至第六項規定申請延期者，應於期間屆滿一個月前向主管機關申請。大陸地區傑出民族藝術及民俗技藝人士應檢附具體計畫書；大陸地區科技人士應檢附參與科技研究申請書，併同前項文件申請辦理。

第 十四 條　大陸地區專業人士在台灣地區停留期間屆滿時，有下列情形之一者，得酌予延長：

一、在台灣地區設有戶籍之二親等內之血親、繼父母、配偶之父母、配偶或子女之配偶在台灣地區死亡者。

二、因疾病、災變或其他特殊事故者。

前項第一款情形，自事實發生之日起得酌予延長二個月；第二款情形，自事實發生之日起得酌予延長一個月。

第 十五 條　大陸地區專業人士申請來台，所檢附大陸地區製作之文書，主管機關得要求先將相關文書送經行政院設立或指定之機構或委託之民間團體驗證。

第 十六 條　大陸地區專業人士因年滿六十歲行動不便或健康因素須專人照料，得同時申請配偶或直系親屬一人陪同來台。

大陸地區科技人士申請來台參與科技研究、大陸地區產業科技人士乙類及丙類來台從事產業科技活動核定停留期間逾四個月者，與大陸地區傑出民族藝術及民俗技藝人士來台傳習、大陸地區體育人士來台協助國家代表隊培訓核定停留期間逾六個月者，得准許其配偶及十八歲以下之子女同行來台。停留期間屆滿後，應由邀請單位負責其本人及其同行之配偶、子女之出境事宜。

前項人員在台停留期間，因故須短期出境時，應由邀請單位代向主管機關申辦入出境手續，並由主管機關核發三個月效期之入出境許可證；逾期未返台者，如須再行來台，應依本辦法規定重新申請。

大陸地區大眾傳播人士未滿十八歲者，得同時申請直系尊親屬一人陪同來台；大陸地區演員申請來台拍片，得申請助理人員五人陪同來台。

大陸地區專業人士申請來台參加經相關目的事業主管機關認定之國際會議或活動者，得申請配偶同行來台。

第 十七 條　邀請單位對於邀請之大陸地區專業人士背景應先予瞭解，提供資料；安排行程，應辦理保險，並取得受訪單位之同意；於其來台活動期間，依計畫負責接待及安排與其專業領域相符之活動，並依接待大陸人士來台交流注意事項辦理接待事宜。

邀請單位邀請大陸地區專業人士，同一申請案應團進團出，不得以合併數團或拆團方式辦理。但情形特殊，於事前報經主管機關會同相關目的事業主管機關同意者，不在此限。

大陸地區專業人士未依前項規定隨團入境者，主管機關得廢止其許可，並註銷其入出境許可證。

邀請單位應依主管機關或相關目的事業主管機關之要求，隨時提出活動報告，主管機關或相關目的事業主管機關並得隨時進行訪視、隨團或其他查核行為。

邀請單位應於活動結束後一個月內提出活動報告，送主管機關及相關目的事業主管機關備查。

邀請單位未依規定辦理接待、安排活動、提出活動

報告或有其他不當情事者，主管機關視其情節，於一年至三年內對其申請案得不予受理。

第 十八 條　　大陸地區人民依本條例第七十七條規定進入台灣地區參加下列會議或活動，主管機關得專案許可並免予申報：

一、國際體育組織自行舉辦或委託我方舉辦並經中央目的事業主管機關核准之會議或活動。

二、政府間或半官方之國際組織舉辦並經中央目的事業主管機關核准之國際會議或活動。

三、中央目的事業主管機關舉辦之國際會議或活動。

四、中央目的事業主管機關舉辦之兩岸交流會議或活動。

五、行政院設立或指定之機構或委託之民間團體舉辦並經中央目的事業主管機關核准之兩岸會談。

大陸地區人民依前項規定申請進入台灣地區，依本辦法規定之程序辦理。但前項第一款至第三款與國際組織訂有協議，或第五款之機構或民間團體與大陸地區法人、團體或機構訂有協議者，依其協議辦理。

第 十九 條　　大陸地區人民經許可進入台灣地區，如有本條例第七十七條情形者，主管機關應檢附據實申報之進入台灣地區入出境許可證申請書影本，函送該管高等法院或其分院檢察署備查。

依前條專案許可免予申報者，主管機關應檢附專案許可證明文件及有關資料影本，函送該管高等法院或其分院檢察署備查。

第 二十 條　　大陸地區專業人士申請進入台灣地區，應覓下列台
　　　　　　灣地區人民一人為保證人：

　　　　　　一、邀請單位之負責人，其保證對象無人數之限制。

　　　　　　二、邀請單位業務主管，其保證對象每次不得超過
　　　　　　　　二十人。

　　　　　　前項保證人應出具親自簽名及蓋邀請單位印信之保
　　　　　　證書，並由境管局查核。

　　　　　　保證人得以一份保證書，檢附團體名冊，對申請來
　　　　　　台之大陸地區專業人士予以保證。

第二十一條　　前條保證人之責任如下：

　　　　　　一、保證被保證人確係本人，無虛偽不實情事。

　　　　　　二、負責被保證人入境後之生活及其在台行程之
　　　　　　　　告知。

　　　　　　三、被保證人如有依法須強制出境情事，應協助有
　　　　　　　　關機關將被保證人強制出境，並負擔強制出境
　　　　　　　　所需之費用。保證人因故無法負保證責任時，
　　　　　　　　被保證人應於一個月內更換保證，逾期不換保
　　　　　　　　者，主管機關得不予許可；已許可者，得撤銷
　　　　　　　　或廢止之。

第二十二條　　大陸地區專業人士或其眷屬或助理人員在台停留期
　　　　　　間，不得違反國家安全法及其他法令，且不得從事營利
　　　　　　行為、須具專業執照之行為、與許可目的不符之活動或
　　　　　　其他違背對等尊嚴原則之不當行為。

　　　　　　違反前項規定者，目的事業主管機關應載明查處意
　　　　　　見後移送主管機關，主管機關得廢止其許可，並移送有
　　　　　　關機關依法處理。

第二十三條　　大陸地區專業人士經許可進入台灣地區從事專業活動者，發給單次入出境許可證，其有效期間自核發之翌日起算為三個月。但大陸地區專業人士符合下列情形之一者，經許可得發給逐次加簽入出境許可證，其有效期間自核發之翌日起一年或三年：

　　一、大陸地區體育人士來台協助國家代表隊培訓。

　　二、大陸地區科技人士經許可來台從事科技研究及大陸地區產業科技人士來台從事產業科技活動。

　　三、須經常來台，經主管機關或相關目的事業主管機關認有必要。

　　大陸地區科技人士及大陸地區產業科技人士依前項規定入境後，得向主管機關申請換發六年內效期多次入出境許可證。

　　單次入出境許可證在有效期間內可入出境一次；因故未能於有效期間內入境者，應重新提出申請。

　　逐次加簽入出境許可證在有效期間內，檢附原邀請單位同意函及行程表，辦理加簽後，即可入出境；其加簽效期自加簽之翌日起三個月。但不得逾逐次加簽入出境許可證之有效期間。

　　多次入出境許可證在有效期間內可多次入出境。

　　原申請來台從事專業活動之事由消失者，邀請單位應立即通報主管機關，主管機關得廢止其許可，並註銷其入出境許可證。

第二十四條　　大陸地區專業人士入境時，應將所持之大陸地區護照或相關文件交付查驗；必要時，主管機關或相關目的

事業主管機關並得要求其將所持之大陸地區護照或相關
文件交由內政部入出國及移民署機場（港口）服務單位
保管，俟出境時發還。

第二十五條　經許可進入台灣地區活動之大陸地區專業人士，應
於入境後十五日內向居住地警察分駐（派出）所辦理登
記手續。但依第十八條專案許可免予申報者，不在此限。

未依前項規定辦理登記手續者，不得申請延期停留。

第二十六條　大陸地區專業人士因活動需要所攜帶之器材設備及
道具，應於入境時依相關目的事業主管機關之許可函件
向海關申報放行，出境時如數帶回，不得出售或轉讓。

大陸地區專業人士入境所攜帶其他大陸物品，以經
財政部核定並經海關公告准許入境旅客攜帶入境之物品
為限。

第二十七條　大陸地區專業人士或其眷屬或助理人員申請進入台
灣地區，有下列情形之一者，主管機關得不予許可；已
許可者，得撤銷或廢止之：

一、參加暴力、恐怖組織或其活動。

二、涉有內亂罪、外患罪重大嫌疑。

三、在台灣地區外涉嫌重大犯罪或有犯罪習慣。

四、現在大陸地區行政、軍事、黨務或其他公務機
　　構任職。

五、曾有本條例第十八條第一項各款情形之一。

六、曾違反第二十二條第一項規定。

七、違反其他法令規定。

有本條例第十八條第一項第一款情形者，自出境之
日起算，其不予許可期間為二年至五年；有同項第二款

或第三款情形者，自出境之日起算，其不予許可期間為一年至三年。

第二十八條　申請人檢附之文件有隱匿或虛偽不實者，主管機關得撤銷其許可，並移送有關機關依法處理。

前項情形，主管機關於三年內對其本人及邀請單位之其他申請案得不予受理。

第二十九條　邀請單位有故意虛偽申報或明知為不實文件仍據以申請等情事者，主管機關於三年內對其申請案得不予受理；涉及刑事者，並函送檢調機關處理。

邀請單位邀請之大陸地區專業人士或其眷屬或助理人員，有違反第二十二條第一項規定情形者，主管機關於三年內對其申請案得不予受理。

第 三 十 條　（刪除）

第三十一條　本辦法自發布日施行。

邀請大陸地區專業人士來台
從事活動須知

民國 88 年 4 月 13 日大陸專業人士來台參觀訪問第 168 次聯合審查會決議通過

為使邀請大陸地區專業人士來台參訪單位，瞭解邀訪程序相關注意事項及處罰規定，特訂定本須知。

一、邀請單位對於邀請之大陸地區專業人士背景應先予瞭解，提供資料，並詳實訂其活動計畫、行程，說明其經費來源。於其來台活動期間，依計畫負責接待及安排與其專業領域相符之活動，並依「接待大陸人士來台交流注意事項」辦理接待事宜。對許可來台案件，經與大陸受邀單位、人員聯繫後，最後確認日程表及來台名單，應即電傳內政部警政署入出境管理局（以下簡稱境管局）。其主要專業活動不得變更。

二、大陸地區專業人士申請進入台灣地區，經許可後，因故未能來台者，邀請單位應立即通報境管局註銷其旅行證。

三、邀請單位安排行程，應先取得受訪單位之同意；如計劃拜訪政府機關（構）、國家實驗室、科學工業園區、生物科技、研發或其他重要科研單位，應先取得受訪單位之同意函，並詳載所拜訪之部門及聯絡人電話於「大陸地區專業人士來台從事相關活動行程表」中。

四、旅行證有效期間自發證之日起算為三個月；在有效期間內未入境者，得於屆滿後一個月內，填具延期申請書，檢附旅行證，向境管局申請延期一次。

五、大陸地區專業人士之停留期間，自入境之翌日起算（例如：許可
　　停留期間十日，其在三月一日入境，應於三月十一日前出境）。

六、經許可進入台灣地區活動之大陸地區專業人士，應於入境後，
　　向居住地警察分駐（派出）所辦理流動人口登記手續。未依規
　　定辦理登記手續者，不得辦理申請延期停留。

七、大陸地區專業人士經許可進入台灣地區活動，依規定申請延期
　　者，應於停留期間屆滿十日前，備齊文件，由邀請單位向境管
　　局辦理。

八、邀請單位應於活動結束後一個月內，提出活動報告（應含來台
　　參訪大陸地區專業人士對台看法及邀請單位對來台參訪大陸地
　　區專業人士之意見）送境管局備查，並應主管機關或相關目的
　　事業主管機關要求，隨時提出活動報告。

九、未依規定辦理接待、安排活動或有其他不當情事者，於一年內
　　對其申請案得不予受理。（大陸地區專業人士來台從事專業活
　　動許可辦法第十七條）

十、申請人檢附之文件有隱匿或虛偽不實，經查察屬實者，得撤銷
　　其許可，並移送有關機關依法處理。主管機關於三年內對其本
　　人及邀請單位之其他申請案，得不予受理。（許可辦法第二十
　　八條）

十一、邀請單位有故意虛偽申報或明知為不實文件仍據以申請等情
　　　事，經查察屬實者，於三年內對其申請案得不予受理；涉及
　　　刑事者，並函送檢調機關處理。（許可辦法第二十九條）

十二、經許可入境，已逾停留期限者，或從事與許可目的不符之活
　　　動、工作者，其不予許可期間至少為一年。（許可辦法第二
　　　十七條）

十三、使大陸地區專業人士在台灣地區從事未經許可或與許可目的不符之活動，處新台幣二十萬元以上一百萬元以下罰鍰。（台灣地區與大陸地區人民關係條例第八十七條）

十四、對邀請單位所確認之行程，相關目的事業主管機關、境管局等相關單位人員，將視情況訪視或隨團了解，邀請單位應予配合。

十五、大陸地區專業人士來台從事專業活動，宜請申請人及請單位事先就其保險事項，自行妥善處理。

跨國企業內部調動之大陸地區
人民申請來台服務許可辦法

民國 92 年 5 月 16 日內政部台內警字第 0920080133 號令發布全文 38 條；
並自發布日施行
民國 92 年 12 月 25 日內政部台內警字第 0920080847 號令修正發布名稱及
第 1 條、第 3 條、第 8 條條文並增訂第 4 條之 1（原名稱：跨國企業邀請
大陸地區人民來台從事商務相關活動許可辦法）
民國 95 年 11 月 8 日內政部台內警字第 0950911883 號令修正發布第 6 條
條文
民國 96 年 8 月 20 日內政部台內移字第 0960922337 號令修正發布名稱及
全文（原名稱：跨國企業自由港區事業台灣地區營業達一定規模之企業邀
請大陸地區人民來台從事商務相關活動許可辦法）

第　一　條　　本辦法依台灣地區與大陸地區人民關係條例（以下
　　　　　　　簡稱本條例）第十條第三項規定訂定之。

第　二　條　　本辦法之主管機關為內政部。

　　　　　　　主管機關審查相關申請事項，得會同各目的事業主
　　　　　　　管機關及相關機關處理之。

第　三　條　　本辦法所稱邀請單位，指跨國企業。

　　　　　　　本辦法所稱跨國企業，指在二個以上國家建立子公
　　　　　　　司或分公司，由母公司或本公司進行有效之控制及統籌
　　　　　　　決策，以從事跨越國界生產經營行為，其母公司或本公
　　　　　　　司在國外，且在台灣地區設有子公司或分公司，並符合
　　　　　　　下列各款要件之一之經濟實體：

　　　　　　　一、申請前一年於全世界資產達二十億美元以上。

　　　　　　　二、經經濟部工業局核發企業營運總部營運範圍證

　　　　　　　　明函。

　　　三、國內員工數目達一百人以上，且其中五十人以
　　　　　上具專科以上學校學歷。

　　　四、國內年營業收入淨額達新台幣十億元以上。

　　　五、區域年營業收入淨額達新台幣十五億元以上。

第　四　條　　大陸地區人民擔任跨國企業之負責人、經理人或從
　　　事專門性、技術性服務，且任職滿一年，因跨國企業內
　　　部人員調動服務，得申請進入台灣地區。

　　　　前項所定申請人進入台灣地區後，不得轉任或兼任
　　　該跨國企業以外之職務，其有轉任、兼任或離職者，應
　　　於十日內離境。

　　　　第一項所定申請人之配偶及未滿十八歲子女得申
　　　請隨同來台。申請人有前項所定情事或停留期間屆滿
　　　後，應由原邀請單位負責該申請人及其配偶、子女之出
　　　境事宜。

　　　　第一項所定申請人得於調動來台三年內，為其隨同
　　　來台停留未滿一年之子女，依下列規定申請入學：

　　　一、申請就讀與其學歷銜接之各級學校者，準用
　　　　　境外優秀科學技術人才子女來台就學辦法第四
　　　　　條至第六條、第七條第一項序言有關於完成申
　　　　　請就讀學校學程後，如繼續在台升學之入學方
　　　　　式與國內一般學生相同、第二項、第八條及第
　　　　　九條規定辦理。

　　　二、申請就讀外國僑民學校者，準用外國僑民子女
　　　　　相關規定辦理。

第　五　條　　跨國企業內部調動之大陸地區人民申請來台服務，

應由其所屬跨國企業在台分公司或子公司代向主管機關
申請。

第 六 條　跨國企業內部調動之大陸地區人民申請來台服務，
應依下列規定提出申請：

一、在大陸地區者：由邀請單位代向主管機關申請。

二、在第三地區者：以分開送件方式，由申請人親
持第七條第一款、第三款及第四款所定文件，
並備具第一款及第四款所定文件之電子檔，向
我駐外使領館、代表處、辦事處或其他外交部
授權機構（以下簡稱駐外機構）申請，邀請單
位另檢具同條各款所定文件一式三份，代向主
管機關申請。但該地區無駐外機構者，得由邀
請單位代向主管機關申請。

前項申請，邀請單位應於預定行程十個工作日前代
申請，其屬緊急情況者，得於預定行程五個工作日前代
申請。但有下列各款情形之一者，應於預定行程一個月
前代申請：

一、初次申請停留期間在六個月以上。

二、初次申請逐次加簽入出境許可證。

第 七 條　跨國企業內部調動之大陸地區人民申請來台服務，
應檢具下列文件：

一、入出境許可證申請書。

二、保證書。

三、大陸地區居民身分證、其他證照或足資證明身
分文件影本。

四、計畫書。

　　　　　　　五、符合第三條第二項所定邀請單位資格之相關證
　　　　　　　　　明文件。但近一年內已提送邀請單位基本資料
　　　　　　　　　者，得免附。

　　　　　　　六、其他相關證明文件。

第　八　條　　主管機關於收受申請案後，得將申請書副本及有關
　　　　　　文件，送相關目的事業主管機關審查。

　　　　　　　主管機關或相關目的事業主管機關為審查邀請單位
　　　　　　與申請人之資格、計畫書及來台活動之必要性，得要求
　　　　　　邀請單位或申請人提供有關資料文件。

第　九　條　　邀請單位因跨國企業內部調動邀請大陸地區人民來
　　　　　　台服務，主管機關及相關目的事業主管機關得限制人數。

第　十　條　　跨國企業內部調動之大陸地區人民經許可進入台灣
　　　　　　地區服務者，由主管機關發給入出境許可證正本送邀請
　　　　　　單位轉發申請人。

　　　　　　　依前項規定取得之入出境許可證正本遺失或毀損
　　　　　　者，邀請單位應檢具入出境許可證申請書、毀損證件或
　　　　　　遺失報案證明及說明書，向主管機關申請補發。

第　十一　條　　跨國企業內部調動之大陸地區人民經許可進入台灣
　　　　　　地區服務，入境時應備有回程機（船）票。但其停留期
　　　　　　間逾六個月者，不在此限。

　　　　　　　跨國企業內部調動之大陸地區人民經許可進入台灣
　　　　　　地區服務，入境時應持有效之大陸地區證件；其在第三
　　　　　　地區者，應加附有效之第三地區居留證或再入境簽證。

第　十二　條　　跨國企業內部調動之大陸地區人民申請進入台灣地
　　　　　　區服務，初次停留期間不得逾三年。但停留期間屆滿，
　　　　　　仍有繼續服務之必要者，得予延期，每次不得逾一年。

第 十三 條　　跨國企業內部調動之大陸地區人民經許可進入台灣
　　　　　　　地區服務，依前條規定申請延期者，應於停留期間屆滿十
　　　　　　　日前，檢具下列文件，由邀請單位向主管機關申請辦理：

　　　　　　　　一、延期申請書。

　　　　　　　　二、入出境許可證。

　　　　　　　　三、居住地之流動人口登記聯單。。

　　　　　　　　四、延期計畫書。

　　　　　　　　五、有效之大陸地區證件。

　　　　　　　主管機關對於申請人依前項規定之延期申請，得徵
　　　　　　　詢相關目的事業主管機關意見。

第 十四 條　　大陸地區人民在台灣地區停留期間屆滿或申請來台
　　　　　　　原因消失時，應依規定離境。但有下列情形之一者，得
　　　　　　　酌予延期：

　　　　　　　　一、在台灣地區設有戶籍之二親等內之血親、繼父
　　　　　　　　　　母、配偶之父母、配偶或子女之配偶在台灣地
　　　　　　　　　　區患重病、受重傷、病危或死亡。

　　　　　　　　二、因疾病、災變或其他特殊事故。

　　　　　　　前項第一款所定情形，自事實發生之日起得酌予延
　　　　　　　期二個月；第二款所定情形，自事實發生之日起得酌予
　　　　　　　延期一個月。

第 十五 條　　跨國企業內部調動之大陸地區人民申請來台服務，
　　　　　　　所檢具大陸地區製作之文書，主管機關得要求應經行政
　　　　　　　院設立或指定之機構或委託之民間團體驗證。

第 十六 條　　依第四條第三項規定申請來台之大陸地區人民，在
　　　　　　　台停留期間，因故須短期出境時，應由邀請單位代向主
　　　　　　　管機關申辦入出境手續，並由主管機關核發三個月內效

期之入出境許可證；屆期未返台，而須再行來台者，應依本辦法規定重新申請。

第 十七 條　邀請單位對於跨國企業內部調動之大陸地區人民來台服務期間，應協助辦理保險。

主管機關或相關目的事業主管機關就跨國企業內部調動之大陸地區人民來台服務，得隨時進行訪視或其他查核行為。

邀請單位應告知因跨國企業內部調動來台服務之大陸地區人民，不得轉任或兼任該跨國企業以外之職務，其離職或申請原因消失者，邀請單位應於三日內通報主管機關及相關目的事業主管機關。

邀請單位未依規定協助辦理保險，或拒絕、妨礙主管機關或相關目的事業主管機關為第二項所定訪視及查核行為，或未為前項所定通報，或有其他不當情事者，主管機關視其情節，於一年至三年內對其代申請案得不予受理。

第 十八 條　跨國企業內部調動之大陸地區人民經許可進入台灣地區服務，有本條例第七十七條所定情形者，主管機關應檢附據實申報之進入台灣地區入出境許可證申請書影本，函送該管高等法院或其分院檢察署備查。

第 十九 條　跨國企業內部調動之大陸地區人民申請進入台灣地區服務，應覓下列台灣地區人民一人為保證人：

一、邀請單位之負責人，其保證對象無人數之限制。

二、邀請單位業務主管或承辦職員，其保證對象每次不得超過二十人。

第 二十 條　前條保證人之責任如下：

一、保證被保證人確係本人，無虛偽不實情事。

二、負責被保證人入境後之生活及其在台行程之告知。

三、被保證人有依法須強制出境情事，應協助有關機關將被保證人強制出境，並負擔強制出境所需之費用。

保證人因故無法負保證責任時，被保證人應於一個月內更換保證人，屆期不換保者，主管機關得不予許可；已許可者，得廢止之。

第二十一條　　大陸地區人民或其配偶、子女在台停留期間，不得有下列行為：

一、違反國家安全法或其他法令規定。

二、從事與許可目的不符之活動。

三、從事違背對等尊嚴原則之不當行為。

四、未取得我國專業證照，擔任依法令規定應由取得我國專業證照者始得擔任之職務。

有前項各款所定情事之一者，目的事業主管機關應載明查處意見後移送主管機關，主管機關得廢止其許可，並移送有關機關依法處理。

第二十二條　　跨國企業內部調動之大陸地區人民經許可進入台灣地區服務者，發給本人及其配偶、子女單次入出境許可證，其有效期間自核發之翌日起算為六個月。但經主管機關認有必要者，得發給逐次加簽入出境許可證，其有效期間自核發之翌日起一年至三年。

跨國企業內部調動人員持前項所定單次入出境許可證入境後，經主管機關會同相關目的事業主管機關審查

許可者，得向主管機關申請換發三年內效期多次入出境許可證。多次入出境許可證在有效期間內，可多次入出境。

單次入出境許可證在有效期間內，可入出境一次；因故未能於有效期間內入境者，得於有效期間屆滿後一個月內，填具延期申請書，檢附單次入出境許可證，向主管機關申請延期一次；其有效期間，自原期間屆滿之翌日起六個月。

逐次加簽入出境許可證在有效期間內，檢附原邀請單位同意函及行程表，辦理加簽後，即可入出境；其加簽效期，自加簽之翌日起六個月。但不得逾逐次加簽入出境許可證之有效期間。

第二十三條　　大陸地區人民入境時，應將所持之大陸地區護照或相關文件交付查驗。

第二十四條　　跨國企業內部調動之大陸地區人民經許可進入台灣地區服務，應於入境後十五日內，向居住地警察分駐（派出）所辦理流動人口登記；遇有遷徙時，亦同。

未依前項規定辦理登記手續者，不得申請延期停留。

第二十五條　　大陸地區人民因活動需要所攜帶之器材、設備及道具，應於入境時，依相關目的事業主管機關之許可函件，向海關申報放行，並於出境時如數帶回，不得出售或轉讓。

第二十六條　　大陸地區人民或其配偶、子女申請進入台灣地區，有下列情形之一者，主管機關得不予許可；已許可者，得撤銷或廢止之：

　　　　一、現在大陸地區行政、軍事、黨務或其他公務機構任職。

　　　　二、經主管機關認定，對台灣地區政治、社會、經

濟有不利影響。

三、在台灣地區外涉嫌犯罪或有犯罪紀錄。

四、參加暴力、恐怖組織或其活動。

五、涉有內亂罪、外患罪重大嫌疑。

六、曾有本條例第十八條第一項各款情形之一。

七、有第二十一條第一項各款規定情形之一。

八、違反其他法令規定。

有本條例第十八條第一項第一款所定情形者，自出境之日起算，其不予許可期間為二年至五年；有同項第二款或第三款所定情形者，自出境之日起算，其不予許可期間為一年至三年。

第二十七條　跨國企業內部調動之大陸地區人民依第四條規定申請來台服務之原因消失者，主管機關得廢止其許可，並註銷其入出境許可證；其配偶及子女，亦同。

第二十八條　申請人檢具之文件有隱匿或虛偽不實者，主管機關得撤銷其許可，並函送有關機關依法處理。

申請人有前項所定情形者，主管機關於三年內對其本人及邀請單位之其他代申請案得不予受理。

第二十九條　邀請單位有故意虛偽申報，或明知為不實文件仍據以申請之情事者，主管機關於三年內對其代申請案得不予受理；涉及刑事責任者，並函送有關機關依法處理。

邀請單位邀請之大陸地區人民、其配偶或子女，有第二十一條第一項各款規定情形之一者，主管機關於三年內對其代申請案得不予受理。

第 三十 條　為有助於政府推動全球佈局、企業營運總部政策，或提升台灣地區產業或經濟利益，對非任職於第三條所

定跨國企業或非屬第四條第一項所定之大陸地區人民，因企業內部調動而有進入台灣地區之必要者，得經行政院大陸委員會會同主管機關及相關目的事業主管機關專案許可進入台灣地區。

　　前項所定大陸地區人民經專案許可進入台灣地區者，準用本辦法相關規定。

第三十一條　　本辦法自發布日施行。

大陸地區人民來台
從事商務活動許可辦法

民國 94 年 2 月 1 日內政部台內警字第 0940115055 號令發布
民國 95 年 11 月 30 日內政部台內警字第 0950911884 號令修正發布第 6 條
條文

第 一 條　本辦法依台灣地區與大陸地區人民關係條例（以下簡
　　　　　稱本條例）第十條第三項及第十六條第一項規定訂定之。

第 二 條　本辦法之主管機關為內政部。
　　　　　主管機關審查相關申請事項，必要時得會同各目的
　　　　　事業主管機關及相關機關處理之。

第 三 條　大陸地區人民具備下列資格之一者，得由邀請單位
　　　　　代向主管機關申請許可來台從事商務活動：
　　　　　一、企業負責人或經理人。
　　　　　二、專門性或技術性人員。

第 四 條　本辦法所稱商務活動以下列各款為限：
　　　　　一、商務訪問。
　　　　　二、商務考察。
　　　　　三、商務會議。
　　　　　四、演講。
　　　　　五、商務研習（含受訓）。
　　　　　六、為邀請單位提供驗貨、售後服務、技術指導等
　　　　　　　履約服務活動。

七、參加商展。

八、參觀商展。

第　五　條　　本辦法所稱邀請單位,指符合下列各款要件之一者:

一、本國企業、僑外投資事業年度營業額達新台幣一千萬元以上者,或公司資本額新台幣五百萬元以上之新設本國企業、新設僑外投資事業。

二、外國公司在台分公司年度營業額達新台幣一千萬元以上者,或營運資金新台幣五百萬元以上之新設外國公司在台分公司。

三、外國公司在台辦事處採購實績達一百萬美元以上者。但金融服務業在台辦事處,不受採購實績限制。

四、自由貿易港區設置管理條例第三條第二款所定之自由港區事業。

第　六　條　　邀請單位邀請大陸地區人民來台從事商務活動,其每年邀請人數如下:

一、邀請單位為年度營業額不逾新台幣三千萬元之本國企業、新設之本國企業者,其每年邀請人數不得超過十五人次。

二、邀請單位為僑外投資事業、外國公司在台分公司、外國公司在台辦事處或年度營業額達新台幣三千萬元以上之本國企業者,其每年邀請人數不得超過五十人次。

邀請單位每年邀請人數,經目的事業主管機關認定有特殊需要者,得不受前項規定限制;其認定原則,由經濟部會商相關機關定之。

第 七 條　　大陸地區人民申請來台受訓者，以受僱於本國企業或僑外投資事業在大陸地區或第三地區之投資事業所聘僱之主管或技術人員為限。

第 八 條　　大陸地區人民經許可進入台灣地區從事商務活動，其在台停留期間，不得從事接受酬勞或直接銷售之活動。但經目的事業主管機關核准者，不在此限。

第 九 條　　自由港區事業代申請大陸地區人民進入自由貿易港區從事商務活動，以第四條第一款至第四款及第六款至第八款之活動為限。

　　　　　　前項大陸地區人民來台活動區域以自由貿易港區為限。但自機場、港口往返自由貿易港區之交通、非在自由貿易港區之食宿、假日旅行活動，不在此限。

第 十 條　　大陸地區人民申請來台從事商務活動，應檢具下列文件一式三份，由邀請單位代向主管機關申請許可：

　　　　　　一、入出境許可證申請書。

　　　　　　二、大陸地區居民身分證、其他證照或足資證明身分文件影本。

　　　　　　三、來台目的說明書及預定行程表。

　　　　　　四、邀請函或商務活動相關證明文件。

　　　　　　五、保證書。

　　　　　　六、邀請單位最近之公司設立（變更）登記表或外國公司認許（認許事項變更）表或外國公司指派代表人報備（報備事項變更）表影本。

　　　　　　七、邀請單位前一年度營利事業所得稅結算申報書或採購實績證明文件影本。但邀請單位為新設企業或金融服務業在台辦事處者，得免附。

八、從事驗貨、售後服務、技術指導等履約活動者，
　　應檢具該契約書影本。

九、其他經主管機關指定之證明文件。

第 十一 條　大陸地區人民申請來台從事商務活動，應依下列規
　　　　　　定提出申請：

一、申請人在大陸地區者：由邀請單位代向主管機
　　關申請。

二、申請人在第三地區者：以分開送件方式，由申
　　請人親持前條第一款至第三款所定文件，並備
　　具第一款及第三款所定文件之電子檔，向我駐
　　外使領館、代表處、辦事處或其他外交部授權
　　機構（以下簡稱駐外機構）申請；邀請單位另
　　檢具同條各款所定文件一式三份，代向主管機
　　關申請。但該地區無駐外機構者，得由邀請單
　　位代向主管機關申請。

　　大陸地區人民有下列情形之一者，應由邀請單位於
預定行程一個月前代為申請：

一、初次申請來台從事商務活動者。

二、初次申請逐次加簽入出境許可證。

三、在台期間，曾違反相關規定或有不良紀錄者。

　　大陸地區人民有下列情形之一者，得由邀請單位於
預定行程十個工作日前代為申請，經目的事業主管機關
認定屬緊急情況之商務活動需要者，並得於預定行程五
個工作日前代申請：

一、曾經依本辦法申請許可來台從事商務活動者。

二、目的事業主管機關為經濟部，初次申請來台從

　　　　　　　　　事商務活動之停留期間在十四日以內，或在第
　　　　　　　　　三地區有工作且自第三地區初次申請來台從事
　　　　　　　　　商務活動，其停留期間在十四日以內者。

第 十二 條　　主管機關於收受申請案後，得將申請書及有關文
　　　　　　　件，送相關目的事業主管機關審查。

　　　　　　　　　主管機關或相關目的事業主管機關為審查邀請單位
　　　　　　　與申請人之資格、計畫書及來台活動之必要性，得要求
　　　　　　　邀請單位或申請人提供有關資料文件。

第 十三 條　　大陸地區人民申請來台從事商務活動，所檢具大陸
　　　　　　　地區製作之文書，主管機關得要求應經行政院設立或指
　　　　　　　定之機構或委託之民間團體驗證。

第 十四 條　　大陸地區人民經許可進入台灣地區從事商務活動
　　　　　　　者，發給單次入出境許可證，其有效期間自核發之翌日
　　　　　　　起算為二個月。但大陸地區人民須經常來台從事商務活
　　　　　　　動，經主管機關會同相關目的事業主管機關認有必要
　　　　　　　者，得發給逐次加簽入出境許可證，其有效期間自核發
　　　　　　　之翌日起一年至三年。

　　　　　　　　　單次入出境許可證在有效期間內，可入出境一次；
　　　　　　　因故未能於有效期間內入境者，得於有效期間屆滿後一
　　　　　　　個月內，填具延期申請書，檢附單次入出境許可證，向
　　　　　　　主管機關申請延期一次；其有效期間，自原期間屆滿之
　　　　　　　翌日起二個月。

　　　　　　　　　逐次加簽入出境許可證在有效期間內，檢附原邀請
　　　　　　　單位同意函及行程表，辦理加簽後，即可入出境；其加
　　　　　　　簽效期，自加簽之翌日起二個月。但不得逾逐次加簽入
　　　　　　　出境許可證之有效期間。

第 十五 條　　申請人在大陸地區經許可進入台灣地區從事商務活動者，由主管機關發給入出境許可證正本送行政院於香港或澳門設立或指定之機構或委託之民間團體轉發申請人，持憑經機場、港口查驗入出境；入出境許可證影本，送在台灣地區之邀請單位。但經主管機關同意，得將入出境許可證正本送邀請單位轉發申請人。

　　　　　　申請人在第三地區經許可進入台灣地區從事商務活動者，由主管機關發給入出境許可證正本送邀請單位轉發申請人。

　　　　　　依前二項規定取得之入出境許可證正本遺失或毀損者，邀請單位應檢具入出境許可證申請書、毀損證件或遺失報案證明及說明書，向主管機關申請補發。

第 十六 條　　大陸地區人民申請進入台灣地區從事商務活動，其停留期間如下：

　　　　　　一、從事商務訪問、商務考察、商務會議、演講、參加商展及參觀商展者，其停留期間不得逾十四日。

　　　　　　二、從事商務研習或驗貨、售後服務、技術指導等履約活動者，其停留期間不得逾三個月。

第 十七 條　　大陸地區人民經許可進入台灣地區從事商務活動，在台灣地區停留期間屆滿時，有疾病、災變或其他特殊事故情形者，主管機關得酌予延期，期間不得逾一個月。

　　　　　　前項情形，應檢具下列文件，由邀請單位代向主管機關申請辦理：

　　　　　　一、延期申請書。

　　　　　　二、入出境許可證。

三、居住地之流動人口登記聯單。

四、延期計畫書及行程表。

五、其他相關證明文件。

主管機關對於延期之申請，得徵詢相關目的事業主

管機關意見。

第 十八 條　　大陸地區人民申請進入台灣地區從事商務活動，因商

務活動需要，得同時申請配偶或直系親屬一人陪同來台。

前項陪同來台眷屬，不計入第六條邀請單位每年邀

請人數之限制數額內。

第 十九 條　　大陸地區人民經許可進入台灣地區從事商務活動，

來台日期或行程如有變更，邀請單位應於申請人入境前

或行程變更前檢具確認行程表，送主管機關及相關目的

事業主管機關備查。

第 二十 條　　大陸地區人民經許可進入台灣地區從事商務活動，

入境時應備有回程機（船）票。

大陸地區人民經許可進入台灣地區從事商務活動，

入境時應持有效之第三地區居留證或再入境簽證。

第二十一條　　大陸地區人民入境時，應將所持之大陸地區護照、

前條回程機（船）票、第三地區居留證或再入境簽證、

投保人身保險文件或相關文件交付查驗。

第二十二條　　大陸地區人民經許可進入台灣地區從事商務活

動，應於入境後依流動人口登記辦法規定辦理流動人口

登記。

未依前項規定辦理登記手續者，不得申請延期停留。

第二十三條　　大陸地區人民申請進入台灣地區從事商務活動，應

覓下列台灣地區人民一人為保證人：

一、邀請單位之負責人，其保證對象無人數之限制。

二、邀請單位業務主管，其保證對象每次不得超過二十人。邀請單位應與前項保證人負連帶保證責任。

第二十四條　前條保證人之責任如下：

一、保證被保證人確係本人，無虛偽不實情事。

二、負責被保證人入境後之生活及其在台行程之告知。

三、被保證人有依法須強制出境情事，應協助有關機關將被保證人強制出境，並負擔強制出境所需之費用。

保證人未能履行前項責任，主管機關得要求被保證人限期離境；被保證人停留期間在十四日以上者，未於二週內更換保證人者，主管機關得不予許可，已許可者，得廢止之。

第二十五條　大陸地區人民經許可進入台灣地區從事商務活動，有本條例第七十七條所定情形者，主管機關應檢附據實申報之進入台灣地區入出境許可證申請書影本，函送該管高等法院或其分院檢察署備查。

第二十六條　邀請單位對於邀請之大陸地區人民來台活動期間，應依計畫負責接待及安排與其商務領域相符之活動；安排商務活動以外之參訪行程，應取得受訪單位之同意。

大陸地區人民應邀來台從事商務活動期間，應辦妥人身保險，並留存其保險契約影本備查。

主管機關或相關目的事業主管機關就大陸地區人民來台從事商務活動，得隨時會同相關機關進行訪視、隨

團或其他查核行為。

邀請單位邀請大陸地區人民來台，應依主管機關或相關目的事業主管機關要求，限期提出邀請之大陸地區人民在台活動報告。

邀請單位未依規定辦理接待、安排活動、留存受邀人之保險契約或拒絕、妨礙主管機關或相關目的事業主管機關為第三項所定訪視、隨團、查核行為，或未依限期提出前項所定報告，或有其他不當情事者，主管機關視其情節，於一年至三年內對其代申請案得不予受理。

第二十七條　　大陸地區人民在台停留期間，不得有下列行為：

一、從事與許可目的不符之活動。

二、從事違背對等尊嚴原則之不當行為。

三、未取得我國專業證照，擔任依法令規定應由取得我國專業證照者始得擔任之職務。

四、違反其他法令規定。

違反前項規定情事者，目的事業主管機關應載明查處意見後移送主管機關，主管機關得廢止其許可，並移送有關機關依法處理。

第二十八條　　大陸地區人民申請進入台灣地區，有下列情形之一者，主管機關得不予許可；已許可者，得撤銷或廢止之：

一、現在大陸地區行政、軍事、黨務或其他公務機構任職。

二、經主管機關認定，對台灣地區政治、社會、經濟有不利影響。

三、在台灣地區外涉嫌犯罪或有犯罪紀錄。

四、參加暴力、恐怖組織或其活動。

　　　　　五、涉有內亂罪、外患罪重大嫌疑。

　　　　　六、曾有本條例第十八條第一項各款情形之一。

　　　　　七、曾違反前條第一項或第三十條第一項規定者。

　　　　　八、邀請單位曾有第三十一條第一項規定情形者。

　　　　　九、違反其他法令規定。

　　　　有本條例第十八條第一項第一款所定情形者，自出境之日起算，其不予許可期間為二年至五年；有同項第二款或第三款所定情形者，自出境之日起算，其不予許可期間為一年至三年。

　　　　主管機關依前二項規定不予許可、廢止許可或不予受理時，得不附理由。

第二十九條　　大陸地區人民申請來台從事商務活動之原因消失者，應自原因消失之翌日起三日內出境，主管機關得廢止其許可，並註銷其入出境許可證；其眷屬亦同。

第 三十 條　　申請人檢具之文件有隱匿或虛偽不實者，主管機關得撤銷其許可，並函送有關機關依法處理。

　　　　申請人有前項所定情形者，主管機關於三年內對其本人及邀請單位之其他代申請案得不予受理。

第三十一條　　邀請單位有故意虛偽申報，或明知為不實文件仍據以申請之情事者，主管機關於三年內對其代申請案得不予受理；涉及刑事責任者，並函送有關機關依法處理。

　　　　邀請單位邀請之大陸地區人民或其眷屬，有違反第二十七條第一項規定情形者，主管機關於三年內對其代申請案得不予受理。

第三十二條　　本辦法自發布日施行。

大陸地區人民來台
從事觀光活動許可辦法

中華民國 90 年 12 月 10 日內政部（90）台內警字第 9088021 號令、交通部（90）交路發字第 00091 號令會銜訂定發布全文 31 條，中華民國 90 年 12 月 11 日內政部（90）台內警字第 9088027 號令發布自 90 年 12 月 20 日施行

中華民國 91 年 5 月 8 日內政部（91）台內警字第 0910078041 號令、交通部（91）交路發字第 091B000027 號令會銜訂定發布第 3、6～8、14、19 條條文，中華民國 91 月 5 月 8 日內政部（91）台內警字第 0910078044 號令發布自 91 年 5 月 10 日施行

中華民國 94 年 2 月 23 日內政部台內警字第 0940126134 號令、交通部交路發字第 0940085006 號令會銜修正發布全文 34 條；並自 94 年 2 月 25 日施行

中華民國 96 年 3 月 2 日內政部台內移字第 0960922907 號令暨交通部交路字第 0960085014 號令修正會銜發布全文 31 條；並自 96 年 3 月 2 日施行

第 一 條　　本辦法依台灣地區與大陸地區人民關係條例第十六條第一項規定訂定之。本辦法未規定者，適用其他有關法令之規定。

第 二 條　　本辦法之主管機關為內政部，其業務分別由各該目的事業主管機關執行之。

第 三 條　　大陸地區人民符合下列情形之一者，由經交通部觀光局核准之旅行業代為申請許可來台從事觀光活動：

　　　　　　一、有固定正當職業者或學生。

　　　　　　二、有等值新台幣二十萬元以上之存款，並備有大陸地區金融機構出具之證明者。

　　　　　　三、赴國外留學、旅居國外取得當地永久居留權或

　　　　　　旅居國外四年以上且領有工作證明者及其隨行
　　　　　　之旅居國外配偶或直系血親。

　　四、赴香港、澳門留學、旅居香港、澳門取得當地
　　　　永久居留權或旅居香港、澳門四年以上且領有
　　　　工作證明者及其隨行之旅居香港、澳門配偶或
　　　　直系血親。

第　四　條　大陸地區人民來台從事觀光活動，其數額得予限
　　　　　　制，並由主管機關公告之。

　　　　　　前項公告之數額，由中華民國旅行商業同業公會全
　　　　　　國聯合會（以下簡稱旅行業全聯會）依申請案送達次序
　　　　　　依序核發予經交通部觀光局核准且已依第十一條規定繳
　　　　　　納保證金之旅行業。

　　　　　　旅行業辦理大陸地區人民來台從事觀光活動業務，
　　　　　　配合政策者，交通部觀光局得依第一項公告數額百分之
　　　　　　五至百分之十範圍內酌給數額，不受第一項公告數額之
　　　　　　限制。

第　五　條　大陸地區人民來台從事觀光活動，應由旅行業組團
　　　　　　辦理，並以團進團出方式為之，每團人數限十五人以上
　　　　　　四十人以下。

　　　　　　經國外轉來台灣地區觀光之大陸地區人民，每團人
　　　　　　數限七人以上。但符合第三條第三款或第四款規定之大
　　　　　　陸地區人民，來台從事觀光活動，得不以組團方式為之，
　　　　　　其以組團方式為之者，得分批入出境。

第　六　條　大陸地區人民符合第三條第一款或第二款規定者，
　　　　　　申請來台從事觀光活動，應由經交通部觀光局核准之旅
　　　　　　行業代申請，並檢附下列文件，送請旅行業全聯會向內

政部入出國及移民署（以下簡稱移民署）申請許可，並由旅行業負責人擔任保證人：

一、團體名冊，並標明大陸地區帶團領隊。

二、旅遊計畫或行程表。

三、入出境許可證申請書。

四、固定正當職業（任職公司執照、員工證件）、在職、在學或財力證明文件等，必要時應經財團法人海峽交流基金會驗證。（大陸地區帶團領隊應加附大陸地區核發之領隊執照影本）。

五、大陸地區所發有效證件影本。（大陸地區居民身分證、大陸地區所發尚餘六個月以上效期之往來台灣地區通行證或護照影本）。

六、我方旅行業與大陸地區旅行社簽訂之合作契約。

大陸地區人民符合第三條第三款或第四款規定者，申請來台從事觀光活動，應檢附下列第三款至第五款文件，送駐外使領館、代表處、辦事處或其他經政府授權機構（以下簡稱駐外館處）審查後，交由經交通部觀光局核准之旅行業檢附下列文件，依前項規定程序辦理；駐外館處有移民署派駐入國審理人員者，由其審查；未派駐入國審理人員者，由駐外館處指派人員審查：

一、團體名冊或旅客名單。

二、旅遊計畫或行程表。

三、入出境許可證申請書。

四、大陸地區所發尚餘六個月以上效期之護照影本。

五、國外、香港或澳門在學證明及再入國簽證影本、現住地永久居留權證明、現住地居住證明

　　　　　　　及工作證明或親屬關係證明。

第　七　條　　大陸地區人民依前條規定申請經審查許可，由移民
　　　　　　　署發給許可來台觀光團體名冊及台灣地區入出境許可
　　　　　　　證。許可來台觀光團體名冊交由代送件之旅行業全聯會
　　　　　　　轉發負責接待之旅行業；台灣地區入出境許可證送行政
　　　　　　　院於香港、澳門設立或指定之機構或委託之民間團體轉
　　　　　　　發申請人，申請人應持憑連同大陸地區往來台灣地區通
　　　　　　　行證正本或大陸地區所發護照正本，經機場、港口查驗
　　　　　　　入出境。

　　　　　　　　經許可自國外轉來台灣地區觀光之大陸地區人民及
　　　　　　　符合第三條第三款或第四款規定之大陸地區人民經審查
　　　　　　　許可者，由移民署發給許可來台觀光團體名冊及台灣地
　　　　　　　區入出境許可證。許可來台觀光團體名冊交由代送件之
　　　　　　　旅行業全聯會轉發負責接待之旅行業；台灣地區入出境
　　　　　　　許可證交由代送件之旅行業全聯會轉交負責接待之旅行
　　　　　　　業轉發申請人，申請人應持憑連同大陸地區所發六個月
　　　　　　　以上效期之護照正本，經機場、港口查驗入出境。

第　八　條　　依前條第一項發給台灣地區入出境許可證，有效期
　　　　　　　間自核發日起一個月；依前條第二項發給之台灣地區入
　　　　　　　出境許可證，有效期間自核發日起二個月。

　　　　　　　　大陸地區人民未於前項台灣地區入出境許可證有效
　　　　　　　期間入境者，不得申請延期。

第　九　條　　大陸地區人民經許可來台從事觀光活動之停留期
　　　　　　　間，自入境之次日起不得逾十日；逾期停留者，治安機
　　　　　　　關得依法逕行強制出境。

　　　　　　　　前項大陸地區人民，因疾病住院、災變或其他特殊

事故，未能依限出境者，應於停留期間屆滿前由代申請之旅行業代向移民署申請延期，每次不得逾七日。

旅行業應就前項大陸地區人民延期之在台行蹤及出境，負監督管理責任，如發現有違法、違規、逾期停留、行方不明、提前出境、從事與許可目的不符之活動或違常等情事，應立即向交通部觀光局通報舉發，並協助調查處理。

第　十　條　　旅行業辦理大陸地區人民來台從事觀光活動業務，應具備下列要件，並經交通部觀光局申請核准：

一、成立五年以上之綜合或甲種旅行業。

二、為省市級旅行業同業公會會員或於交通部觀光局登記之金門、馬祖旅行業。

三、最近五年未曾發生依發展觀光條例規定繳納之保證金被法院扣押或強制執行、受停業處分、拒絕往來戶或無故自行停業等情事。

四、向交通部觀光局申請赴大陸地區旅行服務許可獲准，經營滿一年以上年資者或最近一年經營接待來台旅客外匯實績達新台幣一百萬元以上或最近五年曾配合政策積極參與觀光活動對促進觀光活動有重大貢獻者。

旅行業停止辦理大陸地區人民來台從事觀光活動業務，應向交通部觀光局報備。

第 十一 條　　旅行業依前條規定經交通部觀光局申請核准，並應向旅行業全聯會繳納新台幣二百萬元保證金，始得辦理接待大陸地區人民來台從事觀光活動業務；旅行業未於核准後三個月內繳納保證金者，應依前條規定重新申請。

　　　　　旅行業於中華民國九十六年三月二日本辦法修正發布前，已經交通部觀光局核准辦理大陸地區人民來台從事觀光活動業務者，應於本辦法修正發布後三個月內依前項規定繳足保證金；逾期未能繳足者，應依前條規定重新申請。

第 十 二 條　　旅行業全聯會辦理旅行業依第十一條規定繳納之保證金收取、保管、支付等相關事宜，應擬訂作業要點，報請交通部觀光局核定。

第 十 三 條　　旅行業依第六條第一項辦理大陸地區人民來台從事觀光活動業務，應與大陸地區旅行社訂有合作契約。

　　　　　旅行業應請大陸地區旅行社協助確認經許可來台從事觀光活動之大陸地區人民確係本人，如發現虛偽不實情事，應通報交通部觀光局並移送治安機關依法強制出境。

　　　　　大陸地區旅行社應協同辦理確認大陸地區人民身分，並協助辦理強制出境事宜。

第 十 四 條　　旅行業辦理大陸地區人民來台從事觀光活動業務，應投保責任保險，其最低投保金額及範圍如下：

　　　　　一、每一大陸地區旅客因意外事故死亡新台幣二百萬元。

　　　　　二、每一大陸地區旅客因意外事故所致體傷之醫療費用新台幣三萬元。

　　　　　三、每一大陸地區旅客家屬來台處理善後所必需支出之費用新台幣十萬元。

　　　　　四、每一大陸地區旅客證件遺失之損害賠償費用新台幣二千元。

第 十五 條　　旅行業辦理大陸地區人民來台從事觀光活動業務，行程之擬訂，應排除下列地區：

　　　　　　　一、軍事國防地區。

　　　　　　　二、國家實驗室、生物科技、研發或其他重要單位。

第 十六 條　　大陸地區人民申請來台從事觀光活動，有下列情形之一者，得不予許可；已許可者，得撤銷或廢止其許可，並註銷其台灣地區入出境許可證：

　　　　　　　一、有事實足認為有危害國家安全之虞者。

　　　　　　　二、曾有違背對等尊嚴之言行者。

　　　　　　　三、現在中共行政、軍事、黨務或其他公務機關任職者。

　　　　　　　四、患有足以妨害公共衛生或社會安寧之傳染病、精神病或其他疾病者。

　　　　　　　五、最近五年曾有犯罪紀錄者。

　　　　　　　六、最近五年曾未經許可入境者。

　　　　　　　七、最近五年曾在台灣地區從事與許可目的不符之活動或工作者。

　　　　　　　八、最近三年曾逾期停留者。

　　　　　　　九、最近三年曾依其他事由申請來台，經不予許可或撤銷、廢止許可者。

　　　　　　　十、最近五年曾來台從事觀光活動，有脫團或行方不明之情事者。

　　　　　　　十一、申請資料有隱匿或虛偽不實者。

　　　　　　　十二、申請來台案件尚未許可或許可之證件尚有效者。但大陸地區帶團領隊，不在此限。

　　　　　　　十三、團體申請許可人數不足第五條之最低限額者

　　　　　或未指派大陸地區帶團領隊者。

十四、符合第三條第一款或第二款規定經許可來台
　　　從事觀光活動，或經許可自國外轉來台灣地
　　　區觀光之大陸地區人民未隨團入境者。

　　前項第一款至第三款情形，主管機關得會同國家安
全局、交通部、行政院大陸委員會及其他相關機關、團
體組成審查會審核之。

第 十七 條　　大陸地區人民經許可來台從事觀光活動，於抵達機
　　　　　場、港口之際，查驗單位應查驗許可來台觀光團體名冊
　　　　　及相關文件，有下列情形之一者，得禁止其入境；並通
　　　　　知移民署廢止其許可及註銷其台灣地區入出境許可證：

一、未帶有效證照或拒不繳驗者。

二、持用不法取得、偽造、變造之證照者。

三、冒用證照或持用冒領之證照者。

四、申請來台之目的作虛偽之陳述或隱瞞重要事
　　實者。

五、攜帶違禁物者。

六、患有足以妨害公共衛生或社會安寧之傳染病、
　　精神病或其他疾病者。

七、有違反公共秩序或善良風俗之言行者。

八、經許可自國外轉來台灣地區從事觀光活動之大
　　陸地區人民，未經入境第三國直接來台者。

　　查驗單位依前項進行查驗，如經許可來台從事觀光
活動之大陸地區人民，其團體來台人數不足十人者，禁
止整團入境；經許可自國外轉來台灣地區觀光之大陸地
區人民，其團體來台人數不足五人者，禁止整團入境。

但符合第三條第三款或第四款規定之大陸地區人民，不在此限。

第 十八 條　　大陸地區人民經許可來台從事觀光活動，應由大陸地區帶團領隊協助填具入境旅客申報單，據實填報健康狀況。通關時大陸地區人民如有不適或疑似感染傳染病時，應由大陸地區帶團領隊主動通報檢疫單位，實施檢疫措施。入境後大陸地區帶團領隊及台灣地區旅行業負責人或導遊人員，如發現大陸地區人民有不適或疑似感染傳染病者，除應就近通報當地衛生主管機關處理，協助就醫，並應向交通部觀光局通報。

機場、港口人員發現大陸地區人民有不適或疑似感染傳染病時，應協助通知檢疫單位，實施相關檢疫措施及醫療照護。必要時得請移民署提供大陸地區人民入境資料，以供防疫需要。

主動向衛生主管機關通報大陸地區人民疑似傳染病病例並經證實者，得依傳染病防治獎勵辦法之規定獎勵之。

第 十九 條　　大陸地區人民來台從事觀光活動，應依旅行業安排之行程旅遊，不得擅自脫團。但因緊急事故或符合交通部觀光局所定事由、離團天數及人數等條件需離團者，須向隨團導遊人員陳述原因，填妥拜訪人姓名、單位、地址、歸團時間等資料申報書，由導遊人員向交通部觀光局通報。

違反前項規定者，治安機關得依法逕行強制出境。

符合第三條第三款或第四款規定之大陸地區人民來台從事觀光活動不受前二項限制。

第 二十 條　　交通部觀光局接獲大陸地區人民擅自脫團之通報者，應即聯繫目的事業主管機關及治安機關，並告知接待之旅行業或導遊轉知其同團成員，接受治安機關實施必要之清查詢問，並應協助處理該團之後續行程及活動。必要時，得依相關機關會商結果，由主管機關廢止同團成員之入境許可。

第二十一條　　旅行業辦理接待大陸地區人民來台從事觀光活動業務，應指派或僱用領取有導遊執業證之人員執行導遊業務。

　　　　　　　前項導遊人員應經考試主管機關或其委託之有關機關考試及訓練合格，領取導遊執業證者為限。

　　　　　　　於九十二年七月一日前已經交通部觀光局或其委託之有關機關測驗及訓練合格，領取導遊執業證者，得執行接待大陸地區旅客業務。但於九十年三月二十二日導遊人員管理規則修正發布前，已測驗訓練合格之導遊人員，未參加交通部觀光局或其委託團體舉辦之接待或引導大陸地區旅客訓練結業者，不得執行接待大陸地區旅客業務。

第二十二條　　旅行業及導遊人員辦理接待符合第三條第一款或第二款規定經許可來台從事觀光活動業務，或辦理接待經許可自國外轉來台灣地區觀光之大陸地區人民業務，應遵守下列規定：

　　　　　　　一、於團體入境前一日十五時前將團體入境資料（含旅客名單、行程表、入境航班、責任保險單、派遣之導遊人員等）傳送交通部觀光局。

　　　　　　　二、於團體入境後二個小時內填具接待報告表，其

內容包含入境團員名單、接待大陸地區旅客車輛、隨團導遊人員及原申請書異動項目等資料，傳送或持送交通部觀光局，並由導遊人員隨身攜帶接待報告表影本一份。

三、每一團體應派遣至少一名導遊人員。如有急迫需要須於旅遊途中更換導遊人員，旅行業應立即通報。

四、行程變更時，應立即通報。

五、發現團體團員有違法、違規、逾期停留、違規脫團、行方不明、提前出境、從事與許可目的不符之活動或違常等情事時，應立即通報舉發，並協助調查處理。

六、因緊急事故或有符合交通部觀光局所定事由、離團天數及人數等條件需離團者，應立即通報。

七、發生緊急事故、治安案件或旅遊糾紛，除應就近通報警察、消防、醫療等機關處理，應立即通報。

八、於團體出境二個小時內，應通報出境人數及未出境人員名單。

旅行業及導遊人員辦理接待符合第三條第三款或第四款規定之大陸地區人民來台從事觀光活動業務，應遵守下列規定：

一、應依前項第一款、第五款、第七款規定辦理。但接待之大陸地區人民非以組團方式來台者，其旅客入境資料得免除行程表、接待車輛、隨團導遊人員等資料。

二、發現大陸地區人民有逾期停留之情事時，應立即通報舉發，並協助調查處理。

前二項通報事項，由交通部觀光局受理之。旅行業或導遊人員應詳實填報並於通報後，以電話確認。

第二十三條　主管機關或交通部觀光局對於旅行業辦理大陸地區人民來台從事觀光活動業務，得視需要會同各相關機關實施檢查或訪查。

旅行業對前項檢查或訪查，應提供必要之協助，不得拒絕或妨礙。

第二十四條　旅行業辦理大陸地區人民來台從事觀光活動業務，有大陸地區人民逾期停留且行方不明者，每一人扣繳第十一條保證金新台幣二十萬元，每團次最多扣至新台幣二百萬元；逾期停留且行方不明情節重大，致損害國家利益者，並由交通部觀光局依發展觀光條例相關規定廢止其營業執照。

前項保證金扣繳，旅行業全聯會代為扣除用於支付收容、強制出境等費用後，將淨額連同利息送交通部觀光局轉繳國庫，並通知旅行業自收受通知之日起十五日內補足保證金，逾期未補足者，停止受理該旅行業代申請大陸地區人民來台從事觀光活動業務。

旅行業經向交通部觀光局報備停止辦理大陸地區人民來台從事觀光活動業務，其依第十一條第一項所繳保證金，旅行業全聯會應扣除第一項被扣繳之保證金後返還。

第二十五條　旅行業違反第五條、第十三條第一項、第二項、第十五條、第十八條第一項、第二十二條、第二十三條第

二項規定者，每違規一次，由交通部觀光局記點一點，按季計算，累計四點者交通部觀光局停止其辦理大陸地區人民來台從事觀光活動業務一個月，累計五點者停止其辦理大陸地區人民來台從事觀光活動業務三個月，累計六點者停止其辦理大陸地區人民來台從事觀光活動業務六個月，累計七點以上者停止其辦理大陸地區人民來台從事觀光活動業務一年。

導遊人員違反第十九條第一項、第二十二條第一項第一款、第二款、第四款至第八款、第二項或第三項規定者，交通部觀光局得視情節輕重停止其執行接待大陸地區人民來台觀光團體業務一個月至一年。

旅行業及導遊人員違反發展觀光條例或旅行業管理規則或導遊人員管理規則等法令規定者，應由交通部觀光局依相關法律處罰。

第二十六條　　依第十條、第十一條規定經交通部觀光局核准接待大陸地區人民來台從事觀光活動之旅行業不得包庇未經核准或被停止辦理接待業務之旅行業經營大陸地區人民來台觀光業務。未經交通部觀光局核准接待或被停止辦理接待大陸地區人民來台觀光之旅行業亦不得經營大陸地區人民來台觀光業務。

違反前項規定者，包庇之旅行業，停止其辦理接待大陸地區人民來台觀光團體業務一年。未經核准經營或被停止辦理接待業務之旅行業依發展觀光條例相關規定處罰。

第二十七條　　接待大陸地區人民來台觀光之導遊人員不得包庇未具第二十一條接待資格者執行接待大陸地區人民來台觀

光團體業務。

　　　　　　違反前項規定者，停止其執行接待大陸地區人民來台觀光團體業務一年。

第二十八條　　旅行業全聯會應就旅行業辦理大陸地區人民來台從事觀光活動業務之旅遊團品質、購物規範、旅遊糾紛調處、簽訂合同及協助身分查核等自律事項，訂定旅行業自律公約，報請交通部觀光局核定。

　　　　　　旅行業辦理大陸地區人民來台從事觀光活動業務，未簽署前項自律公約者，旅行業全聯會得不予核發接待數額。

　　　　　　旅行業辦理大陸地區人民來台從事觀光活動業務，違反第一項自律公約者，旅行業全聯會得依情節不予核發接待數額一個月至六個月。

第二十九條　　有關旅行業辦理大陸地區人民來台從事觀光活動業務應行注意事項及作業流程，由交通部觀光局定之。

第　三十　條　　第三條規定之實施範圍及其實施方式，得由主管機關視情況調整。

第三十一條　　本辦法施行日期，由主管機關定之。

各類所得扣繳率標準

中華民國 62 年 10 月 31 日行政院（62）台財字第 10591 號函核定
中華民國 63 年 12 月 30 日行政院（63）台財字第 9600 號函核定修正
中華民國 64 年 12 月 30 日行政院（64）台財字第 9757 號令修正發布；並自 65 年 1 月 1 日起施行
中華民國 66 年 1 月 30 日行政院（66）台財字第 0735 號函修正發布；並自 66 年 1 月 1 日起施行
中華民國 68 年 1 月 19 日行政院（69）台財字第 15161 號令修正布；並自 68 年 1 月 21 日起施行
中華民國 69 年 12 月 31 日行政院令修正發布；並自 70 年 1 月 1 日起施行
中華民國 70 年 4 月 3 日行政院（70）台財字第 4243 號令修正發布
中華民國 71 年 10 月 21 日行政院（71）台財字第 17758 號令修正發布名稱及全文 8 條（原名稱：各類所得扣繳率表）
中華民國 72 年 4 月 12 日行政院（72）台財字第 6331 號令修正發布
中華民國 73 年 9 月 27 日行政院（73）台財字第 15759 號令修正發布
中華民國 74 年 2 月 5 日行政院（74）台財字第 2367 號令修正發布
中華民國 77 年 5 月 27 日行政院（77）台財字第 13851 號令修正發布第 3 條條文
中華民國 78 年 3 月 31 日行政院（78）台財字第 8001 號令修正發布第 2、6、8 條條文
中華民國 80 年 4 月 15 日行政院（80）台財字第 11221 號令修正發布第 2、6 條條文
中華民國 83 年 3 月 14 日行政院（83）台財字第 09404 號令修正發布第 2、3、8 條條文
中華民國 87 年 4 月 8 日行政院（87）台財字第 14685 號令修正發布第 2、8 條條文
中華民國 88 年 1 月 29 日行政院（88）台財字第 04181 號令修正發布第 2、3、7 條條文
中華民國 91 年 9 月 25 日行政院院台財字第 0910043470 號令修正發布全文 12 條；並自發布日施行
中華民國 93 年 2 月 28 日院台財字第 0930001721B 號令修正發布
中華民國 93 年 7 月 21 日行政院院台財字第 0930032446 號令修正發布第 2、3、11 條條文

第　一　條　　本標準依所得稅法（以下簡稱本法）第三條之二第
　　　　　　　　四項、第三條之四第三項與第八十八條第二項及台灣地
　　　　　　　　區與大陸地區人民關係條例（以下簡稱本條例）第二十
　　　　　　　　五條第六項規定訂定之。

第　二　條　　納稅義務人如為中華民國境內居住之個人，或在中華
　　　　　　　　民國境內有固定營業場所之營利事業，按下列規定扣繳：

　　　　　　　　一、薪資按下列二種方式擇一扣繳，由納稅義務人
　　　　　　　　　　自行選定適用之：

　　　　　　　　　　(一) 凡公、教、軍、警人員及公、私事業或團體
　　　　　　　　　　　　按月給付職工之薪資，依薪資所得扣繳辦法
　　　　　　　　　　　　之規定扣繳之。碼頭車站搬運工及營建業等
　　　　　　　　　　　　按日計算並按日給付之臨時工，其工資免予
　　　　　　　　　　　　扣繳，仍應依本法第八十九條第三項之規
　　　　　　　　　　　　定，由扣繳義務人列單申報該管稽徵機關。

　　　　　　　　　　(二) 按全月給付總額扣取百分之十。

　　　　　　　　二、佣金按給付額扣取百分之十。

　　　　　　　　三、利息按下列規定扣繳：

　　　　　　　　　　(一) 短期票券之利息按給付額扣取百分之二十。

　　　　　　　　　　(二) 軍、公、教退休（伍）金優惠存款之利息免
　　　　　　　　　　　　予扣繳，但應準用本法第八十九條第三項之
　　　　　　　　　　　　規定，由扣繳義務人列單申報該管稽徵機關。

　　　　　　　　　　(三) 依金融資產證券化條例及不動產證券化條例
　　　　　　　　　　　　規定發行之受益證券或資產基礎證券分配之
　　　　　　　　　　　　利息，按分配額扣取百分之六。

　　　　　　　　　　(四) 其餘各種利息，一律按給付額扣取百分之十。

　　　　　　　　四、納稅義務人及與其合併申報綜合所得稅之配偶

與受其扶養之親屬有下列所得者，得依儲蓄免扣證實施辦法規定領用免扣證，持交扣繳義務人於給付時登記，累計不超過新台幣二十七萬元部分，免予扣繳：

(一) 除郵政存簿儲金、短期票券及依金融資產證券化條例、不動產證券化條例規定發行之受益證券或資產基礎證券以外之金融機構存款之利息。

(二) 公債、公司債、金融債券之利息。

(三) 儲蓄性質信託資金之收益。

五、租金按給付額扣取百分之十。

六、權利金按給付額扣取百分之十五。

七、競技競賽機會中獎獎金或給與按給付全額扣取百分之十五。但政府舉辦之獎券中獎獎金，每聯（組、注）獎額不超過新台幣二千元者，免予扣繳。每聯獎額超過新台幣二千元者，應按給付全額扣取百分之二十。

八、執行業務者之報酬按給付額扣取百分之十。

九、退職所得按給付額減除定額免稅後之餘額扣取百分之六。

本條例第二十五條第二項規定於一課稅年度內在台灣地區居留、停留合計滿一百八十三天之大陸地區人民及同條第三項規定在台灣地區有固定營業場所之大陸地區法人、團體或其他機構，取得屬前項各款之台灣地區來源所得，適用前項規定扣繳。

第 三 條　　納稅義務人如為非中華民國境內居住之個人，或在

中華民國境內無固定營業場所之營利事業，按下列規定扣繳：

一、非中華民國境內居住之個人，如有公司分配之股利，合作社所分配之盈餘，合夥組織營利事業合夥人每年應分配之盈餘，獨資組織營利事業資本主每年所得之盈餘，按給付額、應分配額或所得數扣取百分之三十；在中華民國境內無固定營業場所之營利事業，如有公司分配之股利，按給付額扣取百分之二十五。但依華僑回國投資條例或外國人投資條例申請投資經核准者，自投資事業所取得或應分配之盈餘，其應納之所得稅，由扣繳義務人於給付時，按給付額或應分配額扣繳百分之二十。

二、薪資按給付額扣取百分之二十。但政府派駐國外工作人員所領政府發給之薪資按全月給付總額超過新台幣三萬元部分，扣取百分之五。

三、佣金按給付額扣取百分之二十。

四、利息按給付額扣取百分之二十。但依金融資產證券化條例及不動產證券化條例規定發行之受益證券或資產基礎證券分配之利息，按分配額扣取百分之六。

五、租金按給付額扣取百分之二十。

六、權利金按給付額扣取百分之二十。

七、競技競賽機會中獎獎金或給與按給付全額扣取百分之二十。但政府舉辦之獎券中獎獎金，每聯（組、注）獎額不超過新台幣二千元者得免

　　　　予扣繳。

八、執行業務者之報酬按給付額扣取百分之二十。
　　但個人稿費、版稅、樂譜、作曲、編劇、漫畫、
　　講演之鐘點費之收入，每次給付額不超過新台
　　幣五千元者，得免予扣繳。

九、在中華民國境內無固定營業場所及營業代理人
　　之營利事業，有前八款所列各類所得以外之所
　　得，按給付額扣取百分之二十。

十、退職所得按給付額減除定額免稅後之餘額扣取
　　百分之二十。

　　本條例第二十五條第四項規定於一課稅年度內在台
灣地區居留、停留合計未滿一百八十三天之大陸地區人
民與同條第三項及第四項規定在台灣地區無固定營業場
所之大陸地區法人、團體或其他機構，取得屬前項第二
款至第十款之台灣地區來源所得，適用前項各該款規定
扣繳。

第　四　條　　本法第三條之二第一項至第三項規定之受益人，如
　　　　　　　為在中華民國境內無固定營業場所及營業代理人之營利
　　　　　　　事業，或為本條例第二十五條第四項規定在台灣地區無
　　　　　　　固定營業場所及營業代理人之大陸地區法人、團體或其
　　　　　　　他機構，應於信託成立、變更或追加時，由委託人按該
　　　　　　　受益人享有信託利益之權利價值或權利價值增加部分扣
　　　　　　　取百分之二十。

　　　　　　　　前項受益人如為非中華民國境內居住之個人，或為
　　　　　　　本條例第二十五條第四項規定於一課稅年度內在台灣地
　　　　　　　區居留、停留合計未滿一百八十三天之大陸地區人民，

應於信託成立、變更或追加年度，就其享有信託利益之權利價值或權利價值增加部分，按百分之二十扣繳率申報納稅。

第　五　條　　本法第三條之二第四項規定之受益人不特定或尚未存在者，受託人於信託成立、變更或追加年度，應就該受益人享有信託利益之權利價值或權利價值增加部分，按百分之二十扣繳率申報納稅。

第　六　條　　本法第三條之四第三項規定之受益人不特定或尚未存在者，其依規定計算之所得，按百分之二十扣繳率申報納稅。

第　七　條　　總機構在中華民國境外之營利事業，依本法第二十五條規定，經財政部核准或核定，其所得額按中華民國境內之營業收入百分之十或百分之十五計算，其應納營利事業所得稅依同法第九十八條之一第二款及第三款規定應由營業代理人或給付人扣繳者，按其在中華民國境內之營利事業所得額扣取百分之二十五。

第　八　條　　本法第二十六條規定，在中華民國境內無分支機構之國外影片事業，按其在中華民國境內之營利事業所得額扣取百分之二十。

第　九　條　　在中華民國境內無固定營業場所及營業代理人之營利事業，如有財產交易所得，應按所得額百分之二十五扣繳率申報納稅。非中華民國境內居住之個人，如有財產交易所得或自力耕作、漁、牧、林礦所得，應按所得額百分之三十五扣繳率申報納稅；如有其他所得，應按所得額百分之二十扣繳率申報納稅。

本條例第二十五條第四項規定在台灣地區無固定營

　　　　　　　業場所及營業代理人之大陸地區法人、團體或其他機構，如有財產交易所得，及同項規定於一課稅年度內在台灣地區居留、停留合計未滿一百八十三天之大陸地區人民，如有財產交易所得、自力耕作、漁、牧、林礦所得或其他所得，適用前項規定申報納稅。

第　十　條　　國際金融業務分行對中華民國境內之個人、法人、政府機關或金融機構授信之收入，應按授信收入總額百分之十五扣繳率申報納稅。

第 十一 條　　中華民國境內居住之個人如有第二條規定之所得，扣繳義務人每次應扣繳稅額不超過新台幣二千元者，免予扣繳。但短期票券之利息、依金融資產證券化條例、不動產證券化條例規定發行之受益證券或資產基礎證券分配之利息及政府舉辦之獎券中獎獎金，仍應依規定扣繳。

　　　　　　　本條例第二十五條第二項規定於一課稅年度內在台灣地區居留、停留合計滿一百八十三天之大陸地區人民，如有第二條規定之所得，適用前項規定扣繳。

　　　　　　　扣繳義務人對同一納稅義務人全年給付前二項所得不超過新台幣一千元者，得免依本法第八十九條第三項規定，列單申報該管稽徵機關。

第 十二 條　　本標準自發布日施行。

境外航運中心設置作業辦法

民國 84 年 5 月 5 日交通部（84）交航發字第 84172 號令訂定發布
民國 86 年 10 月 21 日交通部（86）交航發字第 8677 號令修正發布第 6 條、第 8 條條文
民國 87 年 8 月 24 日交通部（87）交航發字第 8738 號令修正發布第 8 條條文
民國 90 年 8 月 3 日交通部（90）交路發字第 00054 號令修正發布第 2 條、第 12 條條文
民國 90 年 11 月 5 日交通部（90）交航發字第 00071 號令修正發布第 2 條條文
民國 93 年 2 月 28 日交航發字第 093B00001 號令修正發布第一條條文
民國 93 年 12 月 15 日交通部交航發字第 093B000115 號令修正發布第 2、5-8 條條文

第　一　條　　本辦法依台灣地區與大陸地區人民關係條例第三十條第三項規定訂定之。

第　二　條　　本辦法所稱境外航運中心，係指經指定得從事大陸地區輸往第三地或第三地輸往大陸地區貨物之運送或轉運及相關之加工、重整及倉儲作業之台灣地區國際商港及其相關範圍。

　　　　　　前項境外航運中心之貨物，得以保稅方式運送至自由貿易港區、加工出口區、科學工業園區、保稅工廠、自用保稅倉庫、經海關核准從事重整業務之保稅倉庫及物流中心進行相關作業後全數出口。

　　　　　　第一項運送或轉運及前項相關作業後之貨物，得經由海運轉海運、海運轉空運或空運轉海運轉運出口，與大陸地區之運輸以海運為限。

第 三 條　　境外航運中心由交通部會商有關機關在台灣地發國
　　　　　　際商港相關範圍內指定適當地點設置之。

第 四 條　　境外航運中心與大陸地區港口間之航線為特別航線。

第 五 條　　直接航行於經指定之境外航運中心與大陸地區港口
　　　　　　間、境外航運中心間之船舶，以下列外國船舶為限：
　　　　　　一、外國船舶運送業所營運之外國船舶。
　　　　　　二、中華民國船舶運送業所營運之外國船舶。
　　　　　　三、大陸船舶運送業所營運之外國船舶。

第 六 條　　外國船舶運送或轉運大陸地區輸往第三地或第三地
　　　　　　輸往大陸地區之貨物，經當地航政機關核准者，得直接
　　　　　　航行於經指定之境外航運中心與大陸地區港口間、境外
　　　　　　航運中心間。

第 七 條　　中華民國船舶運送業或在台灣地區設有分公司之外
　　　　　　國船舶運送業，經營境外航運中心業務，應具備申請書、
　　　　　　營運計畫書、船舶一覽表、船期表及其他有關文書，向
　　　　　　當地航政機關申請航線及業務許可後，始得營運。
　　　　　　　　在台灣地區未設有分公司之外國船舶運送業或大陸
　　　　　　船舶運送業應委託中華民國船務代理業，依前項規定申
　　　　　　請航線及業務許可後，始得營運。
　　　　　　　　前二項業者之航線及業務許可期間以二年為限，並
　　　　　　應於屆期前一個月提出申請；變更時亦同。
　　　　　　　　航政機關於必要時，得通知經營境外航運中心業務
　　　　　　之業者，提供其裝卸營運量及其他有關文件，供參考或
　　　　　　查核。

第 八 條　　經許可直接航行於境外航運中心與大陸地區港口間
　　　　　　之外國船舶，不得載運台灣地區以大陸地區為目的地或

大陸地區以台灣地區為目的地之貨物。

第　九　條　　大陸地區輸往第三地或第三地輸往大陸地區之武器及彈藥，不得在境外航運中心進行轉運。

第　十　條　　港區各相關機關對於在境外航運中心進行作業之貨物，應注意防止走私及危害治安之情事發生。

第 十一 條　　為順利推動及執行境外航運中心業務，境外航運中心各項作業措施，由各相關業務執行機關擬訂，分報請其主管機關後實施。

第 十二 條　　未依本辦法規定而直接航行於境外航運中心與大陸地區港口間之船舶，除由當地航政機關廢止其許可外，依台灣地區與大陸地區人民關係條例第三十條及第八十五條處理。

第 十三 條　　本辦法自發布日施行。

大陸地區物品勞務服務在台灣地區從事廣告活動管理辦法

民國 92 年 12 月 31 日行政院大陸委員會陸法字第 0920024854-1 號令發布，自 92 年 12 月 31 日施行

第 一 條　本辦法依台灣地區與大陸地區人民關係條例（以下簡稱本條例）第三十四條第四項規定訂定之。

第 二 條　台灣地區、外國、香港、澳門或大陸地區之人（居）民、法人、團體或其他機構，就大陸地區物品、勞務、服務或其他事項，符合本條例第三十四條第一項規定，且其他有關法令無禁止從事廣告活動者，得在台灣地區從事廣告之播映、刊登或其他促銷推廣活動（以下簡稱廣告活動）。但依其他法令規定，應先申請目的事業主管機關核准者，從其規定辦理。

相關目的事業主管機關對於廣告，訂有相關法令規定者，大陸地區物品、勞務、服務或其他事項之廣告活動，亦應依其規定辦理。

第 三 條　廣告活動，依其他法令規定，有下列應遵循之事項者，從其規定辦理：

一、應標示警語。

二、廣告物限制設置地點或方式者。

三、廣告活動限制或指定播映時間者。

四、廣告活動應保存委託刊播者之姓名或名稱、住

　　　　　　　　　　所、電話、國民身分證或事業登記證字號等資
　　　　　　　　　　料者。

　　　　　　　　五、其他依法令應遵循之事項。

第　四　條　　廣告活動應以正體字為之。但為大陸地區物品、勞
　　　　　　　務、服務或其他事項本身原有之簡體字文字或標示者，
　　　　　　　不在此限。

第　五　條　　下列事項得在台灣地區從事廣告活動：

　　　　　　　一、依台灣地區與大陸地區貿易許可辦法，准許輸
　　　　　　　　　入之大陸地區物品。

　　　　　　　二、依大陸地區出版品電影片錄影節目廣播電視節
　　　　　　　　　目進入台灣地區或在台灣地區發行銷售製作播
　　　　　　　　　映展覽觀摩許可辦法，取得許可之大陸地區出
　　　　　　　　　版品、電影片、錄影節目或廣播電視節目。

　　　　　　　三、台灣地區旅行業辦理赴大陸地區旅遊活動之
　　　　　　　　　業務。

　　　　　　　四、其他依本條例許可之事項。

第　六　條　　下列事項，不得在台灣地區從事廣告活動：

　　　　　　　一、招攬台灣地區人民、法人、團體或其他機構於
　　　　　　　　　大陸地區投資。

　　　　　　　二、不動產開發及交易。

　　　　　　　三、婚姻媒合。

　　　　　　　四、專門職業服務，依法令有限制廣告活動者。

　　　　　　　五、未經許可之大陸地區物品、勞務、服務或其他
　　　　　　　　　事項；已許可嗣後經撤銷或廢止許可者，亦同。

　　　　　　　六、依其他法令規定，不得從事廣告活動者。

第　七　條　　廣告活動內容，不得有下列情形：

　　　　　　　一、為中共從事具有任何政治性目的之宣傳。

　　　　　　　二、違背現行大陸政策或政府法令。

　　　　　　　三、妨害公共秩序或善良風俗。

第　八　條　　廣告活動內容，有凸顯中共標誌、標語、旗幟、圖像或其他政治性標示者，為本條例第三十四條第二項第一款所稱為中共從事具有任何政治性目的之宣傳。但依其性質，該標示為物品、勞務、服務或其他事項之成分、商標或其他不可分割之內容，且非刻意凸顯者，不在此限。

第　九　條　　廣告活動或其內容，由各目的事業主管機關認定處理；違反本辦法規定從事廣告活動者之認定處理，亦同。

第　十　條　　前條情形，各目的事業主管機關認定處理如有疑義，得由行政院大陸委員會邀集相關機關，並視個案性質邀請熟諳法律、廣告、行銷或大陸事務之學者、專家，共同組成審議委員會審議決定。

第十一條　　各目的事業主管機關基於調查事實及證據之必要，得要求廣告活動之委託人、受託人或製作人等，提供經許可進入台灣地區之大陸地區物品、勞務、服務或其他事項之許可文件、文書、資料及其廣告物。

　　　　　　　前項委託人為台灣地區人民、法人、團體或其他機構於境外設立之子公司或其他法人、機構者，各目的事業主管機關得要求該台灣地區人民、法人、團體或其他機構提供相關許可文件、文書、資料及其廣告物。

第十二條　　有下列情形之一者，依本條例第八十九條規定處理：

　　　　　　　一、委託、受託或自行於台灣地區從事本條例第三十四條第一項以外大陸地區物品、勞務、服務

　　　　或其他事項之廣告播映、刊登或其他促銷推廣
　　　　活動。

二、廣告活動內容違反本條例第三十四條第二項
　　規定。

三、廣告活動違反本辦法之強制或禁止規定。

　　前項廣告，不問屬於何人所有或持有，得由目的事
業主管機關依本條例第八十九條第二項規定沒入之。

第 十三 條　　本辦法自中華民國九十二年十二月三十一日施行。

台灣地區與大陸地區貿易許可辦法

民國 82 年 4 月 26 日經濟部（82）經貿字第 083651 號令訂定發布全文 15 條
民國 83 年 7 月 4 日經濟部（83）經貿字第 018664 號令修正發布第 7 條、第 9 條、第 10 條及第 12 條條文
民國 84 年 5 月 5 日經濟部（84）經貿字第 84014016 號令修正發布第 7 條及第 9 條條文
民國 85 年 10 月 2 日經濟部（85）經貿字第 85027019 號令修正發布第 7 條、第 8 條、第 9 條、第 10 條、第 11 條及第 12 條條文
民國 90 年 3 月 14 日經濟部（90）經貿字第 09000032290 號令修正發布全文 13 條；並自公告日起施行
民國 90 年 9 月 12 日經濟部（90）經貿字第 09000215040 號令修正發布
民國 90 年 10 月 31 日經濟部（90）經貿字第 09000255210 號令修正發布第 7 條條文
民國 90 年 11 月 8 日經濟部（90）經貿字第 09004624060 號令修正發布第 5 條條文
民國 91 年 2 月 13 日經濟部（91）經貿字第 09104604110 號令修正發布第 5 條、第 8 條及第 12 條條文
民國 92 年 4 月 16 日經濟部（92）經貿字第 09200528980 號令修正發布第 7 條及第 11 條條文
民國 92 年 8 月 26 日經授貿字第 09220022130 號令修正發布第 11 條條文

第 一 條　本辦法依台灣地區與大陸地區人民關係條例第三十五條第三項規定訂定之。

第 二 條　台灣地區人民、法人、團體或其他機構從事台灣地區與大陸地區間貿易，依本辦法之規定；本辦法未規定者，適用其他有關法令之規定。

第 三 條　本辦法之主管機關為經濟部，其業務由經濟部國際貿易局（以下簡稱貿易局）辦理之。

第　四　條　　台灣地區與大陸地區貿易，指兩地區間物品之輸出
　　　　　　　入行為及有關事項。

　　　　　　　　前項物品，包括附屬其上之商標專用權、專利權、
　　　　　　　著作權及其他已立法保護之智慧財產權。

　　　　　　　　從事第一項之貿易行為，應依本辦法及有關法令取
　　　　　　　得許可或免辦許可之規定辦理。

第　五　條　　台灣地區與大陸地區貿易，得以直接方式為之；其
　　　　　　　買方或賣方，得為大陸地區業者。但其物品之運輸，應
　　　　　　　經由第三地區或境外航運中心為之。

第　六　條　　主管機關為管理台灣地區與大陸地區貿易，得建立
　　　　　　　相關之貿易監測系統。

第　七　條　　大陸地區物品，除下列各款規定外，不得輸入台灣
　　　　　　　地區：

　　　　　　　一、主管機關公告准許輸入項目及其條件之物品。

　　　　　　　二、古物、宗教文物、民族藝術品、民俗文物、藝
　　　　　　　　　術品、文化資產維修材料及文教活動所需之少
　　　　　　　　　量物品。

　　　　　　　三、自用之研究或開發用樣品。

　　　　　　　四、依大陸地區產業技術引進許可辦法規定准許輸
　　　　　　　　　入之物品。

　　　　　　　五、供學校、研究機構及動物園用之動物。

　　　　　　　六、保稅工廠輸入供加工外銷之原物料與零組件，
　　　　　　　　　及供重整後全數外銷之物品。

　　　　　　　七、加工出口區及科學工業園區廠商輸入供加工外
　　　　　　　　　銷之原物料與零組件，及供重整後全數外銷之
　　　　　　　　　物品。

八、醫療用中藥材。

九、行政院新聞局許可之出版品、電影片、錄影節目及廣播電視節目。

十、財政部核定並經海關公告准許入境旅客攜帶入境之物品。

十一、船員及航空器服務人員依規定攜帶入境之物品。

十二、兩岸海上漁事糾紛和解賠償之漁獲物。

十三、其他經主管機關專案核准之物品。

前項第二款、第三款、第六款及第十三款物品之輸入條件，由貿易局公告之；第七款物品之輸入條件，由加工出口區管理處或科學工業園區管理局（以下簡稱管理處（局））公告之。

第一項第九款物品以郵遞方式輸入者，及第十款至第十二款物品之輸入，不受第五條之限制。

第一項第一款以外之大陸地區物品，屬關稅配額項目之農漁畜產品者，不得利用台灣地區通商口岸報運銷售至第三地區。但有下列情形之一者，不在此限：

一、經由海運或空運轉口者（不含海空聯運及空海聯運）。

二、經由境外航運中心轉運者。

違反前項規定之物品，應退運原發貨地。

第 八 條　主管機關依前條第一項第一款公告准許輸入之大陸地區物品項目，以符合下列條件者為限：

一、不危害國家安全。

二、對相關產業無重大不良影響。

　　　　因情事變更或政策需要，前條第一項第一款之物品項目，經相關貨品主管機關認定有未符前項各款規定之一者，得由主管機關報請行政院核定後停止輸入。

　　　　相關貨品主管機關應定期檢討開放輸入大陸地區物品項目，出進口廠商、工商團體或其他相關機關（構）亦得建議開放；其程序，由主管機關公告之。

第　九　條　　輸入第七條第一項第一款至第七款、第十二款及第十三款之物品，應向貿易局申請許可。但下列情形，不在此限：

　　　　一、經主管機關另予公告免辦簽證之項目。

　　　　二、加工出口區或科學工業園區之廠商輸入第七條第一項第一款須簽證物品、第三款、第四款、第七款及第十三款之物品。

　　　　加工出口區或科學工業園區之廠商輸入前項第二款之物品，應向各該管理處（局）申請。

　　　　輸入第七條第一項第八款至第十一款之物品，應依有關法令，向相關機關（構）申請許可或免辦許可。

第　十　條　　主管機關依第七條第一項第一款規定公告之輸入條件應具備有關同意證明文件者，其同意證明文件之核發，得委任或委託其他有關機關或民間團體辦理。

第十一條　　准許輸入之大陸地區物品，其進口文件上應列明「中國大陸（CHINESE MAINLAND）產製」字樣；其物品本身或內外包裝有明顯對台統戰標誌者，進口人應於通關放行後負責塗銷，其所稱「明顯對台統戰標誌」，係指具有中國台灣、台灣省或其他明顯矮化我方之文字或圖樣。但有下列情形之一者，得免予塗銷：

　　　　　　一、第七條第一項第二款之物品。

　　　　　　二、第七條第一項第九款之物品經行政院新聞局同
　　　　　　　　意者。

　　　　　　三、第七條第一項第十款至第十二款之物品。

第 十二 條　　對大陸地區輸出物品，其出口文件所載之目的地，
　　　　　應列明「中國大陸（CHINESE MAINLAND）」字樣。

　　　　　　前項物品係輸往大陸地區供委託加工或補償貿易
　　　　者，應於輸出相關文件上載明該輸出目的。

　　　　　　前項出口人轉換其行為為投資時，應依在大陸地
　　　　區從事投資或技術合作許可辦法規定，向主管機關申
　　　　請許可。

第 十三 條　　本辦法自發布日施行。

大陸地區產業技術引進許可辦法

民國 82 年 5 月 3 日經濟部經（82）投審 013848 號令公告施行
民國 84 年 11 月 8 日經濟部經（84）投審 84034032 號令修正發布
民國 93 年 2 月 28 日經濟部經審字第 09304602270 號令修正發布

第 一 條　本辦法依台灣地區與大陸地區人民關係條例（以下
　　　　　簡稱本條例）第三十五條第四項規定訂定之。

第 二 條　台灣地區財團法人研究機構、農業、工業、礦業、
　　　　　營造業或技術服務業引進大陸地區產業技術者，依本辦
　　　　　法之規定辦理；本辦法未規定者，適用其他有關法令之
　　　　　規定。

　　　　　　前項所稱技術服務業，以資訊軟體服務業、產品設
　　　　　計業、產品檢測服務業、工程技術顧問業、環境工程業、
　　　　　環境衛生暨污染防治服務業及經其他目的事業主管機關
　　　　　所認可之技術服務業者為限。

第 三 條　本辦法之主管機關為經濟部，執行單位為經濟部投
　　　　　資審議委員會（以下簡稱投審會）。

第 四 條　本辦法所稱引進大陸地區產業技術，指左列各款情
　　　　　事之一：

　　　　　　一、引進大陸地區有關技術。

　　　　　　二、引進大陸地區技術人才來台指導或從事與前款
　　　　　　　　技術引進有關之研究開發事項。

　　　　　　三、引進大陸地區科技研究成果至台灣地區使用。

第 五 條　台灣地區財團法人研究機構、農業、工業、礦業、

　　　　　　營造業或技術服務業，因研究開發或產業發展特殊需要，須引進大陸地區產業技術者，應先經主管機關許可，並以不妨害國家安全及經濟發展為限。

第　六　條　　依本辦法規定引進大陸地區產業技術者，應備具申請書表、技術引進計畫書及相關證件向投審會提出申請。

　　　　　　與國防部簽有生產軍品合約之台灣地區產業者，於前項技術引進計畫書中應載明如何執行安全保密之各項措施。

　　　　　　第一項申請書表，技術引進計畫書之內容與格式及相關文件，由投審會另定之。

第　七　條　　依第四條第二款引進大陸地區技術人才，應符合左列規定：

　　　　　　一、引進人才之資料應於技術引進計畫書中詳列，並應檢附相關證明文件。

　　　　　　二、引進之人才應具有大專畢業學歷，並從事該項技術研究發展或生產連續二年以上之經歷，且為執行該項技術引進計畫所需者。

　　　　　　引進之人才在台灣地區停留期間不得逾一年。但下列情形之一經相關目的事業主管機關同意者，得申請延期，總停留期間不得逾六年：

　　　　　　一、引進技術尚未完成並確能提昇產業技術。

　　　　　　二、引進技術研究發展成果績效良好，繼續延長將產生更大績效。

　　　　　　三、延伸引進技術研究發展計畫，以開創新產業技術。

　　　　　　依前項規定申請延期者，應由原申請者於原許可期

限屆滿前二個月檢附原許可函影本及申請延期理由書，向投審會申請核轉入出境管理機關（以下簡稱境管機關）辦理延期。

第　八　條　　引進之人才在台灣地區停留期間逾半年者，得准許其配偶及未滿十八歲之子女同行來台；停留期間屆滿後，應由原申請者負責其本人及其同行之配偶、子女之出境事宜。

引進之人才及其同行之配偶、子女在台灣地區停留期間，因故須短期出境時，應由原申請者代向境管局申辦入出境手續，並由境管機關核發三個月效期之入出境證；逾期未返台者，如須再行來台，應依本辦法規定重新申請。

第　九　條　　技術引進計畫所需之儀器、設備、原料、零組件或產品雛型經於技術引進計畫書中載明品名、規格及進口數量並經許可者，得依台灣地區與大陸地區貿易許可辦法之規定申請進口。

第　十　條　　經許可引進大陸地區產業技術者，就該技術之引進，僅得支付一定技術報酬金，不得約定在台灣地區作為股本投資。

第　十一　條　　違反本辦法規定者，主管機關得撤銷其許可。

第　十二　條　　本辦法自發布日施行。

台灣地區與大陸地區民用航空運輸業間接聯運許可辦法

民國 84 年 5 月 1 日交通部交航發字第 8414 號令發布
民國 86 年 6 月 1 日交通部交航發字第 8641 號令修正發布
民國 91 年 9 月 24 日交通部交航發字第 091B000112 號令修正發布
民國 93 年 2 月 28 日交航字第 093B000017 號令修正發布

第 一 條　　本辦法依台灣地區與大陸地區人民關係條例第三十五條第四項規定訂定之。

第 二 條　　本辦法主管機關為交通部，其業務由交通部民用航空局辦理之。

第 三 條　　本辦法所稱間接聯運係指國際航空運輸協會多邊聯運協定（MITA）或雙邊聯運協定（BITA）之規定，並按下列間接方式辦理台灣地區與大陸地區民用航空運輸業在大陸地區之旅客、貨物、郵件聯運業務：

　　　　　　一、電腦訂位系統應經第三地連線。

　　　　　　二、透過第三地國際清賬所辦理清帳。

第 四 條　　台灣地區民用航空運輸業依本辦法申請間接聯運者，應檢附參加國際航空運輸協會多邊聯運協定（MITA）或雙邊聯運協定（BITA）證明及其他有關文件一式兩份，向交通部民用航空局申請核轉主管機關許可。

第 五 條　　台灣地區民用航空運輸業經許可與大陸地區民用航空運輸業間接聯運者，相互間得開立聯運機票及貨運提單，並辦理行李運送。

第　六　條　　台灣地區民用航空運輸業經許可與大陸地區民用航
　　　　　　　空運輸業間接聯運者，主管機關如發現其申請事項或檢
　　　　　　　附文件虛偽不實，得撤銷其許可。

第　七　條　　本辦法施行日期由交通部定之。
　　　　　　　本辦法修正條文自發布日施行。

台灣地區與大陸地區金融業務往來許可辦法

民國 82 年 4 月 30 日財政部台財融第 820178343 號令發布
民國 84 年 9 月 4 日財政部台財融第 84730474 號令修正發布第 4 條條文
民國 90 年 6 月 26 日財政部台財融（一）第 90745053 號令修正發布
民國 90 年 11 月 16 日財政部台財融（一）第 0901000257 號令修正發布第 2 條及第 5 條條文
民國 91 年 8 月 2 日財政部台財融（一）第 0911000623 號令修正發布
民國 92 年 8 月 12 日財政部台財融（一）第 0920035946 號令修正發布
民國 93 年 2 月 28 日財政部台財融（一）字第 0931000204 號令修正發布
民國 94 年 3 月 3 日行政院金融監督管理委員會金管銀（一）字第 0940004013 號令修正發布全文 14 條；並自發布日施行
民國 97 年 3 月 14 日行政院金融監督管理委員會金管銀（一）字第 09710000900 號令修正第 4 條、第 11 條之 1、第 13 條之 1

第 一 條　　本辦法依台灣地區與大陸地區人民關係條例（以下簡稱本條例）第三十六條第三項規定訂定之。

第 二 條　　台灣地區銀行海外分支機構、國際金融業務分行、經中央銀行許可辦理外匯業務之銀行（以下簡稱指定銀行）及中華郵政股份有限公司，經主管機關許可，得與外商銀行在大陸地區之分支機構、大陸地區金融機構及其海外分支機構、大陸地區法人、團體、其他機構及其海外分支機構、個人為金融業務往來。

第 三 條　　本辦法所稱主管機關為行政院金融監督管理委員會。

第 四 條　　台灣地區銀行海外分支機構及國際金融業務分行依本辦法規定為金融業務往來，其範圍如下：

一、收受客戶存款。

二、匯出及匯入款業務。

三、出口外匯業務，包括出口押匯、出口託收、出口信用狀通知及保兌業務。

四、進口外匯業務，包括簽發信用狀、匯票承兌、進口結匯及進口託收業務。

五、代理收付款項。

六、授信業務。

七、應收帳款收買。

八、與前七款業務有關之同業往來。

九、經主管機關核准辦理之其他業務。

台灣地區銀行海外分支機構及國際金融業務分行辦理前項第六款之授信業務，應遵守下列規定：

一、客戶限於依本條例第三十五條第一項規定經許可投資者（以下簡稱大陸台商）及第三地區法人在大陸地區之分公司與持有已發行股份總數超過百分之五十之子公司。第三地區法人不包括大陸地區個人、法人、團體及其他機構在海外設立之法人。

二、確實查核授信戶之信用狀況、償債能力，以確保債權。

台灣地區銀行海外分支機構及國際金融業務分行辦理第一項第六款授信業務之總餘額，加計其對第三地區法人辦理授信業務且授信額度或資金轉供大陸台商使用之總餘額，不得逾海外分支機構及國際金融業務分行上年度決算後資產淨額合計數之百分之三十。但短期貿易

融資及國際聯貸之餘額，免予計入。

第　五　條　　指定銀行及中華郵政股份有限公司依本辦法規定經主管機關許可為金融業務往來，其範圍如下，並應依中央銀行有關指定銀行辦理外匯業務等相關規定辦理：

一、外匯存款業務。

二、匯出及匯入款業務。

三、出口外匯業務。

四、進口外匯業務。

五、與前四款業務有關之同業往來。

六、經主管機關核准辦理之其他業務。

前項第二款匯出及匯入款業務，其範圍如下：

一、匯出匯款業務：

(一) 個人接濟或捐贈親友之匯款。

(二) 辦理「大陸出口、台灣押匯」廠商之再匯出款。但其匯出金額不得大於押匯金額。

(三) 自大陸地區進口貨款及對大陸地區出口貨款退回之匯款。

(四) 經核准赴大陸地區設立辦事處之辦公費用匯款。

(五) 大陸地區人民合法繼承或領受台灣地區人民遺產、保險死亡給付、撫卹（慰）金、餘額退伍金及其衍生孳息之匯款。

(六) 廠商向大陸地區子公司借入本金之還本付息。

(七) 定居大陸地區就養榮民就養給付之匯款。

(八) 赴大陸地區從事文教活動、參加國際會議、洽辦商務或參加商展等費用之匯款。

(九) 支付大陸地區出版品、電影片、錄影節目或廣播電視節目等費用之匯款。

(十) 分攤兩岸通信費用之匯款。

(十一) 經目的事業主管機關許可辦理之兩岸直接經貿往來項目之匯款。

(十二) 經目的事業主管機關許可赴海外及大陸地區投資之廠商，其海外及大陸地區之子公司匯回股利、盈餘之再匯出款。但其匯出金額不得大於匯回金額。

(十三) 赴大陸地區觀光旅行之匯款。

(十四) 大陸地區人民及未領有台灣地區居留證、外僑居留證或領有相關居留證有效期限未滿一年之個人在台灣地區所得及未用完資金之匯款。但每筆結購金額不得逾十萬美元。

(十五) 其他經目的事業主管機關洽經行政院大陸委員會許可之匯出款。但每筆結匯金額未達新台幣五十萬元之匯款，不在此限。

二、匯入匯款業務：指定銀行得受理大陸地區之匯入款。但不得受理以直接投資、有價證券投資或其他未經法令許可事項為目的之匯入款。

第 六 條　台灣地區銀行海外分支機構、國際金融業務分行、指定銀行及中華郵政股份有限公司依本辦法規定為金融業務往來，應由總行檢具申請書件，向主管機關申請許可。

前項應檢具之申請書件如下：

一、總機構名稱、所在地及代表人姓名。

二、營業計畫書（含申請業務項目、業務發展規劃

　　　　　　　　　　　　與有關糾紛處理、債權確保及風險控管措施。)

　　　　　　　三、最近一年度總機構經會計師簽證之財務報表
　　　　　　　　　　及最近半年度自有資本與風險性資產之計算
　　　　　　　　　　比率。

　　　　　　　四、最近一季總機構逾期放款、催收款之金額與比
　　　　　　　　　　率及已提列各項損失金額與比率之說明。

　　　　　　　第一項之申請,主管機關於許可前應洽商中央銀
　　　　行,其有事實顯示有礙健全經營業務之虞或未能符合金
　　　　融監理之要求者,得不予許可;已許可者,得廢止之。

第　七　條　　第四條第一項及第五條規定之業務,其使用之幣
　　　　別,以台灣地區及大陸地區貨幣以外之幣別為限。

第　八　條　　依本辦法規定為金融業務往來之台灣地區銀行海外
　　　　分支機構、國際金融業務分行、指定銀行及中華郵政股
　　　　份有限公司,應定期將辦理情形彙報總行轉報主管機關
　　　　及中央銀行備查。

第　九　條　　主管機關為維持國內金融市場穩定之必要,得報請
　　　　行政院核定後,限制或禁止台灣地區銀行依本辦法規定
　　　　所為之金融業務往來。

第　十　條　　台灣地區銀行符合下列各款規定者,得向主管機關
　　　　申請許可在大陸地區設立代表人辦事處:

　　　　　　　一、守法、健全經營,且申請前三年未有重大違規
　　　　　　　　　　情事。

　　　　　　　二、申請前一年度資產與淨值在國內銀行排名前十
　　　　　　　　　　名以內。

　　　　　　　三、最近半年自有資本與風險性資產之比率達百分
　　　　　　　　　　之八以上。

四、具備國際金融業務專業知識及經驗。

五、已在台灣地區以外國家或地區設立分支機構。

主管機關得審酌銀行服務大陸台商客戶之實際需要及台灣地區銀行在大陸地區之分布情形，許可銀行赴大陸特定地區設立代表人辦事處，不受前項第二款規定之限制。

台灣地區金融控股公司及銀行之海外子銀行，符合第一項第一款及第三款規定者，得由金融控股公司、銀行向主管機關申請許可在大陸地區設立代表人辦事處。

第 十一 條　台灣地區銀行為前條第一項或第二項規定之申請，應填具申請書，並檢附下列文件：

一、可行性研究報告。

二、董事會議事錄。

三、最近三年財務報告。

四、最近半年度自有資本與風險性資產比率計算表。

五、其他經主管機關規定之資料或文件。

台灣地區金融控股公司及銀行為前條第三項規定之申請，應填具申請書，並檢附下列文件：

一、可行性研究報告。

二、海外子銀行最近半年度自有資本與風險性資產比率計算表。

三、其他經主管機關規定之資料或文件。

前條之申請，主管機關於有事實顯示有礙健全經營業務之虞或未能符合政府政策之要求者，得不予許可；已許可者，得廢止之。於許可前條第一項或第二項之申請前，應洽商中央銀行。

第十一條之一　　台灣地區金融控股公司或銀行之海外子銀行，符合下列規定者，得由金融控股公司或銀行向主管機關申請由該海外子銀行轉投資大陸地區銀行：

　　一、守法、健全經營，且申請前三年未有重大違規情事。

　　二、最近半年自有資本與風險性資產之比率達百分之八以上。

　　台灣地區金融控股公司或銀行之海外子銀行持有大陸地區銀行股份之總額，不得超過該大陸地區銀行已發行股份總數之百分之二十。

　　台灣地區金融控股公司或銀行為第一項規定之申請，應填具申請書，並檢附下列文件：

　　一、投資目的、計畫：

　　　(一) 被投資銀行股東結構。

　　　(二) 被投資銀行業務範圍、業務之原則及方針、業務發展計畫。

　　　(三) 被投資銀行未來三年財務評估狀況、投資效益可行性分析。

　　二、海外子銀行最近半年度自有資本與風險性資產比率計算表。

　　三、海外子銀行符合當地主管機關對銀行轉投資規定之說明。

　　四、其他經主管機關規定之資料或文件。

　　台灣地區金融控股公司或銀行為第一項規定之申請，主管機關於有事實顯示有礙健全經營業務之虞或未能符合政府政策之要求者，得不予許可；已許可者，得

命金融控股公司或銀行於一定期間內處分其海外子銀行所持有大陸地區銀行之股份。

第 十二 條　　台灣地區銀行在大陸地區設立代表人辦事處，得辦理下列業務：

　　　　　　一、從事金融相關商情之調查。

　　　　　　二、從事金融相關資訊之蒐集。

　　　　　　三、其他相關聯絡事宜。

第 十三 條　　台灣地區銀行經大陸地區金融主管機關許可設立代表人辦事處者，應檢具下列相關文件，報經主管機關備查後，始得設立：

　　　　　　一、大陸地區金融主管機關之核准函。

　　　　　　二、預定設立日期及詳細地址。

　　　　　　三、代表人姓名及其學、經歷資格證明文件。

　　　　　　台灣地區銀行擬裁撤大陸地區代表人辦事處，應事先報經主管機關核准。

　　　　　　台灣地區銀行在大陸地區代表人辦事處之代表人或設立地點有變更時，應事先報主管機關備查。

第十三條之一　　台灣地區金融控股公司或銀行之海外子銀行投資大陸地區銀行，經大陸地區金融主管機關許可時，台灣地區金融控股公司或銀行應報主管機關備查。

　　　　　　前項海外子銀行投資之大陸地區銀行有下列情事之一者，台灣地區金融控股公司或銀行應即檢具事由及相關資料向主管機關申報：

　　　　　　一、解散或停止營業。

　　　　　　二、發生重整、清算或破產之情事。

　　　　　　三、重大違規案件或為大陸地區金融監理機關撤銷

　　　　　　　營業許可。

　　四、變更銀行名稱。

　　五、合併或讓與或受讓全部或重要部分之資產或
　　　　營業。

　　六、發生重大虧損。

　　七、其他經主管機關規定應申報之事件。

　　第一項海外子銀行增加或減少對大陸地區銀行之
投資金額，台灣地區金融控股公司或銀行應報主管機關
許可。

第 十四 條　　本辦法自發布日施行。

台灣地區與大陸地區保險業務往來許可辦法

民國 83 年 9 月 30 日財政部台財保第 830485201 號令發布

民國 89 年 3 月 16 日財政部台財保第 0890015650 號令增訂第 9 條之 1 至第 9 條之 3 條條文

民國 89 年 9 月 27 財政部台財保字第 0890751013 號令修正發布第 8 條、第 9 條之 2 條條文

民國 91 年 8 月 2 日財政部台財保字第 0911602386 號令修正發布修正發布全文 23 條

民國 92 年 6 月 20 日財政部台財保字第 0921602172 號令修正發布第 5 條、第 9 條、第 10 條、第 12 條條文；並增訂第 11 之 1 條條文

民國 93 年 2 月 28 日財政部台財保字第 0930750756 號令修正發布第 1 條條文

民國 93 年 4 月 19 日財政部台財保字第 0930750852 號令修正發布第 2 條、第 4 條、第 13 條、第 14 條、第 16 條、第 18 條、第 19 條、第 21 條及第 22 條條文

第　一　條　　本辦法依台灣地區與大陸地區人民關係條例第三十六條第三項規定訂定之。

第　二　條　　本辦法所稱台灣地區保險業在大陸地區分支機構，指台灣地區保險業在大陸地區設立之辦事處、分公司或子公司。

　　　　　　　前項所稱子公司，指台灣地區保險業持有大陸地區保險公司已發行股份總數或實收資本額百分之二十五以上之公司。

　　　　　　　本辦法所稱參股投資，指台灣地區保險業持有大陸地區保險公司已發行股份總數或實收資本額低於百分之

二十五之股權投資。

第　三　條　　本辦法所稱主管機關為財政部。

第　四　條　　台灣地區保險業申請在大陸地區設立分支機構或參股投資，除依本辦法之規定辦理外，其相關投資事項，並應符合台灣地區與大陸地區人民關係條例有關在大陸地區從事投資之規定。

第　五　條　　台灣地區保險業，得與大陸地區保險業與其海外分支機構、台灣地區保險業在大陸地區設立之分公司、子公司及外商保險業在大陸地區之分支機構，為再保險業務往來。

　　　　　　　台灣地區保險業海外分支機構，得與外商保險業在大陸地區之分支機構與大陸地區保險業及其海外分支機構，為再保險業務往來。

第　六　條　　台灣地區保險業海外分支機構，得與在海外之大陸地區人民、法人、團體或其他機構，為簽單保險業務往來。

第　七　條　　台灣地區保險業海外分支機構從事第五條所定之業務者，其分出之再保險業務，不得超過該保險業之自留限額。

第　八　條　　台灣地區保險業海外分支機構從事第六條所定之業務往來者，其保險單之費率規章或生命表之採用，依簽單當地之標準。

第　九　條　　台灣地區保險業辦理第五條第一項之業務，應檢具下列文件，向主管機關申請許可：

　　　　　　　一、業務往來對象之基本資料。

　　　　　　　二、往來業務之內容。

三、風險評估及風險控管計畫。

　　台灣地區保險業海外分支機構辦理第五條第二項及第六條之業務，應由總公司檢具下列文件，向主管機關申請許可：

　　一、海外分支機構之名稱、所在地及負責人之姓名、住所。

　　二、經當地政府核准經營之業務項目。

　　三、海外分支機構之業務及財務狀況說明書。

　　四、業務發展計畫、詳細業務項目及預估未來三年之資產負債表與損益表之營業計畫書。

　　前二項之申請，經主管機關審核認為有礙健全經營業務之虞或未能符合保險政策之要求者，主管機關得不予許可；經許可者，於必要時，得廢止之。

第　十　條　　台灣地區保險業及其海外分支機構，應於每年度結算日起三個月內，將經許可辦理第五條及第六條所定之業務情形，彙報總公司轉報主管機關備查。

第 十一 條　　台灣地區保險業符合下列各款規定者，得向主管機關申請在大陸地區設立辦事處：

　　一、最近三年具有健全業務經營績效及安全財務能力。

　　二、最近三年未受保險法第一百四十九條第二項規定之處分。

第十一條之一　　台灣地區保險代理人、經紀人、公證人公司符合下列各款規定者，得向主管機關申請在大陸地區設立辦事處：

　　一、最近三年具有健全業務經營績效及安全財務

能力。

二、最近三年未受保險法第一百六十七條之二規定
之處分。

第 十二 條　台灣地區保險業及保險代理人、經紀人、公證人公
司在大陸地區設立辦事處，得辦理下列業務：

一、從事保險相關商情之調查。

二、從事保險相關資訊之蒐集。

三、其他相關聯絡事宜。

第 十三 條　台灣地區保險業符合下列各款規定者，得向主管機
關申請在大陸地區設立分公司或子公司：

一、已於大陸地區設立辦事處。

二、實收資本額減除累積虧損之餘額，符合保險法
第一百三十九條最低資本或基金最低額規定，
且具健全業務經營績效及安全財務能力。

三、最近一年自有資本與風險資本之比率，達百分
之二百以上。

四、最近三年無重大違規情事。

台灣地區保險業符合前項第二款至第四款規定者，
得申請在大陸地區參股投資。

前二項之申請，有事實顯示有礙健全經營業務之虞
或未能符合政府政策之要求者，主管機關得不予許可；
經許可者，於必要時，得廢止之。

第 十四 條　台灣地區保險業在大陸地區設立分支機構或參股投
資，應檢具下列文件，報經主管機關許可：

一、申請書。

二、董事會議事錄。

三、最近三年經會計師查核簽證之財務報告。

四、其他經主管機關規定之資料或文件。

前項保險業申請在大陸地區設立分公司或子公司者，應另檢具下列文件：

一、可行性研究報告。

二、載明擬經營之業務範圍、業務之原則與方針、未來發展計畫、未來五年財務預測、內部組織分工、在母公司或總公司之隸屬關係、人員配置及招募培訓計畫等事項之營業計畫書。

三、經營風險評估、效益分析及具體風險控管計畫。

四、未來可能投入資本或出資額及階段分析。

五、內部控制與稽核制度及營運管理與績效考核辦法。

六、預定負責人之資格證明。

第一項保險業申請在大陸地區參股投資者，應另檢具下列文件：

一、可行性研究報告。

二、投資對象及合作計畫書。

三、參股投資比例及金額。

四、風險評估及效益分析。

台灣地區保險業經主管機關許可在大陸地區設立分支機構或參股投資後，於尚未設立或投資前，有下列情形之一時，應再檢具相關資料，報請主管機關許可：

一、變更分支機構所在地或型態。

二、變更投資對象。

三、增加或減少投資比例或金額。

第一項第一款所定申請書之格式，由主管機關定之。

第 十 五 條　擬前往擔任大陸地區分支機構之負責人，應具有相當之專業能力。

第 十 六 條　台灣地區保險業於大陸地區設立分公司、子公司或參股投資，其投資總額與依保險法第一百四十六條之六第一項規定投資保險相關事業及依保險業辦理國外投資範圍及內容準則第三條第一項第三款規定設立或投資國外保險公司、保險代理人公司、保險經紀人公司或其他經主管機關核准之保險相關事業之投資總額，三者併計不得超過該保險業實收資本額減除累積虧損之餘額百分之四十，並應符合經濟部所定在大陸地區從事投資之有關規定。

台灣地區保險業於大陸地區參股投資，其對每一大陸地區保險公司之投資總額不得超過該保險業實收資本額減除累積虧損之餘額百分之十。

台灣地區保險業於大陸地區設立之分公司、子公司或參股投資，其增加營運資金或增資，應報經主管機關許可。

保險業將大陸地區分公司之營運資金、子公司之股本及盈餘、參股投資之收益等資金匯回台灣地區者，得扣抵第一項及第二項所定之投資總額。

第 十 七 條　台灣地區財產保險業於大陸地區設立之分公司，其承保之業務應辦妥再保險安排，且淨自留保費收入不得超過其營運資金之二倍；其對每一危險單位之自留比例，並應受保險法第一百四十七條規定之限制。

第 十 八 條　台灣地區保險業應於大陸地區保險主管機關許可其於大陸地區設立分支機構後一個月內，檢具下列事項相

關文件，報請主管機關備查：

　　一、大陸地區保險主管機關之核准函；已核發營業
　　　　執照者，並應檢附執照影本。

　　二、大陸地區保險主管機關核准經營之業務項目。

　　三、設立日期及詳細地址。

　　四、負責人或代表人之姓名及聯絡方式。

　台灣地區保險業應於大陸地區保險主管機關許可其
參股投資後一個月內，檢具下列事項相關文件，報請主
管機關備查：

　　一、大陸地區保險主管機關之核准函。

　　二、投資金額。

　　三、投資對象。

　　四、投資對象之股權結構。

第 十九 條　　台灣地區保險業於大陸地區設立分支機構者，有下
列情形之一時，應檢具資料再報請主管機關許可：

　　一、分支機構所在地、型態、負責人、營業項目之
　　　　變動或裁撤。

　　二、變更資本或出資額。

　台灣地區保險業於大陸地區之分公司或子公司，有
下列情形之一時，其總公司或母公司應主動檢具事由及
資料，向主管機關申報：

　　一、營業地址變更。

　　二、配合當地保險法令及商業習慣辦理之各項保險
　　　　業務，有不符我國保險法令規定者。

　　三、大陸地區之子公司辦理轉投資或增設分支機構。

　　四、重大營運政策之改變。

五、已發生或可預見之重大虧損案件。

六、解散或停止營業。

七、其他重大事件。

台灣地區保險業於大陸地區參股投資者，有下列情形之一時，應主動檢具事由及資料，向主管機關申報：

一、減少參股投資。

二、所投資之大陸保險公司發生重大虧損或解散、停止營業情事。

三、其他重大事件。

第 二十 條　台灣地區保險業已於大陸地區設立分公司或子公司者，應於每年度結算日起三個月內，檢具下列該分公司或子公司之相關資料，報請主管機關備查：

一、實施內部稽核之報告。

二、經會計師查核簽證之財務報告。

三、營運狀況基本資料。

四、其他主管機關指定之文件。

第二十一條　台灣地區保險業已於大陸地區設立分公司、子公司或參股投資者，其在大陸地區增設分公司、子公司或增加其他參股投資，仍應依本辦法規定辦理。

第二十二條　台灣地區保險業於大陸地區設立分公司、子公司或參股投資，其有關大陸投資及各項財務業務資訊揭露事宜，除應符合人身保險業財務業務報告編製準則或財產保險業財務業務報告編製準則規定外，公開發行股票之保險業並應符合證券交易法第十四條第二項、第三十六條第二項第二款及第三十六條之一有關一般性資訊揭露之規定。

第二十三條　本辦法自發布日施行。

台灣地區與大陸地區證券及期貨業務往來許可辦法

民國 85 年 10 月 24 日財政部（85）台財證（法）字第 59352 號令訂定發布全文 8 條
民國 85 年 9 月 24 日行政院（85）台財字第 32932 號函核定
民國 89 年 9 月 25 日財政部（89）台財證（法）字第 80336 號令修正發布
民國 92 年 1 月 21 日財政部台財證法字第 0920102166 號令修正發布
民國 93 年 2 月 28 日財政部台財證法字第 0930000729 號令修正發布
民國 94 年 2 月 14 日行政院金融監督管理委員會金管證二字第 0940103536 號令修正發布全文 15 條；並自發布日施行

第 一 條　　本辦法依台灣地區與大陸地區人民關係條例第三十六條第三項規定訂定之。

第 二 條　　本辦法所稱主管機關為行政院金融監督管理委員會。

第 三 條　　台灣地區證券、期貨機構及其在台灣地區以外之國家或地區設立之分支機構，除在台灣地區以外之國家或地區持有已發行股份總數超過百分之五十之子公司外，經主管機關許可，得與大陸地區之法人、團體、其他機構，或其在大陸地區以外國家或地區設立之分支機構，為下列各款之業務往來：

　　　　　　一、辦理大陸地區因繼承或遺贈而持有台灣地區公司發行之股票之股務事宜。

　　　　　　二、辦理大陸地區因繼承或遺贈而持有台灣地區公司發行之股票之賣出事宜。

　　　　　　三、辦理證券投資顧問或期貨顧問業務。

四、辦理證券或期貨教育訓練事宜。

第　四　條　　台灣地區證券、期貨機構在台灣地區以外之國家或
地區持有已發行股份總數超過百分之五十之子公司，得
依所屬地法令所許可之證券及期貨業務種類，經主管機
關許可，與大陸地區之法人、團體、其他機構，或其在
大陸地區以外國家或地區設立之分支機構，為證券及期
貨業務往來。

第　五　條　　台灣地區證券、期貨機構及其在台灣地區以外之國
家或地區設立之分支機構，辦理前二條所定之業務，應
由總機構敘明業務往來之種類、對象，並檢具下列書件，
向主管機關申請許可：

　　　　一、該分支機構之名稱、所在地及負責人之姓名、
　　　　　　住所。

　　　　二、該在台灣地區以外分支機構經當地政府核准經
　　　　　　營之業務種類。

　　　　三、該分支機構之業務、財務狀況說明書。

　　　　四、業務發展計畫、詳細業務項目及預估未來三年
　　　　　　之資產負債表與損益表之營業計畫書。

　　　　前項之申請，如經主管機關發現有礙健全經營業務
之虞或未能符合證券及期貨管理之要求者，得不予許
可；其經許可者，於必要時得廢止之，經許可後如發現
其申請事項或檢附之文件有虛偽不實者，亦得撤銷之。

第　六　條　　台灣地區證券商、證券投資信託事業、證券投資顧
問事業、期貨業符合下列各款規定者，得向主管機關申
請許可在大陸地區設立代表人辦事處：

　　　　一、設立滿三年。

二、最近一年無累計虧損。

三、最近半年未受證券交易法第六十六條第二款至
　　第四款，或期貨交易法第一百條第一項第二款
　　至第四款之處分。

前條第二項規定，於前項之申請，準用之。

證券、期貨機構依第一項規定申請許可時，應檢具
下列文件：

一、申請書。

二、工作計畫書。

三、董事會議事錄。

四、最近一年度財務報告。

五、其他經主管機關規定之資料或文件。

第　七　條　　前條之證券、期貨機構，得經主管機關核准，辦理
下列業務：

一、從事證券、期貨業務相關商情之調查。

二、從事證券、期貨相關調查研究及資訊之蒐集。

三、從事工商活動所需之各類管理及諮詢顧問服務。

四、舉辦或參加與證券、期貨業務有關之研討活動。

五、其他經主管機關核准事項或相關聯絡事宜。

第　八　條　　經許可辦理第三條、第四條或前條所定業務之證
券、期貨機構，應由總機構依規定將辦理情形彙報主管
機關備查。

第　九　條　　台灣地區證券商符合下列各款規定者，得向主管機
關申請許可在大陸地區投資證券公司：

一、最近一期經會計師查核簽證或核閱之財務報告
　　淨值高於新台幣七十億元，且該淨值大於實收

　　　　　　資本額。

二、最近三個月未受證券交易法第六十六條第一款
　　之處分。

三、最近半年未受證券交易法第六十六條第二款之
　　處分。

四、最近一年未受證券交易法第六十六條第三款之
　　處分。

五、最近二年未受證券交易法第六十六條第四款之
　　處分。

六、最近一年未經台灣證券交易所股份有限公司、
　　財團法人中華民國證券櫃檯買賣中心或台灣期
　　貨交易所股份有限公司依其章則處以停止或限
　　制買賣之處置。

七、最近三個月自有資本適足比率高於百分之二百。

　　前項之投資總金額，不得超過證券商淨值百分之
十，且與其投資外國事業之金額合計，不得超過淨值百
分之二十。

　　台灣地區證券商依第一項規定持有大陸地區證券公
司股份之總額，不得低於該公司已發行股份總額之百分
之二十五。

　　第五條第二項規定，於第一項之申請，準用之。

第　十　條　　台灣地區證券商依前條第一項規定申請許可時，應
　　　　　　檢具下列文件：

一、申請書。

二、投資計畫書，其內容應載明下列事項：

　　(一) 投資計畫：應含投資目的、預期效益、資金

　　來源、運用計畫、營業計畫、資金回收計畫
　　等項目。

(二) 業務經營之原則：應含公司設置地點、資本
　　額、經營業務、營業項目、業務經營策略等
　　項目。

(三) 組織編制與職掌：應含公司組織圖、部門職
　　掌與分工等項目。

(四) 人員規劃：應含人員編制、人員培訓及人員
　　管理規範等項目。

(五) 場地及設備概況：應含場地佈置、重要設備
　　概況等項目。

(六) 未來三年財務預測：應含開辦費、未來三年
　　財務預估及編表說明等項目。

(七) 風險評估：經營風險評估及具體風險控管
　　計畫。

三、董事會議事錄。

四、最近一期經會計師查核簽證或核閱之財務報告。

五、對投資或再投資持股超過百分之五十之大陸事
　　業應訂定管理規定，其內容應包括下列要項：

(一) 管理範圍。

(二) 管理方向及原則。

(三) 財務、業務及會計作業之管理。

(四) 資產之管理。

(五) 定期應製作之財務報表。

(六) 財務、業務內部定期查核之方式。

(七) 其他：如人事作業之管理、對投資事業之內

部控制稽核作業等。

六、申請日海內外投資事業明細表。

七、合資協議書：持股比例不超過大陸地區證券公司百分之五十時，協議書內容應含大陸合資公司同意定期或不定期提供該合資公司之財務及業務資料，並配合台灣地區證券商派員進行內部稽核或指定會計師進行查核作業等。

八、其他經主管機關規定之資料或文件。

第 十 一 條　台灣地區證券商應於大陸地區證券主管機關許可其於大陸地區投資證券公司後十日內，檢具下列相關文件，報請主管機關備查：

一、大陸地區證券主管機關之核准函；已核發營業執照者，並應檢附執照影本。

二、大陸地區證券主管機關核准經營之業務項目。

三、設立日期、詳細地址、聯絡人姓名及電話。

四、合資契約書。

第 十 二 條　台灣地區證券商於大陸地區投資證券公司者，有下列情形之一時，應檢具資料再報請主管機關許可：

一、大陸地區證券公司營業項目之變更或裁撤。

二、大陸地區證券公司資本額之變更。

三、出資額之變更。

台灣地區證券商於大陸地區投資之證券公司，有下列情形之一時，台灣地區證券商應於知悉或事實發生之日起十日內檢具事由及資料，向主管機關申報：

一、前項各款以外主管機關核准事項之重大變更。

二、資本額變更致原持有其股份比率之變動。

三、重大之轉投資。

四、重大營運政策之改變。

五、已發生或可預見之重大虧損案件。

六、解散或停止營業。

七、其他重大事件。

第 十三 條　台灣地區證券商已於大陸地區投資證券公司者，應依下列規定辦理：

一、每季終了後十五日內提交該證券公司之業務報告（含組織編制及人員配置、業務辦理情形、收支狀況、效益評估等），並定期派員進行內部稽核。業務報告及稽核報告應併年度稽核計畫申報。

二、於每月申報月計表時，應併同檢送該證券公司之營運狀況。

三、申報或提交主管機關指定之其他文件。

第 十四 條　台灣地區證券商申請在大陸地區投資證券公司，除依本辦法之規定辦理外，其相關投資事項，並應符合台灣地區與大陸地區人民關係條例有關在大陸地區從事投資之規定。

第 十五 條　本辦法自發布日施行。

大陸地區出版品、電影片、錄影節目、廣播電視節目進入台灣地區，或在台灣地區發行銷售、製作、播映、展覽觀摩許可辦法

民國 82 年 3 月 3 日行政院新聞局（82）強綜三字第 0365 號令訂定發布全文 20 條

民國 83 年 10 月 21 日日行政院新聞局（83）強綜三字第 18675 號令修正發布第 13 條、第 16 條條文；並增訂第 13-1 至 13-3 條條文

民國 85 年 2 月 7 日行政院新聞局（85）強綜三字第○一六七○號令修正發布全文 22 條

民國 86 年 8 月 7 日行政院新聞局（86）維綜二字第 11215 號令公告發布全文 22 條

民國 88 年 3 月 3 日行政院新聞局（88）建綜二字第 0388 號令修正發布第 2 條條文

民國 88 年 5 月 28 日行政院新聞局（88）建綜二字第 08293 號令修正發布第 2 條、第 7 條、第 9 條、第 13 條、第 18 條、第 21 條條文

民國 89 年 6 月 1 日行政院新聞局（89）琴綜二字第 0851 號令修正發布第 13 條條文

民國 89 年 10 月 24 日行政院新聞局（89）正綜二字第 15916 號令修正發布名稱及第 5 條、第 11 至 15 條、第 17 條、第 19 條、第 21 條條文（原名稱：大陸地區出版品電影片錄影節目廣播電視節目進入台灣地區或在台灣地區發行製作播映許可辦法）

民國 92 年 4 月 8 日行政院新聞局新綜三字第 0920005184A 號令修正發布全文 27 條；本辦法除另定施行日期者外，自發布日施行

民國 94 年 11 月 15 日行政院新聞局新綜三字第 0941020728Z 號令發布修正第 2 條、第 25-27 條，自發布日施行。

第 一 章　　　總則

第 一 條　　　本辦法依台灣地區與大陸地區人民關係條例（以下

簡稱本條例）第三十七條第二項規定訂定之。

第　二　條　　本辦法用詞定義如下：

一、出版品：包括新聞紙（報紙、通訊稿）、雜誌、圖書及有聲出版品。

二、電影片：指已攝錄影像聲音之膠片或影片規格之數位製品可連續放映者。

三、錄影節目：指使用錄放影機經由電視接收機或其他類似機具播映之節目帶，包括經由電子掃描作用，在電視螢光幕上顯示有系統聲音、影像之錄影片（影碟）等型式之產品。但電腦程式，不在此限。

四、廣播電視節目：指無線廣播電台、無線電視電台、有線廣播電視系統、有線電視節目播送系統及衛星廣播電視事業播放有主題與系統之聲音或影像，內容不涉及廣告者。

五、大陸地區出版品、電影片、錄影節目、廣播電視節目：指依本條例施行細則第四十八條規定，準用進口貨物原產地認定標準認定者。

六、大陸地區出版品、電影片、錄影節目、廣播電視節目進入台灣地區：指大陸地區出版品、電影片、錄影節目、廣播電視節目經攜帶、郵寄、貨運或以其他方式進入台灣地區者。

第　三　條　　本辦法之主管機關為行政院新聞局。

第　二　章　　大陸地區出版品之管理

第　四　條　　大陸地區出版品之內容有下列情形之一者，不予許可進入台灣地區：

一、宣揚共產主義或從事統戰者。

二、妨害公共秩序或善良風俗者。

三、違反法律強制或禁止規定者。

四、凸顯中共標誌者。但因內容需要，不在此限。

第　五　條　　大陸地區出版品經核驗無前條規定情形且未逾主管機關公告數量者，得許可進入台灣地區。但認有疑義者，主管機關得留待審查處理。

前項留待審查處理之大陸地區出版品，主管機關應於三十日內將處理情形函知所有人或持有人。

第　六　條　　政府機關、大專校院、相關學術機構、團體、大眾傳播機構或學者專家有必要使用具有第四條各款情形之一之大陸地區出版品者，應專案申請主管機關許可進入台灣地區。

前項申請數量，由主管機關公告之。

第　七　條　　台灣地區雜誌事業非經主管機關許可，不得接受授權在台灣地區發行大陸地區雜誌。

前項雜誌有下列情形之一者，主管機關得不予許可：

一、在大陸地區發行未滿二年。

二、有第四條各款情形之一。

三、非屬主管機關公告得發行之類別。

前項許可之有效期間為一年。但授權發行期間未滿一年者，從其約定。

許可事項有變更者，應於變更後十五日內檢同原許可，向主管機關申請變更。終止發行時，應檢同原許可，向主管機關申請註銷。

經許可在台灣地區發行之大陸地區雜誌逾三個月未

發行，或中斷發行逾三個月者，主管機關應廢止其許可。

申請人以虛偽不實之資料取得許可者，主管機關應撤銷其許可。

經許可在台灣地區發行之大陸地區雜誌，應記載授權人與被授權人名稱、發行許可字號、發行年月日、發行所之名稱、地址及電話，並按期送主管機關一份。

第　八　條　　經許可進入台灣地區之大陸地區圖書、有聲出版品，非經合法登記之業者向主管機關申請許可，不得在台灣地區發行。

主管機關對於前項之申請，認有第四條各款情形之一者，應不予許可。

第　九　條　　經許可在台灣地區發行之大陸地區雜誌、圖書、有聲出版品，應改用正體字發行。

第　十　條　　大陸地區出版品，於許可進入台灣地區或經許可在台灣地區發行後，發現有第四條各款情形之一者，主管機關得撤銷其許可。

第 十一 條　　依第五條及第六條規定許可進入台灣地區之大陸地區出版品，不得銷售。違反者，主管機關得廢止其許可，且於一年內不再受理該出版品申請人之申請。

第 十二 條　　主管機關得委託圖書出版公會或協會（以下簡稱公、協會），辦理許可大陸地區大專專業學術簡體字版圖書（以下簡稱大陸簡體字圖書）進入台灣地區銷售事宜。

前項委託事項所需費用，主管機關不支付之。

公、協會得依主管機關核定之費額，向申請者收取手續費。

公、協會受託辦理第一項規定事宜，應訂定申請進

　　　　口大陸地區大專專業學術簡體字版圖書在台灣地區銷售
　　　注意事項，經主管機關核定後執行之。

　　　　公、協會違反前二項、第十三條第三項、第十五條
　　　第一項或第三項規定者，主管機關得終止第一項之委託。

第 十三 條　　申請大陸簡體字圖書進入台灣地區銷售者，應檢具
　　　下列文件、資料，向所屬公、協會提出申請：

　　　一、申請書。

　　　二、進口銷售大陸簡體字圖書清冊。

　　　三、大陸簡體字圖書出版社出具該圖書無侵害他人
　　　　　著作財產權，且得於台灣地區銷售之證明。

　　　四、其他公、協會規定之文件、資料。

　　　　申請進入台灣地區銷售之大陸簡體字圖書，應符合
　　　下列規定：

　　　一、屬大專專業學術用書。

　　　二、非屬台灣地區業者授權大陸地區業者出版發
　　　　　行者。

　　　三、非屬大陸地區業者授權台灣地區業者出版發
　　　　　行者。

　　　四、非屬台灣地區業者取得台灣地區正體字發行
　　　　　權者。

　　　　符合前二項規定之申請案件，公、協會應發給申請者
　　　銷售許可函，並將申請案影本及處理結果函知主管機關。

　　　　申請者得憑銷售許可函，辦理進口通關程序。

第 十四 條　　經許可進入台灣地區銷售之大陸簡體字圖書，申請
　　　者應於該圖書之版權頁標示申請人名稱、電話、地址及
　　　負責人姓名。

第 十五 條　　經許可進入台灣地區銷售之大陸簡體字圖書，發現
　　　　　　　有違反第四條各款情形之一、第十三條第二項或前條規
　　　　　　　定者，公、協會應撤銷或廢止原發之銷售許可函。

　　　　　　　　公、協會未依前項規定撤銷或廢止者，主管機關得
　　　　　　　逕行為之。

　　　　　　　　被撤銷或廢止銷售許可函逾三次者，公、協會不得
　　　　　　　再受理其申請。

　　　　　　　　公、協會違反前項規定受理申請並發給銷售許可函
　　　　　　　者，主管機關應逕予撤銷。

第 三 章　　大陸地區電影片錄影節目及廣播電視節目之管理

第 十六 條　　大陸地區電影片、錄影節目、廣播電視節目，經核
　　　　　　　驗無第四條規定情形且未逾主管機關公告數量者，得許
　　　　　　　可進入台灣地區。但認有疑義者，主管機關得留待審查
　　　　　　　處理。

　　　　　　　　前項留待審查處理之電影片、錄影節目、廣播電視
　　　　　　　節目之處理，準用第五條第二項規定。

第 十七 條　　依前條第一項規定進入台灣地區之大陸地區電影
　　　　　　　片、錄影節目、廣播電視節目，在台灣地區發行、映演、
　　　　　　　播映或播送前，應依相關法令規定，經主管機關審查許
　　　　　　　可，並改用正體字後，始得為之。

　　　　　　　　前項電影片每年進入台灣地區之數量，錄影節目、
　　　　　　　廣播電視節目發行、播映、播送之類別及數量，由主管
　　　　　　　機關公告之。

　　　　　　　　有線廣播電視系統經營者、有線電視節目播送系統
　　　　　　　經營者、直播衛星廣播電視服務經營者經向主管機關申
　　　　　　　請許可後，得同步轉播大陸地區衛星節目，不受前二項

　　　　　　規定之限制。

　　　　　　　前項節目之管理，應符合有線廣播電視法及衛星廣
　　　　　　播電視法之相關規定。違反者，主管機關得廢止其許可。

第 十八 條　　主管機關對於前條第一項申請案件，認為有違反相
　　　　　　關法令規定、有第四條各款情形之一，或非屬依前條第
　　　　　　二項公告之類別者，應不予許可。

第 十九 條　　大陸地區電影片、錄影節目、廣播電視節目於許可
　　　　　　進入台灣地區或經許可在台灣地區發行、映演、播映、
　　　　　　播送後，有第四條各款情形之一，或非屬依第十七條第
　　　　　　二項公告之類別者，主管機關得撤銷其許可。

第 二十 條　　政府機關、大專校院或以研究大陸事務為主之機
　　　　　　構、團體為業務或研究目的，有必要使用具有第四條各
　　　　　　款情形之一大陸地區電影片、錄影節目、廣播電視節目
　　　　　　者，應專案申請主管機關許可進入台灣地區，並在該申
　　　　　　請之政府機關、大專校院或機構、團體作非商業性映演、
　　　　　　播映、播送，其參與者以業務或研究有關人員為限。

　　　　　　　前項申請之數量，由主管機關公告之。

　　　　　　　第一項之許可，主管機關得徵詢各該中央目的事業
　　　　　　主管機關之意見。

第二十一條　　依第十六條及前條規定許可進入台灣地區之大陸地
　　　　　　區電影片、錄影節目、廣播電視節目，不得銷售。違反
　　　　　　者，主管機關得廢止其許可。且於一年內不再受理該電
　　　　　　影片、錄影節目、廣播電視節目申請人之申請。

第 四 章　　附則

第二十二條　　依第七條、第八條及第十七條規定申請在台灣地區
　　　　　　發行、製作、映演、播映、播送大陸地區之雜誌、圖書、

　　　　　　有聲出版品、電影片、錄影節目、廣播電視節目者，應
　　　　　　依規費法規定，繳納審查費及證照費；其費額，由主管
　　　　　　機關定之。

第二十三條　　大陸地區出版品、電影片、錄影節目及廣播電視節
　　　　　　目經核驗或留待審查不予許可進入台灣地區者，主管機
　　　　　　關得限期命所有人或持有人退運、銷磁或銷燬。但所有
　　　　　　人或持有人屆期未處理，或付郵遞送經留待審查不予許
　　　　　　可進入台灣地區者，由主管機關依相關規定處理。

　　　　　　大陸地區出版品、電影片、錄影節目、廣播電視節
　　　　　　目違反公告數量進入台灣地區時，準用前項規定。

　　　　　　大陸地區出版品、電影片、錄影節目及廣播電視節
　　　　　　目郵寄進入台灣地區核驗作業程序，由主管機關會同相
　　　　　　關機關定之。

第二十四條　　違反本辦法規定者，依本條例第八十八條規定處分。

第二十五條　　政府機關、學術機構或最近一年未違反相關法令受
　　　　　　行政處分之大眾傳播事業、機構、團體，得依業務性質，
　　　　　　於展覽一個月前，申請主管機關許可大陸地區雜誌、圖
　　　　　　書、有聲出版品、電影片、錄影節目及廣播電視節目進
　　　　　　入台灣地區展覽。但經許可銷售之大陸簡體字圖書，得
　　　　　　於主管機關許可之展覽中，逕行參展。

　　　　　　經許可在台灣地區展覽之大陸地區雜誌、圖書、有
　　　　　　聲出版品、電影片、錄影節目及廣播電視節目，得於展
　　　　　　覽時為著作財產權授權及讓與之交易。

　　　　　　第一項申請者，亦得依業務性質，於觀摩一個月前，
　　　　　　申請主管機關許可大陸地區電影片、錄影節目及廣播電
　　　　　　視節目進入台灣地區觀摩。

　　經許可在台灣地區展覽之大陸地區雜誌、圖書、有聲出版品、電影片、錄影節目及廣播電視節目，不得於展覽時銷售。但經許可銷售之大陸簡體字圖書，不在此限。

　　經許可在台灣地區觀摩之大陸地區電影片、錄影節目及廣播電視節目，不得於觀摩時，直接或間接向觀眾收取對價。但經主管機關專案許可者，不在此限。

　　經許可展覽、觀摩者，應於展覽、觀摩結束後一個月內，將前二項大陸地區雜誌、圖書、有聲出版品、電影片、錄影節目及廣播電視節目運出台灣地區。但經主管機關專案許可贈送有關機關（構）典藏或經許可銷售之大陸簡體字圖書，不在此限。

　　同一申請者在一年內申請觀摩大陸地區電影片之數量及放映場次，由主管機關公告之。

　　違反第四項至第六項規定之一者，主管機關得廢止其許可，並依本條例第八十八條規定處分，且於一年內不再受理其申請。

第二十六條　　（刪除）

第二十七條　　本辦法自發布日施行。

大陸地區古物運入台灣地區
公開陳列展覽許可辦法

民國 88 年 2 月 3 日教育部（88）台參字第 88010953 號令訂定發布全文十三條
民國 93 年 2 月 28 日教育部（93）台參字第 0930027631A 號令修正發布
民國 96 年 7 月 26 日行政院文化建設委員會文壹字第 0961120010-1 號令修正發布

第　一　條　　本辦法依台灣地區與大陸地區人民關係條例第三十九條第三項規定訂定之。

第　二　條　　本辦法所稱古物，依文化資產保存法第三條第六款規定。

第　三　條　　大陸地區古物來台公開陳列、展覽，應由台灣地區機關、學校、法人、團體或專業機構（以下簡稱申請單位）向行政院文化建設委員會（以下簡稱本會）申請許可。

第　四　條　　申請單位應填具申請書，並檢具計畫書、邀請文件、契約書、保證書、展品資料清冊、展品照片清冊、專業顧問名冊與願任同意書、展品保險同意承保相關文件及預定隨護人員名冊等，於展覽日期開始前二個月申請之。

第　五　條　　前條之隨護人員，應依大陸地區專業人士來台從事專業活動許可辦法規定申請許可。

第　六　條　　同一申請單位每年申請大陸地區古物來台公開陳列、展覽，以一次為限；公開陳列、展覽期間，不得逾

六個月，並不得與其辦理之他項大陸地區古物公開陳
列、展覽之期間重疊。

第 七 條　申請案經本會審議核發許可文件後，申請單位應持
許可文件，向經濟部國際貿易局申辦輸入許可證，並辦
理運入事宜；陳列、展覽結束復運出口時，亦應檢附前
述許可文件，依相關貨品輸出規定辦理運出事宜。古物
進出口台灣地區，一案以向同一關稅局辦理進出口通關
為原則。

第 八 條　申請單位應事先洽妥古物運入公開陳列、展覽、運
出及隨護人員接待事宜，並檢具必備文件，於辦理進出
口通關手續時，供海關參考。

古物進出口，應依關稅法相關規定辦理，並於公開
陳列、展覽結束之次日起二個月內，全數運出台灣地區
後，由海關退還稅款保證金或解除授信機構保證責任。

前項期限，必要時得於期限屆滿前，向海關申請延
長，屆期未辦理延長者，由海關將保證金抵繳，或由授
信機構代為繳納進口關稅。

第 九 條　古物經許可運入台灣地區公開陳列、展覽者，於向
海關報運進口時，申請單位應同時報請本會委由專家於
海關查驗鑑定，經拍照成冊存據或依申請單位提供之展
品資料清冊及展品照片清冊經查驗核對無訛後，由海關
辦理通關放行。但有特殊情形者，申請單位得專案報經
本會核轉海關先予同意加封通關放行後，經本會委由專
家及海關人員於展覽場所進行查驗鑑定手續。

申請單位於公開陳列、展覽結束後將古物全數復運
出口時，應報請本會委由專家會同海關人員核對確屬原

運入之古物後，加封出口。

第　十　條　　古物在台公開陳列、展覽場所，應在文教機構或學校。但有特殊理由申請本會許可者，不在此限。

第 十一 條　　申請單位檢附之文件，有偽造、變造或虛偽不實者，本會得撤銷其許可。

申請單位有前項情事者，本會得於撤銷其許可後三年內，對申請單位之其他申請案不予受理。

第 十二 條　　申請單位有下列情事之一者，本會得命其停止活動或廢止其許可：

一、古物未經本會許可，逕行在台公開陳列、展覽。

二、利用古物在台期間，從事該古物買賣行為。

三、未經本會許可，擅自更換展覽場所。

四、展覽逾期。

★申請單位有前項各款情事之一者，本會得視其情節輕重，於停止活動或廢止許可後一年至三年內，對申請單位之其他申請案不予受理。

大陸地區發行之幣券進出入台灣地區限額規定

民國94年9月28日行政院金融監督管理委員會金管銀（一）字第0941000814號令

一、依據台灣地區與大陸地區人民關係條例第三十八條第一項及第四項規定訂定。

二、旅客或隨交通工具服務之人員，攜帶人民幣入出境超過人民幣二萬元者，應自動向海關申報；超過部分，由旅客自行封存於海關，出境時准予攜出。

三、金門、馬祖之金融機構經中央銀行許可辦理人民幣現鈔買賣業務者，因業務需要得向第三地區銀行買入或委託賣出人民幣現鈔，其買入或賣出之人民幣現鈔金額，得不受人民幣入出境限額之限制。

四、前述所訂攜帶人民幣入出境限額，不計入攜帶入出境外幣之額度內。

五、本規定自中華民國九十四年十月三日起施行，財政部九十三年二月二十八日台財融（一）字第0931000205號令，停止適用。

大陸地區發行之貨幣進出入台灣地區應遵行事項辦法

民國 94 年 5 月 24 日行政院金融監督管理委員會金管銀（一）字第
0941000320 號令、中央銀行台央外伍字第 0940020655 號令會銜訂定發布
全文 4 條；並自發布日施行

第 一 條　　本辦法依台灣地區與大陸地區人民關係條例（以下
　　　　　　簡稱本條例）第三十八條第二項及第四項規定訂定之。

第 二 條　　台灣地區與大陸地區簽訂雙邊貨幣清算協定前，大
　　　　　　陸地區發行之貨幣，得在本條例第三十八條第一項規定
　　　　　　之限額內，進出入台灣地區。但未經許可不得在台灣地
　　　　　　區買賣、兌換或進行其他交易。

第 三 條　　違反前條但書規定，經相關機關查獲者，其大陸地區
　　　　　　發行之貨幣，移請海關依本條例第九十二條規定沒入之。

第 四 條　　本辦法自發布日施行。

人民幣非法交易案件移交海關處理作業要點

財政部關稅總局 94 年 6 月 16 日台總局緝字第 09410110661 號發布，並自 94 年 5 月 26 日起施行。

一、為執行「大陸地區發行之貨幣進出入台灣地區應遵行事項辦法」第三條規定，訂定本作業要點。

二、經警察、檢調機關或其他查緝機關查獲未經許可在台灣地區使用人民幣進行買賣、兌換或其他交易者（以下簡稱非法交易）依本要點規定移交海關處理。

三、警察、檢調機關或其他查緝機關於台灣地區查獲非法使用人民幣進行交易者，應將涉案之人民幣扣押後移交海關處理，並隨案檢附下列證明文件及資料：

（一）移送書，除副知行為人外，並應註明查獲機關聯絡人資料，交易雙方之行為人姓名、國籍、出生年月日、身分證或護照號碼、住居所；行為人如未設籍於台灣地區，應載明其委任之公文書送達代收人。

（二）扣押收據，應詳列人民幣幣券號碼（硬幣除外）、數量、金額，以及查獲之時間、地點。

（三）談話筆錄，應詳述行為人從事非法交易行為之經過。

（四）其他相關資料。

四、查緝機關應派員將涉案之人民幣移交海關點收，俟處分確定後，由海關依海關變賣貨物及運輸工具處理程序第三點之規定辦理。

五、非法交易人民幣案件之行為人，如未設籍於台灣地區，並拒絕或無法委任送達代收人者，應於移送書中註明，相關公文書之送達依行政程序法規定辦理之。

六、查緝機關將非法交易人民幣案件移交海關處理時，如未能檢齊相關證據及資料，或所檢附之文件有誤時，海關得要求補正之；如移案之查緝機關未能配合辦理，海關得將案件退還。

大陸地區人民在台灣地區取得設定 或移轉不動產物權許可辦法

民國 91 年 8 月 8 日內政部台內地字第 09171525 號令發布

第　一　條　本辦法依台灣地區與大陸地區人民關係條例（以下簡稱本條例）第六十九條第二項規定訂定之。

第　二　條　大陸地區人民、法人、團體或其他機構，或其於第三地區投資之公司（以下簡稱陸資公司）申請在台灣地區取得、設定或移轉不動產物權，有下列情形之一者，應不予許可：

　　　　　　一、依土地法第十七條第一項各款所定之土地。

　　　　　　二、依國家安全法及其施行細則所劃定公告一定範圍之土地。

　　　　　　三、依要塞堡壘地帶法所劃定公告一定範圍之土地。

　　　　　　四、各港口地帶，由港口主管機關會同國防部及所在地地方政府所劃定一定範圍之土地。

　　　　　　五、其他經中央目的事業主管機關劃定應予禁止取得之土地。

第　三　條　大陸地區人民、法人、團體或其他機構，或陸資公司申請在台灣地區取得、設定或移轉不動產物權，有下列情形之一者，得不予許可：

　　　　　　一、影響國家重大建設者。

　　　　　　二、涉及土地壟斷投機或炒作者。

三、影響國土整體發展者。

四、其他經中央目的事業主管機關認為足以危害國家安全或社會安定之虞者。

第　四　條　符合下列情形之一者，得為不動產登記之權利主體：

一、大陸地區人民。

二、經依本條例許可之大陸地區法人、團體或其他機構。

三、經依公司法認許之陸資公司。

第　五　條　依本辦法所檢附大陸地區製作之文書，應先經由行政院設立或指定之機構或委託之民間團體予以驗證。

第　六　條　大陸地區人民取得、設定或移轉不動產物權，應填具申請書，並檢附下列文件，向該管直轄市或縣（市）政府申請審核：

一、申請人身分證明文件。

二、依前條規定經驗證之證明文件。

三、其他經內政部規定應提出之文件。

直轄市或縣（市）政府為前項之審核通過後，應併同取得、設定或移轉不動產權利案件簡報表，報請內政部許可。

第　七　條　大陸地區法人、團體或其他機構，或陸資公司，為供下列業務需要，得取得、設定或移轉不動產物權：

一、業務人員居住之住宅。

二、從事工商業務經營之廠房、營業處所或辦公場所。

三、其他因業務需要之處所。

依前項所定業務需要申請取得、設定或移轉不動產

　　物權者，應填具申請書，並檢附下列文件，向該管直轄市或縣（市）政府申請審核：

　　　　一、第四條第二款或第三款規定之資格證明文件。

　　　　二、依第五條規定經驗證之證明文件。

　　　　三、其他經內政部規定應提出之文件。

　　直轄市或縣（市）政府為前項之審核通過後，應併同取得、設定或移轉不動產權利案件簡報表，報請內政部許可。

第　八　條　　大陸地區法人、團體或其他機構，或陸資公司，從事有助於台灣地區整體經濟或農牧經營之投資，應填具申請書，並檢附下列文件，向中央目的事業主管機關申請審核：

　　　　一、第四條第二款或第三款規定之資格證明文件。

　　　　二、依第五條規定經驗證之證明文件。

　　　　三、投資計畫書；計畫書內應載明計畫名稱、土地所在地點、資金來源及其他中央目的事業主管機關規定之事項。

　　　　四、土地登記簿謄本及地籍圖謄本，屬都市計畫內土地者，應加附都市計畫土地使用分區證明；屬耕地者，其係取得所有權者，應加附農業用地作農業使用證明書或符合土地使用管制證明書。

　　　　五、其他相關文件。

　　前項所稱整體經濟之投資，係指下列各款投資：

　　　　一、觀光旅館、觀光遊樂設施及體育場館之開發或經營。

　　　　二、住宅及大樓之開發或經營。

三、工業廠房之開發或經營。

四、工業區及工商綜合區之開發或經營。

五、其他經中央目的事業主管機關公告投資項目之開發或經營。

第一項所稱農牧經營之投資，係指符合行政院農業委員會公告之農業技術密集與資本密集類目及標準之投資。

第　九　條　　大陸地區法人、團體或其他機構，或陸資公司，依前條規定經中央目的事業主管機關同意後，得申請取得、設定或移轉不動產物權。

依前項規定申請取得、設定或移轉不動產物權者，應填具申請書，並檢附下列文件，向該管直轄市或縣（市）政府申請審核：

一、第四條第二款或第三款規定之資格證明文件。

二、依第五條規定經驗證之證明文件。

三、中央目的事業主管機關同意之文件。

四、其他經內政部規定應提出之文件。

直轄市或縣（市）政府為前項之審核通過後，應併同取得、設定及移轉權利案件簡報表，報請內政部許可。

第　十　條　　依第八條規定申請時，其投資計畫涉及二以上中央目的事業主管機關者，申請人應依其投資事業之主要計畫案，向該管中央目的事業主管機關申請；該管中央目的事業主管機關無法判定者，由行政院指定之。

第十一條　　中央目的事業主管機關審核第八條規定之申請案件，應會商相關機關為之，並得邀申請人列席說明。

為辦理前項之審查，中央目的事業主管機關得視發展現況及產業需求，訂定各類用地總量管制，作為准駁

之依據，並於核准後列冊管理。

第 十 二 條　中央目的事業主管機關同意第八條規定之申請案
後，應函復申請人，並函知土地所在地之直轄市或縣(市)
政府；未經核准者，應敘明理由函復申請人。前項同意
函之內容，應敘明下列事項：

　　　　一、申請案件經同意後，應依第九條第二項規定之
　　　　　　程序辦理。

　　　　二、申請取得之土地，其使用涉及環境影響評估、
　　　　　　水土保持、土地使用分區與用地變更及土地開
　　　　　　發者，仍應依相關法令規定及程序辦理。

第 十 三 條　依第六條、第七條或第九條規定取得、設定或移轉
之不動產物權，內政部及直轄市或縣（市）政府，應列
冊管理。

第 十 四 條　內政部為第六條、第七條或第九條規定之許可時，
必要時得邀集有關機關審查之。

　　　　　內政部為第六條或第七條規定之許可時，得訂定一
定金額、一定面積及總量管制，作為准駁之依據。

第 十 五 條　依第六條、第七條或第九條規定取得、設定或移轉
不動產物權，應由申請人檢附內政部許可文件及土地登
記規則第三十四條規定之文件，向不動產所在地之地政
機關辦理登記。

　　　　　地政機關於登記完畢後，應將登記結果，副知內政
部及不動產所在地直轄市或縣（市）政府；第九條所定
案件登記結果，並應副知中央目的事業主管機關。

第 十 六 條　大陸地區法人、團體或其他機構，或陸資公司依第
九條規定取得或設定不動產物權，應依核定之投資計畫

期限及用途使用；其因故未能依核定期限使用者，應敘明原因，向中央目的事業主管機關申請同意展期。

中央目的事業主管機關，應定期稽查其取得、設定不動產物權後之使用情形，並依下列方式處理：

一、未依核定期限使用者，應通知內政部廢止其許可，並由內政部通知直轄市、縣（市）政府限期令其於二年內出售。

二、與核准計畫用途使用情形不符之情事者，應予制止，通知內政部廢止其許可，並由內政部通知直轄市或縣（市）政府限期令其於一年內出售。

三、有違反土地使用分區管制相關法令規定之使用者，應予制止，通知內政部廢止其許可，並由內政部通知直轄市、縣（市）政府限期令其於六個月內出售。

第 十七 條　屆期未依前條第二項規定出售之不動產物權，由土地所在地之直轄市或縣（市）政府逕為標售，所得價款發還原權利人；其土地上有改良物者，得併同標售。

前項標售之處理程序、價款計算、異議處理及其他應遵行事項，準用依土地法第二十條第四項所定之標售辦法辦理。

第 十八 條　大陸地區人民符合下列情形之一者，得向內政部警政署入出境管理局申請許可進入台灣地區：

一、已依本辦法經內政部許可並檢具許可函文件。

二、已在台取得或設定不動產物權，並檢具土地建物登記簿謄本。

大陸地區人民依前項規定經許可進入台灣地區之停

留期間，自入境翌日起不得逾十日，必要時得申請延期
一次，期間不得逾十日；每年總停留期間不得逾一個月。

第 十九 條　　本辦法所定申請書、表格式，由內政部定之。

第 二十 條　　本辦法自發布日施行。

試辦金門馬祖與大陸地區通航實施辦法

民國 89 年 12 月 15 日行政院台八十九秘字第 35051 號令訂定發布全文 36 條

民國 90 年 9 月 19 日行政院台九十秘字第 048385 號令修正發布第 10 條、第 12 條至第 14 條、第 20 條、第 26 條、第 27 條條文；並增訂第 20 之 1 條條文

民國 90 年 12 月 31 日行政院台九十秘字第 078548 號函發布通航試辦期間延展一年自 91 年 1 月 1 日起至 12 月 31 日止

民國 91 年 7 月 31 日行政院院台秘字第 0910038435 號函修正發布第 10 條、第 15 條、第 25 條、第 26 條、第 27 條條文，增訂第 10 條之 1、第 10 條之 2 及第 35 條之 1 條文；並自 91 年 8 月 1 日施行

民國 92 年 11 月 18 日行政院院台秘字第 0920061568 號令發布修正「試辦金門馬祖與大陸地區通航實施辦法」第 14 條條文，並定自中華民國 92 年 11 月 20 日施行

民國 93 年 3 月 1 日行政院院台秘字第 0930082484 號令修正發布第 1 條、第 5 條、第 6 條、第 7 條、第 10 條之 1、第 10 條之 2、第 11 條、第 12 條、第 13 條、第 15 條、第 17 條、第 23 條、第 35 條、第 35 條之 1，增訂第 12 條之 1，及附表「自金門馬祖郵寄或旅客攜帶進入台灣本島或澎湖之少量自用大陸地區物品限量表」，並定自民國 93 年 3 月 1 日施行。

民國 94 年 2 月 22 日行政院院台陸字第 0940005612 號令修正發布第 10、10 條之 1、10 條之 2、12、13、14、15、20 條條文；並定自 94 年 2 月 21 日施行

民國 94 年 9 月 28 日行政院院台陸字第 0940046720 號令修正發布第 29 條條文；並定自 94 年 10 月 3 日施行

民國 95 年 4 月 28 日行政院院台陸字第 0950019133 號令修正發布第 10 條、第 10 條之 1、第 10 條之 2 條文；並定自 95 年 5 月 1 日施行

民國 95 年 12 月 29 日行政院院台陸字第 0950095723 號令修正發布第 10 條、第 10 條之 1、第 10 條之 2、第 12 條、第 36 條

民國 96 年 3 月 31 日行政院院台陸字第 0960014012 號令修正發布第 10 條、第 10 條之 1、第 10 條之 2、第 12 條、第 14 條、第 15 條、第 17 條、第 19 條，並定自 96 年 3 月 31 日施行

第 一 條　　本辦法依離島建設條例第十八條及台灣地區與大陸

地區人民關係條例（以下簡稱本條例）第九十五條之一第二項規定訂定之。

第　二　條　　依本辦法試辦通航之港口，由交通部報請行政院指定為離島兩岸通航港口後，公告之。

第　三　條　　中華民國船舶或大陸船舶經申請許可，得航行於離島兩岸通航港口與經交通部核定之大陸地區港口間；外國籍船舶經特許者，亦同。

　　大陸船舶入出離島兩岸通航港口及在港口停泊期間應遵行之相關事項，得由交通部或有關機關另定之。

第　四　條　　經營離島兩岸通航港口與大陸地區港口間之定期固定航線業務者，依航業法向當地航政主管機關申請，核轉交通部許可後，始得航行。

　　大陸地區之船舶運送業應委託在台灣地區船務代理業，申請前項許可。

第　五　條　　經營前條業務以外之不定期航線業務者，應逐船逐航次專案向離島兩岸通航港口之航政機關申請許可，始得航行。

第　六　條　　本辦法施行前已設籍金門、馬祖之漁船，經依船舶法申請變更用途，並於註銷漁業執照或獲准休業後，得向當地縣政府申請許可從事金門、馬祖與大陸兩岸間之水產品運送；其許可條件，由當地縣政府定之。

　　前項以船舶經營水產品運送而收取報酬者，應另依航業法及其相關法規規定，向航政主管機關申請營業許可。

　　第一項已設籍金門、馬祖之漁船，經許可得航行至大陸地區，其許可條件，由當地縣政府擬訂，報請中央主管機關核定。

第　七　條　　船舶入出離島兩岸通航港口,應依指定之航道航行。

前項航行航道,由交通部會同相關機關劃設並公告之。

船舶違反第一項規定者,得廢止其航行許可,並按其情節,得對所屬船舶所有人申請船舶航行案件,不予許可。

第　八　條　　船舶入出離島兩岸通航港口,應開啟國際海事通信頻道,並依交通部規定,於一定期限內裝設船位自動回報系統或電子識別裝置。

第　九　條　　船舶入出離島兩岸通航港口,港務及棧埠管理相關業務,應依各該港口港務及棧埠管理規定辦理。

第　十　條　　在金門、馬祖及澎湖設有戶籍六個月以上之台灣地區人民,得向內政部入出國及移民署(以下簡稱移民署)在金門、馬祖、澎湖所設服務站(以下簡稱服務站)申請許可核發入出境許可證,經查驗後由金門、馬祖入出大陸地區。

台灣地區人民有下列情形之一者,得向服務站申請許可於護照加蓋章戳,持憑經查驗後由金門、馬祖入出大陸地區:

一、經經濟部許可在大陸地區投資之事業,其負責人與所聘僱員工,及其配偶、直系血親。

二、在大陸地區投資事業負責人及所聘僱員工之子女,或為外商在大陸地區所聘僱台籍員工之子女,於金門、馬祖就學者,及其直系血親。

三、在大陸地區出生或籍貫為大陸地區之榮民。

四、在金門、馬祖出生或於中華民國八十九年十二

月三十一日以前曾在金門、馬祖設有戶籍之台灣地區人民。

五、與前項或前款人民同行之配偶、直系親屬、二親等旁系血親及其配偶、未成年子女；或與第三款人民同行之配偶、直系親屬及二親等旁系血親。

六、與在大陸地區福建設有戶籍大陸配偶同行之台灣地區配偶或子女；該大陸配偶經申請定居取得台灣地區人民身分者，其同行之台灣地區配偶或子女，亦同。

前二項人民有入出國及移民法第六條第一項各款情形者，不予許可；已許可者，得撤銷或廢止其許可。第一項人民戶籍遷出金門、馬祖或澎湖者，廢止其許可。

第一項及第二項人民具役男身分者，應先依役男出境處理辦法規定辦理役男出境核准。

具本條例第九條第三項及第四項身分，符合下列情形之一者，得向移民署或其服務站申請許可，由金門、馬祖入出大陸地區。但涉及國家安全機密人員、國家安全局、國防部、行政院海岸巡防署、法務部調查局及所屬各級機關人員，不適用之：

一、服務於金門、馬祖當地縣級以下機關，且所任職務之職務列等或職務等級最高在簡任或相當簡任第十職等以下之人員，經所屬縣政府、縣議會同意。

二、服務於金門、馬祖縣營事業單位人員，赴大陸地區從事公務活動者，或在金門、馬祖設有戶

籍六個月以上，以非公務事由赴大陸地區者，經所屬縣政府同意。

三、服務於金門、馬祖警察機關及前二款以外各機關（構），所任職務之職務列等或職務等級最高在簡任或相當簡任第十職等以下及警監四階以下之公務員及警察人員，在金門、馬祖設有戶籍六個月以上者，或未設有戶籍或設籍未滿六個月，以非公務事由申請赴大陸地區者，經所屬中央主管機關或其授權機關（構）同意。

四、本條例第九條第三項但書所列人員，服務於台灣本島或澎湖，在金門、馬祖設有戶籍六個月以上，以非公務事由申請赴大陸地區，符合本條例第九條第三項但書申請程序者，經所屬中央主管機關、直轄市政府、縣（市）政府或其授權機關（構）同意。

經許可在金門、馬祖居留或永久居留六個月以上者，得憑相關入出境證件，經查驗後由金門、馬祖進入大陸地區。

經金門、馬祖公立醫院證明需緊急赴大陸地區就醫者，該人民及其必要協處人員，不受第一項設有戶籍或前項居留之限制。

台灣地區人民在大陸地區患重病、受重傷、發生天災或其他特殊事故情事，該人民及其必要協處人員，得申請許可往返金門、馬祖及大陸地區。

第十條之一　　下列各款情形，向移民署申請專案許可於護照加蓋章戳，得持憑經查驗後，由金門、馬祖入出大陸地區：

一、處理試辦通航事務或相關人員。

二、從事與試辦通航業務有關之航運、商貿活動企業負責人。

三、台灣本島或澎湖人員，經檢具航空公司包機合約文件，包機前往金門或馬祖，轉搭船舶進入大陸地區從事宗教或其他專業交流活動者。

四、經經濟部許可在大陸地區福建投資之事業，其台灣地區母公司負責人及所聘僱員工，參加該大陸投資事業在大陸地區福建舉辦或與其他事業合辦之商展、商務會議或商務研習活動者。

五、台灣地區立案核准成立滿一年以上之省（市）級以上經濟或大陸事務團體成員，組團赴大陸地區福建參加非政治性之商展、商務會議或商務研習活動者。

六、台灣地區教育機構人員或經立案核准成立滿一年以上之專業民間團體成員，組團參加在大陸地區福建舉辦與其專業有關之非政治性學術會議或學術觀摩活動者。

七、中華民國三十八年以前在大陸地區福建出生之台灣地區人民，及與其同行之配偶、直系親屬及二親等旁系血親，於春節、清明節、端午節及中秋節，申請赴大陸地區福建探視者。

八、服務於金門、馬祖縣營事業單位以外各機關之政務人員，或所任職務之職務列等或職務等級跨列簡任或相當簡任第十一職等以上及警監三階以上公務員及警察人員，申請赴大陸地區從

事交流活動者。

九、服務於金門、馬祖縣營事業單位，且未在金門、馬祖設有戶籍或設籍未滿六個月之公務員，申請赴大陸地區從事非公務活動者。

十、服務於前條第五項第三款機關（構），所任職務之職務列等或職務等級最高在簡任或相當簡任第十職等以下及警監四階以下，且未在金門、馬祖設有戶籍或設籍未滿六個月之公務員及警察人員，申請赴大陸地區從事公務活動者。

依前項第五款及第六款規定組團申請者，每團人數須逾十人以上，整團同時入出，未達十人者，不予許可。

身心障礙者保護法所定身心障礙者，因行動不便或有其他急迫、特殊情事，得檢附身心障礙手冊及相關證明文件，向移民署申請專案許可，由金門、馬祖赴大陸地區探親、探病或奔喪；其必要協處人員，得申請同行。

第十條之二　依第十條第一項規定許可者，核發三年效期多次入出境許可證。

依第十條第五項第一款至第三款規定許可者，核發一年效期逐次加簽入出境許可證。

依第十條第五項第四款及前條第一項第八款至第十款規定許可者，核發一個月效期單次入出境許可證。

依第十條第二項第一款至第四款規定許可者，於護照加蓋一年效期多次入出章戳。

依前條第一項第一款至第七款、第三項、第二十條及第二十條之一規定許可者，於護照加蓋一個月效期單次入出章戳。

前五項以外之許可，於護照加蓋六個月效期單次入
出章戳。

第 十一 條　　台灣地區人民在經政府核准往返金門、馬祖與大陸
地區航行之船舶服務之船員或服務於船舶之人員，因航
行任務進入大陸地區者，得持憑主管機關核發之證件，
經查驗或檢查後，由金門、馬祖入出大陸地區。

第 十二 條　　大陸地區人民有下列情形之一者，得申請許可入出
金門、馬祖：

一、探親：其父母、配偶或子女在金門、馬祖設有
戶籍。

二、探病、奔喪：其二親等內血親、繼父母、配偶
之父母、配偶或子女之配偶在金門、馬祖設有
戶籍，因患重病或受重傷，而有生命危險，或
年逾六十歲，患重病或受重傷，或死亡未滿一
年。但奔喪得不受設有戶籍之限制。

三、返鄉探視：在金門、馬祖出生及其隨行之配偶、
子女。

四、商務活動：大陸地區福建之公司或其他商業負
責人。

五、學術活動：在大陸地區福建之各級學校教職
員生。

六、就讀推廣教育學分班：受僱於經經濟部許可在
大陸地區福建投資之事業，且在該事業任職達
一年以上。

七、宗教、文化、體育活動：在大陸地區福建具有
專業造詣或能力。

八、交流活動：經移民署會同相關目的事業主管機
　　關專案核准。

九、旅行：經交通部觀光局許可，在金門、馬祖營
　　業之綜合或甲種旅行社代申請。

依前項第九款規定申請者，得同時檢具航空公司包
機合約文件或船舶運送業包船合約文件，申請於金門、
馬祖旅行後，包機或包船整團轉赴澎湖旅行。其代申請，
由經交通部觀光局許可在金門、馬祖或澎湖營業之綜合
或甲種旅行社辦理；由金門、馬祖旅行業者代申請者，
須另檢附與澎湖旅行業者簽訂之合作文件。

第一項第九款應組團辦理，每團人數限五人以上四
十人以下，整團同時入出，不足五人之團體不予許可，
並禁止入境。

第一項各款每日許可數額，由內政部公告之。

大陸地區人民於金門、馬祖海域，因突發之緊急事
故，得申請救助進入金門、馬祖避難。

依第一項或前項規定申請者，其停留地點以金門、
馬祖為限。但依第二項規定申請者，其停留地點以金門、
馬祖、澎湖為限。

大陸地區人民在金門、馬祖或轉赴澎湖旅行患重
病、受重傷、發生天災或其他特殊事故，其必要協處人
員，得向移民署申請專案許可，往返金門、馬祖與大陸
地區；該大陸地區人民經許可之停留期間屆滿者，亦同。

第十二條之一　　在金門、馬祖出生之華僑申請返鄉探視，準用大陸
地區人民之規定辦理。

海外華僑團體經金門、連江縣政府邀請參加重要節日

之交流活動者，得申請單次由大陸地區入出金門、馬祖；每團申請人數應在十人以上，實際入出應在五人以上。

依前二項規定入境之人員，其停留地點以金門、馬祖為限。

第 十 三 條　　依第十二條第一項第一款至第八款及前條第一項規定申請者，應由金門、馬祖親屬、同性質廠商、學校或相關之團體備申請書及相關證明文件，向服務站代申請進入金門、馬祖，並由其親屬或負責人擔任保證人；第十二條第四項情形，由救助人代申請之。

依第十二條第一項第九款規定申請者，應由代申請之綜合或甲種旅行社備申請書及團體名冊，向服務站申請進入金門、馬祖，並由負責人擔任保證人。

第 十 四 條　　大陸地區人民依第十二條規定申請經許可者，發給往來金門、馬祖入出境許可證，有效期間自核發日起十五日或三十日，由當事人持憑連同大陸居民身分證或其他足資證明居民身分之文件，經服務站查驗後進入金門、馬祖。

以就讀推廣教育學分班事由申請者，得核發往來金門、馬祖單次或一年效期多次入出境許可證。

大陸地區隨團領隊以帶團旅行事由申請經許可者，得核發往來金門、馬祖一年效期逐次加簽入出境許可證。

以旅行事由進入金門、馬祖者，停留期間自入境之次日起不得逾二日；依其他事由進入金門、馬祖者，停留期間自入境之次日起不得逾六日。

以旅行事由進入金門、馬祖轉赴澎湖者，停留澎湖期間，自抵達澎湖之次日起不得逾二日；停留金門或馬

祖期間，自入境之次日起算，扣除停留澎湖期間，不得逾二日。

經許可進入金門、馬祖或轉赴澎湖旅行之大陸地區人民，因疾病住院、災變或其他特殊事故，未能依限出境者，得向服務站申請延期停留，每次不得逾七日。在停留期間之相關費用，由代申請人代墊付。其係以旅行事由進入者，應申請入出境許可證持憑出境。

經許可進入金門、馬祖或轉赴澎湖旅行之大陸地區人民，需過夜住宿者，應由代申請人檢附經入境查驗之入出境許可證，向當地警察機關（構）辦理流動人口登記。

第 十 五 條　大陸地區人民經依大陸地區人民進入台灣地區許可辦法或大陸地區人民在台灣地區依親居留長期居留或定居許可辦法規定許可進入台灣地區，有下列情形之一者，得持入出境許可證，經服務站查驗後入出金門、馬祖：

一、來台地址為金門、馬祖或澎湖。

二、台灣地區人民之配偶在大陸地區福建設有戶籍。

三、前款人民之同行子女。

前項第一款及第二款人員，經申請定居取得台灣地區人民身分者，得向移民署申請許可核發入出境許可證或於護照加蓋章戳，持憑經查驗後由金門、馬祖入出大陸地區。

依大陸地區專業人士來台從事專業活動許可辦法規定申請許可來台者，不適用第一項規定。

第 十 六 條　大陸地區人民在經政府核准往返金門、馬祖與大陸地區航行之船舶服務之船員或服務於船舶之人員，因航行任務抵達離島兩岸通航港口，須離開港區臨時停留

者，得由所屬之船舶運送業者在金門、馬祖之船務代理業者，向服務站代申請臨時停留許可證，並經查驗後進入金門、馬祖，停留期間不得逾船舶靠泊港口期間。

第 十七 條　大陸地區人民在中共黨務、軍事、行政或其他公務機關任職者，申請進入金門、馬祖或轉赴澎湖旅行，得不予許可；已許可者，得撤銷或廢止之。有下列情形之一者，亦同：

一、參加暴力或恐怖組織，或其活動。

二、涉有內亂罪、外患罪重大嫌疑。

三、涉嫌重大犯罪或有犯罪習慣。

四、曾未經許可入境。

五、曾經許可入境，逾停留期限。

六、曾從事與許可目的不符之活動或工作。

七、曾有犯罪行為。

八、有事實足認為有危害國家安全或社會安定之虞。

九、患有足以妨害公共衛生或社會安寧之傳染病、精神病或其他疾病。

十、其他曾違反法令規定情形。

有前項第四款情形者，其不予許可期間至少為二年；有前項第五款或第六款情形者，其不予許可期間至少為一年。

第 十八 條　進入金門、馬祖或轉赴澎湖旅行之大陸地區人民，有下列情形之一者，治安機關得以原船或最近班次船舶逕行強制出境。但其所涉案件已進入司法程序者，應先經司法機關之同意：

一、未經許可入境。

二、經許可入境，已逾停留期限。

三、從事與許可目的不符之活動或工作。

四、有事實足認為有犯罪之虞。

五、有事實足認為有危害國家安全或社會安定之虞。

六、患有足以妨害公共衛生或社會安寧之傳染病、精神病或其他疾病。

第 十 九 條　　大陸地區人民經依第十二條規定申請許可進入金門、馬祖或轉赴澎湖旅行，而有逾期停留、未辦理流動人口登記或從事與許可目的不符之活動或工作者，其代申請人、綜合或甲種旅行社，內政部得視情節輕重，一年以內不受理其代申請案件；其已代申請尚未許可之案件，不予許可。未依限帶團全數出境之綜合或甲種旅行社，亦同。

　　大陸地區船員或服務於船舶之人員經許可臨時停留，違反第十六條規定者，該船舶所屬之船舶運送業者在金門、馬祖之船務代理業者，六個月內不得以該船舶申請大陸地區船員或服務於船舶之人員臨時停留。

　　金門、馬祖或澎湖之旅行業辦理接待大陸地區人民來金門、馬祖或澎湖旅行業務，其監督管理，由交通部或其授權之機關辦理。

第 二 十 條　　中華民國船舶有專案申請由台灣本島航行經金門、馬祖進入大陸地區必要時，應備具船舶資料、活動名稱、預定航線、航程及人員名冊，向主管機關申請航行許可及核發入出境證件；船舶經金門、馬祖應停泊，人員並應上岸，經查驗船舶航行文件及人員入出境證件後，得進入大陸地區。

　　　　　　　　　前項專案核准，由交通部會同有關機關辦理。

第二十條之一　　依本辦法試辦通航期間，基於大陸政策需要，中華民
　　　　　　　國船舶得經交通部專案核准由澎湖航行進入大陸地區。

　　　　　　　　　前項大陸政策需要，由行政院大陸委員會會同相關
　　　　　　　機關審酌國家安全及兩岸情勢，報請行政院核定之。

　　　　　　　　　依第一項專案核准者，準用第三條、第五條、第七
　　　　　　　條至第二十條、第二十六條規定辦理。

第二十一條　　　金門、馬祖與大陸地區貿易，得以直接方式為之，
　　　　　　　並應依有關法令取得許可或免辦許可之規定辦理。

第二十二條　　　大陸地區物品，不得輸入金門、馬祖。但符合下列
　　　　　　　情形之一者，不在此限：

　　　　　　　　一、經濟部公告准許金門、馬祖輸入項目及其條件
　　　　　　　　　　之物品。

　　　　　　　　二、財政部核定並經海關公告准許入境旅客攜帶入
　　　　　　　　　　境之物品。

　　　　　　　　三、其他經經濟部專案核准之物品。

　　　　　　　　前項各款物品，經濟部得停止其輸入。

第二十三條　　　經濟部依前條第一項第一款公告准許輸入之大陸地
　　　　　　　區物品，包括下列各項：

　　　　　　　　一、參照台灣地區准許輸入之項目。

　　　　　　　　二、金門、馬祖當地縣政府提報，並經貨品主管機
　　　　　　　　　　關同意之項目。

第二十四條　　　輸入第二十二條第一項之物品，應向經濟部申請輸
　　　　　　　入許可證。但經經濟部公告免辦輸入許可證之項目，不
　　　　　　　在此限。

第二十五條　　　金門、馬祖之物品輸往大陸地區，於報關時，應檢

　　　　　　　　附產地證明書。但經經濟部公告免附產地證明書之項
　　　　　　　　目，不在此限。前項產地證明書之核發，經濟部得委託
　　　　　　　　金門、馬祖當地縣政府辦理。

第二十六條　　金門、馬祖與大陸地區運輸工具之往來及貨物輸出
　　　　　　　　入、攜帶或寄送，以進出口論；其運輸工具、人員及貨
　　　　　　　　物之通關、檢驗、檢疫、管理及處理等，依有關法令規
　　　　　　　　定辦理。

　　　　　　　　前項進口物品未經許可，不得轉運金門、馬祖以外
　　　　　　　　之台灣地區；金門、馬祖以外之台灣地區物品，未經許
　　　　　　　　可，不得經由金門、馬祖轉運大陸地區。違者，依海關
　　　　　　　　緝私條例第三十六條至第三十九條規定處罰。

　　　　　　　　前項許可條件，由經濟部公告之。

　　　　　　　　金門、馬祖私運、報運貨物進出口之查緝，依海關
　　　　　　　　緝私條例之規定；離島兩岸通航港口，就通航事項，準
　　　　　　　　用通商口岸之規定。

第二十七條　　自金門、馬祖郵寄或旅客攜帶進入台灣本島或澎湖
　　　　　　　　之少量自用大陸地區物品，其品目及數量限額如附表。

　　　　　　　　前項郵寄或旅客攜帶之大陸地區物品，其項目、數
　　　　　　　　量超過前項限制範圍者，由海關依關稅法第七十七條規
　　　　　　　　定處理。

第二十八條　　金門、馬祖之金融機構，得與大陸地區福建之金融
　　　　　　　　機構，從事匯款及進出口外匯業務之直接往來，或透過
　　　　　　　　台灣地區與大陸地區以外之第三地區金融機構，從事間
　　　　　　　　接往來。

　　　　　　　　前項直接往來業務，應報經財政部洽商中央銀行後
　　　　　　　　許可之；直接往來及間接往來之幣別、作業規定，由財

政部洽商中央銀行後定之。

　　　第一項之匯款金額達中央銀行所定金額以上者,金融機構應確認與該筆匯款有關之證明文件後,始得辦理。

第二十九條　　金門、馬祖之金融機構辦理大陸地區發行之貨幣及大陸地區人民持有外幣現鈔、旅行支票之買賣規定,由中央銀行定之。

第 三十 條　　為防杜大陸地區疫病蟲害入侵,動植物防疫檢疫機關得在金門、馬祖設置檢疫站。

　　　運往或攜帶至金門、馬祖以外台灣地區之動植物及其產品,應於運出金門、馬祖前,由所有人或其代理人向動植物防疫檢疫機關申請檢查,未經檢查合格或經檢查不合格者,不得運出。

　　　前項動植物及其產品,由行政院農業委員會定之。

第三十一條　　運往金門、馬祖以外台灣地區之動物,其所有人或管理人應詳實記錄畜牧場內動物之異動、疫情、免疫、用藥等資料,經執業獸醫師簽證並保存二年以上,所在地動物防疫機關應不定時檢查畜牧場之疾病防疫措施及有關紀錄。

第三十二條　　運往或攜帶至金門、馬祖以外台灣地區之動植物及其產品經檢查結果,證明有罹患、疑患、可能感染動物傳染病或疫病蟲害存在時,動植物防疫檢疫機關得將該動物、植物或其產品連同其包裝、容器,予以消毒或銷燬;其費用由所有人負擔。

第三十三條　　我國軍艦進出離島兩岸通航港口港區,由地區軍事機關負責管制;如遇緊急狀況時,有優先進出及繫泊之權利。

　　　軍用物資之港口勤務作業及船席指泊,由地區軍事

機關及部隊分配船席辦理及清運。

國軍各軍事機關及部隊為辦理前二項事務，得協調地區港務機關不定期實施應變演習。

第三十四條　為處理試辦通航相關事務，行政院得在金門、馬祖設置行政協調中心，其設置要點由行政院定之。

交通部為協調海關檢查、入出境證照查驗、檢疫、緝私、安全防護、警衛、商品檢驗等業務與相關之管理事項，得設置離島兩岸通航港口檢查協調中心；其設置要點，由交通部另定之。

第三十五條　本辦法試辦期間，如有危害國家利益、安全之虞或其他重大事由時，得由行政院以命令終止一部或全部之實施。

第三十五條之一　依第十條至第二十條之一規定申請之許可，得收取證照費；其費額由內政部定之。但在金門、馬祖、澎湖設有戶籍六個月以上者免收費

第三十六條　本辦法施行日期，除中華民國九十五年十二月二十九日修正發布之條文，自發布日施行外，由行政院定之。

大陸地區人民在台申請專利及商標註冊作業要點

民國 83 年 5 月 18 日經濟部經中標字第 085145 號公告

一、為處理大陸地區人民在台灣地區申請專利、註冊商標及相關作業，基於對等互惠原則，特訂定本要點。

二、大陸地區人民依專利法、商標法及其相關法令規定申請註冊並取得專利權、商標專用權者，始受保護。

三、大陸地區申請人申請專利、註冊商標及辦理有關事項，應委任在專利商標主管機關（以下簡稱主管機關）登記有案之專利代理人或商標代理人辦理。

四、應送達大陸地區申請人之文書，得向其委任之專利代理人或商標代理人行之。

五、大陸地區申請人應具備之申請文件，不得使用簡體字。前項申請文件，應註明「大陸地區」或省份名稱。

六、大陸地區申請人所檢送之資格證明或其他文件使用簡體字者，主管機關得要求申請人檢附正體字中文本。

七、大陸地區申請人為自然人者，應檢附證明身分文件之影本；為法人者，應檢附法人登記證照之影本。

前項文件及左列文件資料經行政院指定之機構或委託之民間團體驗證者，推定為真正：委託書、涉及權利義務關係之證明文件。有關異議、舉發、評定之證據經主管機關認有必要者。

八、大陸地區申請人或發明人申請不公開其在大陸之地址者，應於申請書載明其事由，主管機關於審定公告時，始不予公開。

在台公司大陸地區股東股權行使條例

民國 81 年 7 月 27 日總統華總義字第 3638 號令條正公布

第 一 條 本條例所稱在台公司，係指左列公司：

一、政府遷台前，在台設立本公司之股份有限公司。

二、原在大陸地區設立本公司並在台設分支機構，經政府核准改為獨立機構之股份有限公司。

三、原在大陸地區設立本公司，於政府遷台後，在台復業之股份有限公司。

第 二 條 本條例所稱大陸地區股東，係指政府遷台前，留居大陸地區而持有在台公司股份之股東。

第 三 條 大陸地區股東之股份，在國家統一前，均為各該在台公司之保留股；其有繼承或轉讓者，亦同。

在台公司對於大陸地區股東所為繼承、轉讓或其他股東名簿記載變更之請求，在國家統一前，暫緩受理。

第 四 條 在台公司之股東會，保留股無表決權，其股份數不算入已發行之股份總數。

第 五 條 保留股之股利或其他收益，在國家統一前，以保留股專戶存儲於各該公司。

國家統一前，在台公司以現金增資發行新股，大陸地區股東無新股認購權利。

第 六 條 本條例自發布日施行。

台灣地區金融機構辦理大陸地區匯款作業準則

財政部 91 年 2 月 13 日台財融（一）字第 0911000058 號令修正發布

第 一 條　　台灣地區金融機構經財政部許可者，得與外商銀行在大陸地區分支機構及大陸地區金融機構辦理大陸地區匯出匯入款業務；或經由在台灣地區與大陸地區以外之第三地區銀行，辦理大陸地區間接匯出匯入款業務。

　　　　　　本準則所稱第三地區銀行不包括台灣地區及大陸地區銀行之海外分支機構。但經財政部依台灣地區與大陸地區金融業務往來許可辦法規定許可者，不在此限。

　　　　　　台灣地區金融機構與外商銀行在大陸地區分支機構及大陸地區金融機構辦理大陸地區匯出匯入款業務，應檢具下列文件，向財政部申請許可：

　　　　　　一、申請書。

　　　　　　二、糾紛處理、債權確保及風險控管計畫。

　　　　　　前項之申請，財政部於許可前洽商中央銀行，其有事實顯示有礙健全經營業務之虞或未能符合金融政策之要求者，得不予許可；已許可者，得廢止之。

　　　　　　第三項所訂申請書之格式，由財政部定之。

第 二 條　　中央銀行指定辦理外匯業務之銀行（以下簡稱指定銀行）及郵政儲金匯業局得辦理對大陸地區之下列匯出款業務：

一、個人接濟或捐贈親友之匯款。

二、辦理「大陸出口、台灣押匯」廠商之再匯出款；
其匯出金額不得大於押匯金額。

三、進口大陸地區物品所涉及之匯款。

四、金融保險機構經核准赴大陸地區設立代表人辦
事處之辦公費用匯款。

五、大陸地區人民合法繼承或領受台灣地區人民遺
產、保險死亡給付、撫卹（慰）金、餘額退伍
金及其衍生孳息之匯款。

六、廠商向大陸地區子公司借入本金之還本付息。

七、定居大陸地區就養榮民就養給付之匯款。

八、其他經有關主管機關洽經行政院大陸委員會許
可之匯出款。但每筆結匯金額未達新台幣五十
萬元之匯款，不在此限。

第 三 條　指定銀行得受理大陸地區之匯入款。但不得受理以
直接投資、有價證券投資或其他未經法令許可事項為目
的之匯入款。

指定銀行得受理客戶兌領外商銀行在大陸地區分支
機構及大陸地區金融機構或其在大陸地區以外國家或地
區設立之分支機構為發票銀行或付款銀行之票據。

第 四 條　本準則規定之業務限於台灣地區及大陸地區以外之
貨幣。

第 五 條　中央銀行規定之「外匯收支或交易申報書」之受款
地區國別欄或匯款地區國別欄均可填寫大陸地區，指定
銀行製發之出進口結匯證實書、買賣匯水單或其他交易
憑證上可填寫大陸地區受款人或匯款人之姓名、地址，

　　　　　　　　但須註明「大陸匯款」。

第　六　條　　本準則規定之匯出匯入款業務，得以電匯、信匯及
　　　　　　　　票匯之方式為之。

第　七　條　　指定銀行及郵政儲金匯業局應於每月十日前將上月
　　　　　　　　辦理情形（含筆數及金額等）報財政部及中央銀行備查。

第　八　條　　本準則未規定事項，依中央銀行訂頒之外匯收支或
　　　　　　　　交易申報辦法、指定銀行辦理外匯業務應注意事項、指
　　　　　　　　定銀行輔導客戶辦理外匯收支或交易申報應注意事項
　　　　　　　　辦理。

第　九　條　　本準則自發布日施行。

台灣地區銀行辦理大陸地區
進出口外匯業務作業準則

財政部 91 年 2 月 13 日台財融（一）字第 0911000065 號令修正發布

第 一 條　　中央銀行指定辦理外匯業務之銀行（以下簡稱指定
　　　　　　銀行）辦理大陸地區進出口外匯業務，依本準則之規定；
　　　　　　本準則未規定者，適用其他有關法令之規定。

第 二 條　　指定銀行經財政部核准者，得與外商銀行在大陸地
　　　　　　區分支機構、大陸地區銀行及其海外分支機構辦理進出
　　　　　　口外匯業務；或經由在台灣地區與大陸地區以外之第三
　　　　　　地區銀行，辦理間接進出口外匯業務。

　　　　　　　本準則所稱第三地區銀行，不包括台灣地區與大陸
　　　　　　地區金融機構之海外分支機構。但經財政部依台灣地區
　　　　　　與大陸地區金融業務往來許可辦法規定許可之台灣地區
　　　　　　銀行海外分支機構，不在此限。

　　　　　　指定銀行與外商銀行在大陸地區分支機構、大陸地區銀
　　　　　　行及其海外分支機構辦理進出口外匯業務，應由總行檢
　　　　　　具下列文件，向財政部申請許可：

　　　　　　　一、申請書。

　　　　　　　二、糾紛處理、債權確保及風險控管計畫。

　　　　　　　前項之申請，財政部應於許可前洽商中央銀行，其
　　　　　　有事實顯示有礙健全經營業務之虞或未能符合金融政策
　　　　　　之要求者，得不予許可；已許可者，得廢止之。

第三項所訂申請書之格式，由財政部定之。

第 三 條　　指定銀行收到外商銀行在大陸地區分支機構、大陸地區銀行及其海外分支機構所開信用狀，得通知台灣地區受益人。

第 四 條　　指定銀行辦理開狀銀行或代收銀行為外商銀行在大陸地區分支機構、大陸地區銀行及其海外分支機構之出口押匯與出口託收業務時，得將有關單據或通知逕寄開狀銀行或代收銀行。

第 五 條　　指定銀行辦理進口外匯業務，於押匯銀行或託收銀行為外商銀行在大陸地區分支機構、大陸地區銀行或其海外分支機構時，得接受其逕寄有關單據或通知。

第 六 條　　本準則規定之業務，其幣別於台灣地區及大陸地區以外之貨幣。

第 七 條　　指定銀行應於每月十日前將上月辦理情形，依財政部規定之格式報財政部及中央銀行備查。

第 八 條　　本準則自發布日施行。

貨品進口救濟案件處理辦法

中華民國 83 年 6 月 1 日經濟部經（83）貿 085380 號、財政部台財關字第 831659238 號、行政院農委會八三農企字第 3010171A 號令會銜發布全文 29 條

中華民國 87 年 12 月 30 日經濟部經（87）貿委字第 87462551 號、財政部 台財關字第 872050574 號、行政院農委會（87）農合字第 87075091 號令會 銜修正第 2 條至第 6 條、第 8 條、第 9 條、第 18 條、第 19 條、第 27 條

中華民國 89 年 6 月 21 日經濟部經（89）貿委字第 89016302 號、財政部 台財關字第 0890550291 號、行政院農委會（89）農合字第 89006019 號令 會銜修正第 11 條、第 13 條至第 16 條、第 20 條、第 26 條

中華民國 91 年 2 月 15 日經濟部經調字第 09104603340 號、財政部台財關 字第 0910550092 號、行政院農委會農合字第 0910060079 號令會銜增訂第 四章之一（第 26 條之 1 至第 26 條之 6）、第 28 條之 1

中華民國 91 年 7 月 31 日經濟部經調字第 09104617783 號、財政部台財關 字第 0910550484 號、行政院農委會農合字第 0910060731 號令會銜增訂第 16 條之 1，並修正第 26 條之 3

中華民國 91 年 9 月 4 日經濟部經調字第 09104620330 號、財政部台財關 字第 0910550562 號、行政院農委會農合字第 0910060793 號令會銜修正第 13 條，並刪除第 16 條、第 27 條

中華民國 92 年 10 月 8 日經濟部經調字第 09204611480 號、財政部台財關 字第 0920550725 號、行政院農委會農合字第 0920060903 號令會銜修正第 8 條、第 17 條、第 21 條

中華民國 93 年 11 月 30 日經濟部經調字第 09304608900 號、財政部台財 關字第 09305505970 號、行政院農委會農際字第 0930061046 號令會銜修 正第 9 條、第 13 條、第 20 條

中華民國 94 年 4 月 4 日經濟部經調字第 09400034640 號令、財政部台財 關字第 0940550154 號令、行政院農業委員會農際字第 0940060322 號令會 銜修正發布第 8、18、20、28 條條文；並增訂第 5 條之 1、第 26 條之 7 ～第 26 條之 15 條條文

第 一 章 　 總則

第 一 條 　 本辦法依貿易法（以下簡稱本法）第十八條第三項

規定訂定之。

第 二 條　本辦法所稱貨品進口救濟案件，指依本法第十八條第一項申請產業受害之調查及進口救濟之案件。

前項案件產業受害之成立，指該案件貨品輸入數量增加，或相對於國內生產產量為增加，導致國內生產相同或直接競爭產品之產業，受嚴重損害或有嚴重損害之虞。

前項所稱嚴重損害，指國內產業所受之顯著全面性損害；所稱嚴重損害之虞，指嚴重損害尚未發生，但明顯即將發生。

第 三 條　國內產業有無受嚴重損害之認定，應綜合考量該案件進口貨品之絕對增加數量及比率，及其與國內生產量比較之相對增加數量及比率，並考量國內受害產業之下列因素及其變動情況：

一、市場占有率。

二、銷售情況。

三、生產量。

四、生產力。

五、產能利用率。

六、利潤及損失。

七、就業情況。

八、其他相關因素。

國內產業有無受嚴重損害之虞之認定，除考慮前項因素之變動趨勢外，應同時考慮主要出口國之產能及出口能力，衡量該產業是否將因不採取救濟措施而將受嚴重之損害。

經濟部於進行前二項之認定時，對於調查所得之證

據或資料均應予以考量，如發現與進口無關之因素所造成之損害，應予排除。

第　四　條　經經濟部依本辦法認定產業受害成立之貨品進口救濟案件，得採下列救濟措施：

一、調整關稅。

二、設定輸入配額。

三、提供融資保證、技術研發補助，輔導轉業、職業訓練或其他調整措施或協助。

前項第一款、第二款措施，不得同時採行。

第一項第一款措施，經濟部應通知財政部依關稅法有關規定辦理；第二款措施，經濟部得就相關事宜與出口國訂定執行協定；第三款有關農產品之救濟措施，由行政院農業委員會辦理，其他救濟措施，由經濟部會同有關機關辦理。

第　五　條　本辦法所稱國內產業，指國內相同或直接競爭產品之生產者，其總生產量經經濟部貿易調查委員會（以下簡稱委員會）認定占相同或直接競爭產品主要部分者。

本辦法所稱相同產品，指具有相同特性且由相同物質所構成之貨品；所稱直接競爭產品，指該貨品特性或構成物質雖有差異，其在使用目的及商業競爭上具有直接替代性之貨品。

第五條之一　本辦法所稱利害關係人，其範圍如下：

一、貨品之國外生產者、國外出口商、國內進口商或以其為主要會員之商業或工業團體。

二、貨品輸出國或產製國政府或其代表。

三、國內相同或直接競爭產品之生產者或以其為主

要會員之商業或工業團體。

四、其他經委員會認定之利害關係人。

第　六　條　貨品進口救濟案件，經濟部得依有關主管機關、受害國內產業、受害國內產業所屬公會或相關團體之申請，交由委員會進行調查。

第　七　條　委員會會議之決議，除本辦法有特別規定者外，應有全體委員過半數之出席及出席委員過半數之同意。

第　二　章　申請

第　八　條　申請人提出貨品進口救濟案件，應檢具申請書，載明下列事項，並檢附相關資料，向經濟部為之：

一、符合第六條規定資格情形。

二、輸入貨品說明：

(一) 貨品名稱、輸出入貨品分類號列、稅則號別、品質、規格、用途及其他特徵。

(二) 貨品輸出國、原產地、生產者、國外出口商、國內進口商。

三、產業受影響之事實：

(一) 產業申請日前最近三年之生產量、銷售量、存貨量、價格、利潤及損失、產能利用率、員工僱用情形及其變動狀況。

(二) 該貨品申請日前最近三年之進口數量、價格及國內市場占有率。

(三) 該貨品申請日前最近三年自主要輸出國進口數量、價格。

(四) 其他得以主張受影響事實之資料。

四、該產業恢復競爭力或產業移轉之調整計畫及採

　　　　　　　取進口救濟措施之建議。

　　　　　　前項第二款、第三款應載明事項及所需資料，申請
　　　　人有正當理由無法提供，經委員會同意者，得免提供。

　　　　　　第一項第四款之調整計畫，得於申請日起九十日內
　　　　提出。

第　九　條　　經濟部對於貨品進口救濟案件之申請，除認有下列
　　　　情形之一者，應予駁回外，應於收到申請書之翌日起三
　　　　十日內提交委員會審議是否進行調查。但申請人補正所
　　　　需時間，不計入三十日期限：

　　　　　　一、申請人不具備第六條規定資格者。

　　　　　　二、不符合前條第一項規定，經通知限期補正而不
　　　　　　　　補正或補正不完備者。

　　　　　　經濟部決定進行或不進行調查之案件，應即以書面
　　　　通知申請人及已知之利害關係人，並公告之。

第　三　章　　產業受害之調查

第　十　條　　委員會為調查貨品進口救濟案件，應由主任委員指
　　　　定委員一人或二人負責辦理，並得視調查案件之需要，
　　　　邀集有關機關派員或由主任委員專案遴聘業務相關之學
　　　　者、專家協助調查。

第　十一　條　　委員會對貨品進口救濟案件進行調查時，應依下列
　　　　規定辦理：

　　　　　　一、審查申請人及利害關係人所提之資料，並得派
　　　　　　　　員實地調查訪問，必要時得要求另提供相關
　　　　　　　　資料。

　　　　　　二、舉行聽證。

　　　　　　申請人或利害關係人應依委員會之要求提供資料，

其未提供資料者，委員會得就既有資料逕行審議。

第 十 二 條　　委員會對申請人或利害關係人所提資料，應准予閱覽。但經請求保密而有正當理由者，不在此限。

　　　　　　　委員會對前項保密之請求，得要求其提出可公開之摘要；無正當理由而拒不提出摘要者，得不採用該資料。

第 十 三 條　　委員會應於舉行聽證前預先公告之。

　　　　　　　委員會應同時通知申請人及已知之利害關係人出席聽證。

第 十 四 條　　出席聽證陳述意見者，得於聽證前向委員會提出其出席意願，並得於聽證前，將其對案件之實體意見，以書面提交委員會。

第 十 五 條　　委員會於正式舉行聽證之前得先召開程序會議，決定發言順序、發言時間及其他相關事項。

　　　　　　　聽證由主任委員依第十條指定之委員主持。

第 十 六 條　　（刪除）

第十六條之一　　案件經委員會初步調查認為有明確證據顯示，增加之進口導致國內生產相同或直接競爭產品之產業，受嚴重損害或有嚴重損害之虞時，在延遲將造成難以彌補之損害的緊急情況下，委員會得於作成產業受害成立或不成立之決議前，先行作成臨時提高關稅之建議，並應自經濟部通知申請人進行調查之翌日起七十日內為之。

　　　　　　　委員會應於作成前項臨時提高關稅措施之建議後十日內提報經濟部；經濟部同意採行前項建議後，應於十日內會商有關機關後報請行政院核定，其實施期間最長不得逾二百日，並計入第二十三條實施期間。

　　　　　　　前項臨時措施，於經濟部公告採行進口救濟措施或

產業受害不成立時，停止適用。

臨時課徵之關稅，得以同額公債或經財政部認可之有價證券擔保；經經濟部公告產業受害不成立時，應予退還臨時課徵之關稅或解除擔保；經經濟部公告採行進口救濟措施時，應於補繳臨時課徵之關稅後解除擔保。

第 十七 條　委員會於貨品進口救濟案件調查完成時，應召開委員會會議為產業受害成立或不成立之決議。

前項決議，應有全體委員二分之一以上之出席，出席委員三分之二以上之同意。

第 十八 條　除第十九條第一項規定外，委員會應自經濟部通知申請人進行調查之翌日起一百二十日內對產業受害成立或不成立作成決議。

前項期限，必要時得延長六十日；延長期限及事由，應通知申請人及已知之利害關係人，並公告之。

第 十九 條　易腐性農產品進口救濟案件，不即時予以救濟將遭受難以回復之嚴重損害者，經濟部除應於收到申請書之翌日起二十日內提交委員會審議是否進行調查外，有關補正、駁回、通知及公告事項，準用第九條之規定辦理。

前項案件經經濟部決定進行調查者，委員會應自經濟部通知申請人進行調查之翌日起七十日內對產業受害成立或不成立作成決議。

第一項所稱易腐性農產品，由中央農業主管機關就個案認定之。

第 二十 條　委員會對於貨品進口救濟案件為產業受害成立或不成立之決議，應製作決議書，於決議後十五日內將調查報告及決議書提報經濟部，由經濟部以書面通知申請人

　　及已知之利害關係人，並公告之。

　　　其為產業受害成立之決議，委員會應於決議之日起三十日內就擬採行之進口救濟措施舉行聽證，並將擬採行或不採行進口救濟措施之建議提報經濟部。

　　　委員會提出不採行救濟措施建議時，經濟部認其建議可採，應即公告不予實施救濟措施；如認其建議不可採，應即命委員會於三十日內就擬採行之進口救濟措施舉行聽證後，將建議提報經濟部。

　　　前項聽證之程序，準用第十三條至第十六條規定辦理。

第二十一條　　委員會為建議經濟部採行或不採行救濟措施之決議，應有全體委員二分之一以上之出席，出席委員三分之二以上之同意。

第　四　章　　進口救濟

第二十二條　　經濟部同意委員會提出採行救濟措施建議後，除採行第四條第一項第一款救濟措施應依關稅法有關規定辦理外，應於六十日內依職權或與有關機關協商決定應採行救濟措施後公告實施，並報請行政院備查。

　　　經濟部作成前項決定前，必要時得事先通知利害關係國進行諮商。

第二十三條　　實施進口救濟措施，應斟酌各該貨品進口救濟案件對國家經濟利益、消費者權益及相關產業所造成之影響，並以彌補或防止產業因進口所受損害之範圍為限。其實施期間，不得逾四年。

第二十四條　　進口救濟措施實施後，如原因消滅或情事變更，申請人或利害關係人得列舉具體理由並檢附證據，向經濟

部申請停止或變更原救濟措施。

　　前項申請，至遲應於原措施實施期滿九十日前提出。

　　對於第一項之申請，委員會應依第三章規定之程序調查後，經決議作成是否停止或變更原救濟措施之建議，提報經濟部。經濟部認其建議可採，應即公告停止或變更原措施。

第二十五條　　進口救濟措施實施期滿前，申請人認為有延長實施期間之必要者，得列舉有延長實施期間之必要之具體理由、該產業調整之成效與計畫說明，並檢附證據，至遲應於原措施實施期滿一百二十日前向經濟部申請延長救濟措施。

　　經濟部應自收受申請延長書之次日起九十日內對是否延長救濟作成決定，公告延長實施之措施及期間。其處理程序，準用第二章至第四章之規定。

　　第一項延長措施之救濟程度，不得逾越原措施。延長期間不得逾四年，並以延長一次為限。

第二十六條　　委員會應就所採行救濟措施之實施成效與影響，作成年度檢討報告，如認為實施措施之原因已消滅或情事變更者，應建議經濟部停止或變更原措施。經濟部認其建議可採，應即公告停止或變更原措施。

　　委員會作成年度檢討報告前，應舉行聽證。有關聽證之程序，準用第十三條至第十六條之規定。

第四章之一　　大陸貨品進口救濟

第二十六條之一　　依本法第十八條第一項申請產業受害之調查及進口救濟之案件，得單就大陸貨品為之。

　　前項案件產業受害之成立，指該案件大陸貨品輸入

數量增加或相對於國內生產量為增加，導致國內生產相同或直接競爭產品之產業，有受市場擾亂或有市場擾亂之虞。

第二十六條之二　　前條所稱國內產業有無受市場擾亂，或有無受市場擾亂之虞之認定，應綜合考量該案件進口貨品之輸入數量、對國內相同或直接競爭產品價格之影響，及對國內生產相同或直接競爭產品之產業之影響。

第二十六條之三　　案件經委員會初步調查認為有明確證據顯示，增加之進口導致國內生產相同或直接競爭產品之產業，有受市場擾亂或有市場擾亂之虞時，在延遲將造成難以彌補之損害的緊急情況下，委員會得於作成產業市場擾亂成立或不成立之決議前，先行作成臨時提高關稅措施之建議，並應自經濟部通知申請人進行調查之翌日起七十日內為之。

　　委員會應於作成前項臨時提高關稅措施之建議後十日內提報經濟部；經濟部同意採行前項建議後，應於十日內會商有關機關後報請行政院核定，其實施期間不得逾二百日，並計入第二十三條實施期間。

　　前項臨時措施，於經濟部公告採行進口救濟措施或產業市場擾亂不成立時，停止適用。

　　臨時課徵之關稅，得以同額公債或經財政部認可之有價證券擔保；經經濟部公告產業市場擾亂不成立時，應予退還臨時課徵之關稅或解除擔保；經經濟部公告採行進口救濟措施時，應於補繳臨時課徵之關稅後解除擔保。

第二十六條之四　　對世界貿易組織（以下簡稱世貿組織）會員處理對大陸貨品進口救濟案件，致大陸貨品有顯著貿易轉向至

我國市場，或有引起顯著貿易轉向至我國市場之虞者，委員會得進行調查，並將調查報告提報經濟部。

經濟部得與利害關係國進行諮商，並會商有關機關後採行足以彌補或防止貿易轉向之措施。

前二項措施應於貿易轉向原因消滅後三十日內終止；該措施實施後如情事變更，應由委員會調查後提報經濟部決定是否停止、變更或繼續原措施。

第二十六條之五　前條顯著貿易轉向或有顯著貿易轉向之虞之認定，應綜合考量下列因素：

一、大陸貨品在國內市場之占有率。

二、世貿組織會員處理對大陸貨品進口救濟案件所採行或擬採行措施之性質或程度。

三、大陸貨品因前款措施致輸入至我國之數量。

四、國內市場對於相同或直接競爭產品之供需情況。

五、大陸貨品出口至第二款之世貿組織會員及轉向至我國之情況。

第二十六條之六　本辦法除第八條第一項第四款及第三項申請書之產業調查計畫及第十二條第一項進口救濟之採行之規定外，於本章準用之。

第四章之二　　大陸紡織品進口救濟

第二十六條之七　依本法第十八條第一項申請貨品產業受害之調查及進口救濟之案件，得單就大陸紡織品為之。

本章所稱紡織品，指經濟部公告指定之紡織品。

經濟部對於依本章認定產業受害成立之紡織品進口救濟案件，採行設限之救濟措施者，以數量限制方式為之。

第二十六條之八　前條第一項案件產業受害之成立，指該案件大陸紡

織品輸入數量增加，導致國內生產相同或直接競爭產品之產業，有受市場擾亂或有受市場擾亂之虞。

前項所稱國內產業有無受市場擾亂，或有無受市場擾亂之虞之認定，應綜合考量該案件進口貨品之輸入數量、對國內相同或直接競爭產品價格之影響，及對國內生產相同或直接競爭產品之產業之影響。

第二十六條之九　　大陸紡織品進口救濟案件，委員會應自經濟部通知申請人進行調查之翌日起九十日內完成調查，並召開委員會會議對產業受害成立或不成立作成決議；其決議為產業受害成立者，並應作成擬採行設限措施及設限數額之決議。

委員會對前項決議，應製作決議書，於決議後十五日內將調查報告及決議書提報經濟部，由經濟部以書面通知申請人及已知之利害關係人，並公告之；其為產業受害成立之決議者，並應通知已知之大陸出口商及生產者或其政府代表。

經濟部對於產業受害成立之案件決定不採行救濟措施時，應即以書面通知申請人及已知之利害關係人，並公告之。

第一項期限，必要時得延長四十五日，並以一次為限；延長期限及事由，應通知申請人及已知之利害關係人，並公告之。

第二十六條之十　　實施本章進口救濟措施與否及其程度，應斟酌各該紡織品進口救濟案件對國家經濟利益、消費者權益及相關產業所造成之影響，並以彌補或防止產業因進口所受損害之範圍為限。

第二十六條之十一　經濟部對紡織品產業市場擾亂成立之案件決定採行救濟措施時，應即要求與大陸進行諮商。

第二十六條之十二　經濟部應於要求諮商文件送達之日起對大陸涉案紡織品實施進口數量限制並公告之，其至諮商達成協議前之年進口數量不得超過於諮商文件送達當月前二個月起回溯十二個月之期間自大陸之進口數量，加計其百分之七點五（羊毛產品加計百分之六）；該限制措施之實施期間未滿一年者，其進口數量按實施期間之年比例計算。

諮商達成協議者，經濟部應依協議內容對大陸涉案紡織品採行進口數量限制。

第二十六條之十三　前條第一項之進口數量限制，其實施期間自要求諮商文件送達之日起至當年年底止，如自要求諮商文件送達之日至當年年底止不及三個月者，其實施期間應為諮商文件送達之日起之十二個月。

依前條第一項及前項所採行之限制措施，其實施期間，不得超過一年。但經諮商同意者，不在此限。

第二十六條之十四　進口數量限制實施後，若應受限紡織品有經由其他國家或地區進口，或以其他方式規避該措施之情形，經濟部得依職權或依申請人、利害關係人之申請進行調查，並通知大陸出口商、國內進口商、大陸政府或其代表提出說明。

經濟部進行前項之調查結果屬實時，得依調查所得之規避數額，就前項進口數量限制進行適當調整。

經濟部於進行調整前，得與大陸進行諮商。

第一項之申請程序，準用第二十六條之八之規定。

第二十六條之十五　　　本辦法除第四條、第八條第一項第四款及第三項、第十六條之一、第十七條第二項、第十八條至第二十六條、第二十六條之一至第二十六條之六之規定外，於本章準用之。

第　五　章　　　附則

第二十七條　　　（刪除）

第二十八條　　　經經濟部於產業受害之調查過程中，發現涉有關稅法第六十七條或第六十八條規定之補貼、傾銷情事者，應即通知財政部及原申請人。

第二十八條之一　　　有關案件之調查及認定、諮商、救濟措施等事項，本法及本辦法未規定者，得參照有關國際協定及慣例辦理之。

第二十九條　　　本辦法自發布日施行。

附錄篇

附件1　大陸企業投資境外證書

樣本

证书

　　[　　　　　]商合境外投资证字第　　　　　号

　　XX 公司右页所列境外投资符合《境外投资管理办法》（商务部令 XX 号）有关规定，现予以颁发《企业境外投资证书》。

　　公司持本证书办理外汇、海关、外事等相关手续。公司自领取本证书之日起 2 年内，未从事右页所列境外投资，证书自动失效。

　　公司开展境外投资业务应认真遵守境内外相关的法律法规和政策。

　　　　　　　　　　　　　　　　年　　　月　　　日

附件2 「境外投資申請表」樣式

境外投资申请表样式

系统统一编号【　　　　　】

単位：万美元

基本事由			
境内企业	名称：	法定代表人：	
	地址：	联系人及联系方式：	
拟投资境外企业名称	中文：		
	外文：		
注册资本	＿＿＿美元，中方占　　%股份，外方占　　%股份		
股权结构	中方股东名称及股比：		
	外方股东名称及股比：		
注册地	国家：　　　　省（州）：　　　　城市：		
设立方式	新设○并购○补办○其他○（下拉框选择）		
经营范围			
所属行业	下拉框选择		
投资规模	投资总额＿＿＿ 中方投资额＿＿＿，其中自有资金＿＿＿，境内银行贷款＿＿＿。		
投资资金结构（中方）	现汇出资＿＿＿，其中自有外汇＿＿＿、人民币购汇＿＿＿、外汇贷款＿＿＿、境外自筹＿＿＿，实物出资＿＿＿，其中设备＿＿＿、原材料＿＿＿，知识产权＿＿＿，其中专利＿＿＿，商标＿＿＿，商誉＿＿＿，专有技术＿＿＿。		
拟投资具体项目简况	内容		
	意义		

国家有关部门核准或备案文件号（如有相关规定）		资格资质文件名称及编号（如有要求）	

本单位保证以上填报事项及材料的真实性，承诺按照国家相关法律法规及《境外投资管理办法》（商务部令第　　　号）的规定开展境外投资。

企业法人营业执照注册号：

法定代表人签字：　　　　　　　　填表单位联系人：

填表单位盖章：

　　　　　　　　　　年　　月　　日

附件 3 境外併購事項前期報告表

境外并购事项前期报告表

境内投资主体	名称				
	注册资本			行业	
实施具体并购行为的子公司	名称				
	注册地点			注册资本	
境外并购目标企业	名称	外文			
		中文			
	注册地点			行业	
并购背景					
拟并购的股权、资产或业务情况					
预计投资总额			交易方式（现金、股票及混合方式）		
资金筹措方案					
初步时间安排					
潜在风险及应对方案					
需政府提供的服务					
联系人			电话		

（注：此表填不下的内容，可另加附页）商务部对外投资和经济合作司制

（企业公章）
年　月　日

附件4 境外中資企業境外投資備案表樣式

境外中资企业境外投资备案表样式

系统统一编号【　　　　　　　　　】

单位：万美元

基本事由				
境外中资企业名称	中文：		注册地	下拉框选择
	外文：			
再投资规模	投资总额＿＿＿＿ 境外中资企业投资额＿＿＿＿，其中利润再投资＿＿＿＿，境外中资企业获取境外银行贷款＿＿＿＿，境外中资企业获取境内银行贷款＿＿＿＿。			
境外中资企业投资设立企业名称	中文		注册地	国家： 省（州）：
	英文			
注册资本	＿＿＿＿			
股权结构	境外中资企业占股比： 其他方股东名称及股比：			
设立方式	新设○　并购○			
经营范围				
所属行业	下拉框选择			
附件： 1.《中国企业境外投资证书》				
本单位保证以上填报事项及材料的真实性，承诺按照国家相关法律法规及《境外投资管理办法》（商务部令第号）的规定开展境外投资。 法定代表人签字：填表单位盖章 　　　　　　　　　　　　　年　　　月　　　日				

國家圖書館出版品預行編目

陸資來台投資兩岸配套法律大解析 / 吳學媛編
著 . -- 一版. -- 台北市：秀威資訊科技，
2009.06
　　面；　公分. -- (社會科學類：PF0038)
BOD 版
ISBN 978-986-221-234-9 (平裝)

1.投資法規　　2.兩岸經貿　　3.兩岸政策

563.51　　　　　　　　　　　　　98008662

社會科學類　　PF0038

陸資來台投資兩岸配套法律大解析

作　　者 / 吳學媛
發 行 人 / 宋政坤
執行編輯 / 藍志成
圖文排版 / 黃莉珊
封面設計 / 陳佩蓉
數位轉譯 / 徐真玉　沈裕閔
圖書銷售 / 林怡君
法律顧問 / 毛國樑　律師
出版印製 / 秀威資訊科技股份有限公司
　　　　　台北市內湖區瑞光路 583 巷 25 號 1 樓
　　　　　電話：02-2657-9211　　　傳真：02-2657-9106
　　　　　E-mail：service@showwe.com.tw
經 銷 商 / 紅螞蟻圖書有限公司
　　　　　台北市內湖區舊宗路二段 121 巷 28、32 號 4 樓
　　　　　電話：02-2795-3656　　　傳真：02-2795-4100
　　　　　http://www.e-redant.com

2009 年 6 月 BOD 一版
定價：320 元

讀　者　回　函　卡

感謝您購買本書，為提升服務品質，煩請填寫以下問卷，收到您的寶貴意見後，我們會仔細收藏記錄並回贈紀念品，謝謝！

1. 您購買的書名：＿＿＿＿＿＿＿＿＿＿＿＿＿＿＿＿＿＿＿

2. 您從何得知本書的消息？

　□網路書店　　□部落格　　□資料庫搜尋　　□書訊　　□電子報　　□書店

　□平面媒體　　□ 朋友推薦　　□網站推薦　□其他＿＿＿＿＿＿

3. 您對本書的評價：(請填代號　1.非常滿意 2.滿意 3.尚可 4.再改進)

　封面設計＿＿　版面編排＿＿　內容＿＿　文/譯筆＿＿　價格＿＿

4. 讀完書後您覺得：

　□很有收獲　　□有收獲　　□收獲不多　　□沒收獲

5. 您會推薦本書給朋友嗎？

　□會　□不會，為什麼？＿＿＿＿＿＿＿＿＿＿＿＿＿＿＿＿＿＿＿

6. 其他寶貴的意見：＿＿＿＿＿＿＿＿＿＿＿＿＿＿＿＿＿＿＿＿＿

＿＿＿＿＿＿＿＿＿＿＿＿＿＿＿＿＿＿＿＿＿＿＿＿＿＿＿＿＿＿

＿＿＿＿＿＿＿＿＿＿＿＿＿＿＿＿＿＿＿＿＿＿＿＿＿＿＿＿＿＿

＿＿＿＿＿＿＿＿＿＿＿＿＿＿＿＿＿＿＿＿＿＿＿＿＿＿＿＿＿＿

讀者基本資料

姓名：＿＿＿＿＿＿＿＿＿＿　年齡：＿＿＿＿　性別：□女 □男

聯絡電話：＿＿＿＿＿＿＿＿　E-mail：＿＿＿＿＿＿＿＿＿＿

地址：＿＿＿＿＿＿＿＿＿＿＿＿＿＿＿＿＿＿＿＿＿＿＿＿＿＿

學歷：□高中(含)以下　　□高中　　□專科學校　　□大學

　　　□研究所(含)以上 □其他＿＿＿＿＿＿＿＿

職業：□製造業 □金融業 □資訊業 □軍警 □傳播業 □自由業

　　　□服務業 □公務員 □教職　□學生 □其他＿＿＿＿＿＿

(請沿線對摺寄回,謝謝!)

秀威與 BOD

BOD（Books On Demand）是數位出版的大趨勢，秀威資訊率先運用 POD 數位印刷設備來生產書籍，並提供作者全程數位出版服務，致使書籍產銷零庫存，知識傳承不絕版，目前已開闢以下書系：

一、BOD 學術著作—專業論述的閱讀延伸
二、BOD 個人著作—分享生命的心路歷程
三、BOD 旅遊著作—個人深度旅遊文學創作
四、BOD 大陸學者—大陸專業學者學術出版
五、POD 獨家經銷—數位產製的代發行書籍

BOD 秀威網路書店：www.showwe.com.tw
政府出版品網路書店：www.govbooks.com.tw

永不絕版的故事・自己寫・永不休止的音符・自己唱